인하대 고조선연구소 연구총서 ❿

## 고구려 평양성과
## 그 연관 관계 연구

**저자** 복기대
**펴낸이** 계원숙
**발행일** 2024년 4월 19일
**펴낸곳** 우리영토
**출판인쇄** 디자인센터산 032-424-0773
**출판등록** 제52-2006-00002
**주소** 인천광역시 연수구 한나루로 86번길 36-3
**대표전화** 032-832-4694

ISBN 978-89-92407-49-6(93900)

※ 이 연구는 2020년 인하대학교 교내 연구비로 연구되었습니다.
※ 책값은 뒤표지에 있습니다.
※ 지은이와의 협의하에 인지를 붙이지 않습니다.

# 고구려 평양성과
# 그 연관 관계 연구

복 기 대

# 여는 글

### 1

한 나라의 역사는 주변국과 상대적이기 때문에 실체성이 증명되어야 하는데 그 실체성이란 즉 연대와 영역에 사람들의 삶의 흔적이 이어졌던 것이 확인되어야 한다. 이런 정의는 말은 쉽지만 이 정의를 맞추기가 쉽지 않다. 그렇지만 이 범위를 맞춰야 그 다음 연구가 진행되기 때문에 우선 이것부터 해야 하는 것이다. 이 연대와 범위를 설정하기 위해서는 여러 연구방법을 활용하는데 그 첫째는 문헌 기록의 활용이고 그 다음은 고고학 활용이다. 이 두 방법 중에서 더 중요한 것은 문헌 기록이지만 문헌 기록이 없을 때는 고고학 자료를 활용한다. 또 고고학 활용이라는 것이 꼭 선사시대라는 시대에만 활용하는 것은 아니다. 문헌 기록이 풍부하게 남아 있는 시대에도 고고학은 활용이 된다. 문헌과 고고학이 같이 활용되면 연구가 더욱더 구체적으로 증명이 되기 때문에 그 정확도는 높아진다고 할 수 있는 것이다. 이런 자료들이 뒷받침되지 못하면 역사학의 연구 결과물로서 믿음이 점점 떨어지는 것이다.

### 2

동아시아 지역은 이 지역을 지배하는 특별한 정치적 종교가 없는 문화적 특수성 때문에, 각국의 대외정책도 유별날 정도로 역사적 근거를 기본으로 하고 있다. 그러므로 동아시아의 역사연구는 증명이 가능해야 한다. 그렇지 않으면 연구 결과를 신뢰할 수도 없고, 또한 신뢰할 수 없는 결과가 현실 국제정치에 활용될 때는 예상치 않은 피해로 나타날 수도 있다. 그 대표적인 피해국가가 한국이었다. 150여 년 전 조선 역사가들은 한국 역사를 바로 세우고자 많은 노력을 하였다. 이때 정약용이 문화국이라고 칭찬하던 일본이 1차적으로 경제적으로 조선을 침략하고, 그 다음 정치적으로 침략하고, 마지막 단계로 역사를 조작하면서 영토까지 침략하여 한국을 그들의 나라로 만들려고 하였다. 이러는 과정에서 그들이 가장 심혈을 기울였던 것이 바로 역사 교육을 통하여 고조선 이래로 대한제국에 이르는 이 나라를 뿌리째 흔들려고 한 것이다. 이런 일련의 과정에서 첫번째로 1892년 일본에서 처음으로 당시 조선의 역사를 체계적이고 통사적으로 연구한 사람은 하야시 다이스케(林泰輔)였다. 하야시의 이런 연구는 훗날 동북아시아에서 본격적으로 전개되는 일본의 군국주의 정책을 이끌어가는 방향이 되었다. 그는 몇 가지 기준을 세우고 한국사를 연구했는데 즉, 지역적으로는 반도에 국한하는 반도사관, 연대적으로는 2000년밖에는 안 되고, 중국인의 손에 의해서 세워진 나라이고, 외국의 지도아래 생존이 가능한 나라라는 방향을 잡아 당시 조선의 역사 연구를 진행하였다. 이런 하야시의 연구는 많은 문제가 있었는데 그중 가장 큰 문제가 역사지리의 왜곡이었다. 역사지리는 사료만 정확하게 분석하면 대부분 확인되는 것인데 그는 그렇게 하지 않은 것이다. 그렇지만 그는 그런 자료들을 모아 일본어로 『조선사(朝鮮史)』라는 책을 썼는데 이 책은 당시 일본에 와 있던 외국 사람들도 읽었고, 그들은 이 책을 토대로 한국을 이해하기 시작하였다. 뿐만 아니라 당대 조선의 학자들도 많은 영향을 받았다.

이와 반대로 한국의 5천 년 역사를 차곡차곡 연구하여 많은 한국 사람을 이해시킨 학자들도 많이 있었다. 이른바 민족주의 역사학자로 분류되는 김교헌, 신채호, 박은식, 정인보, 장도빈 선생과 같은 연구자들이 여기에 속한다. 그들은 역사의 사실과 한민족의 우수성을 근거로 일본과 싸웠다. 그러나 제도적으로 불리한 입장에서 일본과 싸워야 했기 때문에 그들의 연구 성과는 쉽게 일반 국민에게 전달할 수가 없었다. 그러므로 그들의 연구결과는 몇 사람만이 아는 경우가 허다하였다. 이런 현실에서 진행되었던 역사연구는 훗날 책으로 출판되기도 하였지만 이미 일본이 왜곡한 역사가 만연한 현실에서 그 영향은 미미하였다. 그러나 이른바 민족주의 계열의 역사학자들은 꾸준하게 역사를 연구하였고, 그 결과 과거 일본이 왜곡한 한국사 중 일부를 바로 잡을 수 있게 되었다. 그렇지만 일본의 연구 결과들은 당시 사회 여건으로 말미암아 수정되지 못하고 점차 확산되었다.

그 후 일본의 연구는 한국 현대사에 많은 영향을 끼쳤고, 오늘날 동북아시아 국제사회에도 영향을 끼치고 있다. 필자는 이런 점을 파악하고 일본이 편찬한 한국사들을 분석해 보면서 일본학자들이 한국사를 편찬할 때 저지른 중대한 실수와 사료를 고의로 왜곡한 것 등을 확인하였다. 일본의 역사연구 방법론은 100년 전 일본학자들이 부르짖었던 실증사학이라는 학문연구 방법과는 너무 다른 조작과 왜곡의 연구 결과였다. 그러므로 이런 일본학자들의 연구를 바로잡아야 한국민들도 자신감이 생기고, 동북아시아 국제정세도 바로 잡힌다는 생각에 이 연구를 진행하게 되었다.

## 3

필자는 고조선과 관련된 역사를 연구해 가면서 이와 관련된 시대나 지역사도 연구하였다. 그 과정에서 그간의 연구 결과들과 본인이 하는 연구 결과들이 많이 다른 것을 알 수 있었다. 이 연구를 진행하는 과정에서 많은 자료와 논문을 읽었으며, 또 많은 학자와 토론도 거쳤다. 이런 과정을 거치면서 확보한 자료를 근거로 잘못된 것들도 많이 바로 잡았다. 이런 비교의 연구 과정은 처음에는 본인이 잘못 생각하는 것이라 여겼다. 그래서 함부로 말을 하지 못하다가 관련 기록을 확인해 보면서 점차 자신감을 갖게 되었다. 자신감보다도 아차 하는 문제점을 발견하기 시작한 것이다. 그래서 연구의 범위를 넓혀 가는 과정에서 많은 논문을 쓰게 되었고 어찌하다 보니 전체 한국의 통사적인 범위로 넓어지게 되었다. 물론 영역과 연대 관련의 연구였다. 그 결과 중 전체 한국사의 대들보가 되는 몇 가지 사안을 뽑아서 이 책에 싣고자 한다. 중간중간 갈무리를 하고 넘어가야 할 것 같아서 먼저 한국사의 주요쟁점을 몇 편 모아 책으로 펴내고자 한다.

글은 각 편으로 나눠졌지만 그 흐름은 일관되게 정리하였다. 한국사의 가장 큰 쟁점은 아마도 고조선일 것이다. 많은 사람이 고조선이라는 나라가 있기는 하였나 하는 것부터 시작하여 그 위치까지 많은 의문과 논쟁이 이어지고 있다. 한국 사람들 인식 속의 고조선은 단군조선과 위만조선으로 되어 있다. 대부분의 사람은 고조선 하면 단군조선을 생각하는 데 반해 한국 교육계의 큰 흐름은 단군조선은 전설적인 측면으로 많이 생각하고 실체가 있는 고조선은 위만조선으로 생각한다. 그래서 그런지 한국사의 계보는 위만조선을 매우 중시하는 경우가 많다. 그러나 많은 기록과 고고학 자료를 비교하여 연구해 볼 때 단군조선을 부인하는 것은 가능하지 않은 일이다.

부정할래도 부정할 수가 없고 피할래도 피할 수 없는 단군조선은 어떻게 붕괴가 되고, 그 후는 어떻게 되었을까? 이 문제를 매우 넓게 다루고 싶었지만 몇 가지 문제를 더 생각해야 해서 일단 마한 문제만 먼저 언급하기로 하였다. 필자는 마한 관련 자료를 이러저리 검토하면서 많은 것을 알게 되었다. 본서의 〈전한의 동역에 관하여〉에서 다루는 전한의 4군의 위치를 비정하는 과정에서 삼한의 위치도 비정이 되었다. 즉 전한의 4군이 지금의 한국 평안도나 황해도로 비정되니 삼한은 당연히 그 남쪽에 비정이 되어야 하는 것이었다. 그런데 이 전한의 4군이 원래의 지역인 현재 중국 하북성과 그 언저리로 가게 되면 한국 내의 전한의 4군 자리는 어떻게 되는 것인가? 그 자리를 비워둘 수는 없다. 그럼 그 자리에 들어갈 가장 유력한 대안은 무엇인가? 필자가 볼 때는 마한과 그리고 마한과 관련된 역사가 자리를 해야 하는 것이었다. 그래서 이 글에서 삼한에 대한 큰 울타리를 넣어서 엮었다.

고조선의 서쪽 지역이 붕괴된 이후 그 지역의 또 하나의 가장 큰 쟁점은 전한의 4군 문제였다. 필자는 아직도 이 문제가 왜 한국사에서 이런 쟁점이 되어야 하나 하는 생각을 가지고 있다. 분명한 것은 전한의 4군은 차이나계의 행정구역이었다. 그렇기 때문에 차이나계 역사에서 연구가 되어야 하는 것인데 왜 한국사에서 이 많은 연구를 하고 있는지 알 수가 없다. 그래서 차이나의 행정구역 입장에서 이 문제를 다뤘다.

다음으로는 고구려의 도읍지 문제였다. 우리는 통상적으로 고구려의 도읍지는 세 곳이었다고 알았고, 이보다 더 중요한 것은 장수왕이 천도한 평양성이 지금의 북한 평양이라는 것에 꽂혀 모든 한국사의 틀은 이곳을 중심으로 하여 짰다. 그러나 필자가 연구해 본 결과 고구려 도읍지는 8곳이었고 장수왕이 천도한 평양은 지금 북한의 평양이 아니라 중국 요녕성 요양이었다. 장수왕이 평양으로 오기 전의 도읍지들은 어떻게 되었는가? 이 문제는 매우 중요하다. 그러므로 가능한 자료를 모아 8곳의 도읍지를 확인해 보는 작업을 하였고, 그 결과 어렴풋이나마 추정할 수 있었다. 앞으로 더 연구를 해야겠지만 큰 틀의 얼거리를 엮은 것으로 생각된다.

이 논문은 많은 보완연구가 필요한데 워낙 주제가 커서 더욱더 보완연구가 더 필요하였다. 고구려 평양성 연구에 가장 중요한 연구가 바로 압록강(鴨淥江) 관련 부분이었다. 그래서 고대 압록강 연구로 부족한 평양 연구를 1차적으로 보완하였다. 이 고구려 때의 압록강 문제는 비단 고구려만의 문제가 아니었다. 고구려 이후에 발해, 고려, 그리고 조선 전기까지 고구려의 압록강은 계속하여 한국사에서 중요한 위치를 차지하고 있었다. 물론 이 압록강은 1907년 조선과 청나라 간의 국경선으로 확정되면서 국경선의 의미로 이해되기 시작하였다.

마지막으로 고구려 평양성 연구를 보완하여 줄 것은 고려의 국경선이 어딘가 하는 것이었다. 왜냐하면 고구려의 평양성과 고려의 서경이 같은 지역이기 때문이다. 그러므로 고려의 서경이나 서북계의 국경선이 고구려의 평양과 어우러져야 하는 것이다. 이 작업을 하는 과정에서는 먼저 고려의 서북 국경선이 정립되어야 하기 때문에 그 작업부터 먼저 진행하였다. 이 과정에서 고려 서북 국경선을 비정하는 데 매우 중요한 사료가 누군가에 의하여 바뀌었다는 것도 알게 되었다. 참 놀라운 일이다.

이렇게 이 책의 순서를 정하여 한국사의 큰 흐름을 잡아 보았다. 원래 연구 계획이었던 고구려 도읍지를 연구하다가 평양과 관련된 다른 사항이 많이 있음을 알게 되어, 중국 요녕성 요양이 고구려 평양성이라는 것을 확실하게 증명하는 것이 더 중요할 것 같아서 시대의 전후를 고려하여 이 연구로 정리해 본 것이다. 또한 학생들에게 이른바 식민사관을 극복해서 한국사관에 맞는 역사의 중요성을 강조하였지만 마땅한 교재가 없어 아쉬운 점이 있었으므로 교재로 활용해야겠다는 생각도 있다. 이 연구들은 앞으로 더 보완이 되어야 할 것이다. 이 책 또한 원래 일본에서 출판한 것을 참고로 하고 고칠 것은 고치고 새로운 자료들을 새로운 글로 묶어서 출판한다. 그러므로 앞에서 출판한 책과는 완전히 다른 책으로 거듭났다. 개인적으로 이런 것이 발전이 아닌가 싶다. 이 글을 쓰면서 수집한 자료가 많이 있지만 이 자료들을 여기에 다 담을 수가 없었다. 앞으로 기회가 되면 이번에 담지 못한 것들을 더 담아서 써보려고 한다. 앞으로 고고학 분야도 보완이 되어야 하고, 대외 관계사도 보완이 되어야 할 것이다.

4

 이 책의 연구비는 인하대학교에서 받았지만 그 결과의 출판은 〈우리영토〉에서 하고 있다. 〈우리영토〉에서는 이 책뿐만이 아니라 국경 관련, 우리 역사 관련한 중요한 자료들을 계속하여 출판하고 있다. 비록 잘 팔리지는 않지만 역사 연구의 흔적을 남겨놔야 한다는 사명감으로 책을 내는 곳이다. 고마운 일이다.

## 목 차

■ 여는 글   5

■ **고조선의 이해**   17
    I. 고조선 관련 시대별 인식   18
    II. 고조선의 실체, 연대와 영역   31
    III. 고조선의 국가 형성 및 발전   38
    IV. 고조선의 대외교류   51
    V. 맺음말   54

■ **삼한, 그리고 그 후예들**
    I. 들어가는 말   57
    II. 고조선 붕괴와 삼한(三韓)의 성립   59
    III. 마한의 위치   71
    IV. 삼한의 각 위치 구분과 특징   79
    V. 삼한의 유물과 유적   87
    VI. 기원 전후 여러 나라의 형성   90
    VII. 맺음말   100

- **전한(前漢)의 동역(東域)에 대하여**

    I. 머리말                                       105

    II. 낙랑군 이해의 궤적                           107

    III. 차이나 전한(前漢) 중기의 국제정세와 대응    110

    IV. 전한의 위만조선 분열 정책                   118

    V. 흉노의 위치와 위만조선의 위치                122

    VI. 문헌 기록상의 낙랑군 위치                   130

    VII. 맺음말                                     139

- **고구려 도읍지 위치에 관하여**

    I. 머리말                                       143

    II. 고구려 도읍지 관련 기록의 분석              146

    III. 맺음말                                     189

- **압록강(鴨淥江)과 고구려 평양성**
    - I. 압록강 연구의 중요성　　　　　　　　　　　195
    - II. 압록강에 대한 기록의 확인　　　　　　　　203
    - III. 중세 시대의 압록강 관련 기록　　　　　　214
    - IV. 조선시대 전반기의 압록강 관련 기록　　　220
    - V. 『봉천통지』에 나타난 요하　　　　　　　　224
    - VI. 현대의 압록강　　　　　　　　　　　　　　229
    - VII. 맺음말　　　　　　　　　　　　　　　　　232

- **고려 국경에 대한 새로운 비정**
    - I. 들어가는 말　　　　　　　　　　　　　　　237
    - II. 문헌 기록을 근거로 한 고려 국경선　　　　241
    - III. 맺음말　　　　　　　　　　　　　　　　　268

- **맺음말**　　　　　　　　　　　　　　　　　　　273

# 고조선의 이해

내몽고 적봉 오한기 초모산 석인상

# 고조선의 이해

흔히 '한국사 5천년'이라는 말을 많이 쓴다. 그런데 실제로 한국사는 대부분 약 2300년 정도를 연구하고 있다. 그 이유는 단군이 왕으로 있었던 고조선이라는 나라를 구체적으로 포함시키지 않기 때문이다. 이 고조선을 구체적인 한국사 연구에서 제외시키는 가장 큰 이유는 그 실체가 없기 때문이라고 하는 것이다. 그러나 이런 주장은 아주 태고 적부터 있었던 주장은 아니다. 성리학을 건국 이념으로 한 조선은 단군이 있기는 한 것 같은데 그 실제 모습을 찾기 힘들기 때문에 국조로서 인정은 하고 다만 문화국가는 기자부터라고 인식을 하였다. 그런데 불과 100여 년 전 일본 학자들이 주장하면서부터 큰 변화가 일어나는데 그들이 인식하는 조선의 영토, 즉 한반도에서는 이른바 단군조선이 실증적으로 증명이 안 된다는 것이다.[1] 그 주장이 오늘날 한국 학계로 그대로 이어졌다.[2] 그러나 이런 주장은 충분한 근거가 있음에도 불구하고 이를 외면하면서 일어난 일이다. 필자가 확인해본 결과 고조선에 대한 시각만 넓혀보면 매우 많은 자료들이 있다는 것을 알게 되었다. 그러므로 이 글에서 고조선에 대한 문헌적 근거와 고고학 방면의 근거를 확인해보고자 한다. 글쓴이는 이런 문제점을 극복하기 위해 꾸준하게 고조선사에 관심을 가져왔다. 그 결과 그간의 고조선 연구에 문제가 있음을 알 수 있었고, 그 문제점을 바로잡기 위한 방법의 하나로 문헌기록과 고고학 자료를 기초로 짧게 정리해 보기로 한다.

---

[1] 일본이 고조선의 존재가 황당무계하다고 처음 주장한 것은 1800년대 말부터이다.
(참조: 하야시 다이스케(林泰輔), 『朝鮮史』, 吉川七藏出版社, 1892年)

[2] 일본 학자들을 비롯한 한국학자의 대부분, 그리고 중국이나 전세계에서 한국역사를 연구하는 관계자들의 한국역사의 지리적 범위는 현재 압록강과 두만강을 넘으려 하지 않는다. 즉 이것이 반도사관인데, 이로 말미암아 단군조선을 비롯한 많은 역사들이 줄어들었다.

# I. 고조선 관련 시대별 인식

지금까지 확인된 자료 중에 고조선의 건국과 관련하여 가장 이르고 구체적인 기록은 『삼국유사』에 전해지는 기록이다. 이 기록은 『삼국유사』에 전해지기는 하지만 내용은 훨씬 이전 기록에서 가져 온 것이다. 그 내용은 다음과 같다.

### 고조선 왕검조선[3]

『위서』에 이르기를, "지금으로부터 2천여 년 전에 단군왕검이 있어 아사달에 도읍을 정하였다. 나라를 개창하여 조선이라 했으니 중국 하나라의 요왕과 같은 시대이다."

『고기』에 이르기를, "옛날에 환인의 서자인 환웅이 천하에 자주 뜻을 두어, 인간세상을 구하고자 하였다. 아버지가 아들의 뜻을 알고 삼위태백을 내려다보니 인간을 널리 이롭게 할 만한지라. 이에 천부인 세 개를 주며 가서 다스리게 하였다. 웅이 무리 삼천을 거느리고 태백산 정상 신단수 밑에 내려와 신시라 하고 이에 환웅천왕이라 하였다. 풍백·우사·운사를 거느리고 곡·명·병·형·선악 등 무릇 인간의 삼백육십여 가지의 일을 주관하며 세상을 다스리고 교화하였다. 이때에 곰 한 마리와 범 한 마리가 있어 같은 굴에 살면서 항상 신 환웅에게 기도하되 화하

---

[3] 『三國遺事』卷第1「奇異」第1, '檀君王儉'
魏書云, 乃往二千載有壇君王儉, 立都阿斯達, 開國號朝鮮, 與高同時. 古記云, 昔有桓因[謂帝釋也]庶子桓雄, 數意天下, 貪求人世. 父知子意, 下視三危太伯可以弘益人間, 乃授天符印三箇, 遣往理之. 雄率徒三千, 降於太伯山頂神壇樹下, 謂之神市, 是謂桓雄天王也. 將風伯雨師雲師. 而主穀主命主病主刑主善惡. 凡主人間三百六十餘事. 在世理化. 時有一熊一虎, 同穴而居. 常祈于神雄, 願化爲人. 時神遺靈艾一炷, 蒜二十枚曰. 爾輩食之, 不見日光百日便得人形. 熊虎得而食之忌三七日. 熊得女身. 虎不能忌. 而不得人身. 熊女者無與爲婚. 故每於壇樹下, 呪願有孕. 雄乃假化而婚之. 孕生子. 號曰壇君王儉. 以唐高卽位五十年庚寅. 都平壤城. 始稱朝鮮. 又移都於白岳山阿斯達. 又名弓忽山. 又今彌達. 御國一千五百年. 周虎王卽位己卯. 封箕子於朝鮮. 壇君乃移於藏唐京. 後還隱於阿斯達爲山神. 壽一千九百八歲. 唐裵矩傳云. 高麗本孤竹國. 周以封箕子爲朝鮮. 漢分置三郡. 謂玄菟·樂浪·帶方. 通典亦同此說.

여 사람이 되기를 원했다. 이에 신 환웅은 신령스러운 쑥 한 타래와 마늘 스무 개를 주면서 말하기를 '너희들이 이것을 먹고 백일 동안 햇빛을 보지 않으면 곧 사람의 모습이 될 것이니라.'라고 하였다. 곰과 범은 그것을 받아서 먹어, 기(忌)한 지 삼칠일만에 곰은 여자의 몸이 되었으나, 범은 금기하지 못해서 사람의 몸이 되지 못하였다. 웅녀는 혼인할 사람이 없었으므로 매양 단수 아래서 잉태하기를 빌었다. [환]웅이 이에 잠시 [사람으로] 변하여 그녀와 혼인하였다. [웅녀가] 잉태하여 아들을 낳으니 단군왕검이라 하였다. 평양성에 도읍하고 비로소 조선이라 하였다. 또 도읍을 백악산 아사달에 옮겼는데, 궁홀산이라고도 하며 또는 금미달이라고도 한다. 그 후 1,500년 동안 나라를 다스렸다. 주의 호왕이 즉위한 기묘에 기자를 조선에 봉하니 단군은 곧 장당경으로 옮겼다가 뒤에 아사달에 돌아와 숨어 산신이 되었으니 수가 1,908세다."라고 하였다.

이 기록은 고조선을 연구하는 사람이라면 다 아는 기록이다. 이 기록에는 『위서』라는 기록과 『고기』라는 기록에 실려 있는 내용을 근거로 말하고 있는 것을 볼 수 있다. 여기에서 보면 조선이라는 나라의 건국 과정이 매우 구체적으로 기록되어 있다. 이 나라는 기원전 2333년, 즉 지금으로 부터 4350년에 건국되었고 나라를 건국할 때 하늘과 직접 소통하고 모든 사람들이 더불어 잘 사는 홍익인간을 근본으로 한 것을 알 수 있다. 지금까지 많은 나라들이 자신들의 건국을 미화하지만 조선처럼 하늘과 직접 소통하면서 모두가 더불어 잘 사는 나라를 만들기 위하여 건국했다는 나라는 없는 것으로 안다. 이런 건국이념을 갖는 나라는 세계에서 오직 한국이 유일할 것이다. 이런 관점은 역사에서 한국사의 미래를 찾는 역사학의 본질을 충분히 설명하는 것이라 볼 수 있다.

이런 내용이 한국 역사에서는 어떻게 전승되고 있을까? 그 전승 내용이 가장 중요한 것이다. 그러므로 각 시대별로 고조선이 어떻게 인식되고 있는지 간단하게 확인해보도록 한다.

## 1. 삼국시대의 고조선 인식

한국사에서 고조선에 대한 가장 이른 기록은 『삼국사기』 「신라본기」에 보이는 '신라는 본시 조선의 유민'이라는 대목이다.[4] 비록 짧은 기록이지만, 그 의미는 매우 크다. 신라는 곧 고조선을 이어받았음을 명기하고 있기 때문이다. 『삼국유사』에서도 고구려 주몽의 아버지는 단군이라 기록하였고[5] 『삼국사기』 「고구려본기」 '동천왕조'에도 간단하게 언급되어 있다.[6] 「백제본기」에는 고조선을 세운 단군 관련 기록이 나타나지 않지만, 조선 영조 때 『승정원일기』에는 신라와 백제가 고조선의 건국자인 단군에 대하여 1년에 두 번에 걸쳐 제사를 지냈다는 기록이 실려 있다.[7] 고구려가 고조선의 후예라는 것은 『조선왕조실록』 「세종실록지리지」 기록에 등장한다.[8] 또한 가야는 허황후가 그를 이을 아들을 낳을 때 꿈에 단군의 상징인 곰 꿈을 꾸고 아들을 낳았다고 하였다.[9] 고구려, 백제, 신라, 가야 모두 고조선과 관련이 있으며 스스로 단군의 후예임을 인식하고 있었다. 이런 의식은 한국의 역사는 고조선에서 출발하며, 고

---

4   『三國史記』 卷第1 「新羅本紀」 第1
    始祖, 姓朴氏, 諱赫居世, 前漢孝宣帝五鳳元年甲子, 四月丙辰「一日正月十五日」, 卽位, 號居西干, 時年十三, 國號徐那伐·先是, 朝鮮遺民, 分居山谷之間爲六村.

5   『三國遺事』 卷第1 「紀異」 第1 '高句麗'
    壇君記云 "君與西河河伯之女要親, 有産子名曰夫婁." 今拠此記, 則解慕漱私河伯之女而後産朱蒙.
    壇君記云 "産子名曰夫婁", 夫婁與朱蒙異母兄弟也.

6   『三國史記』 卷第17 「高句麗本紀」 第5
    二十一年, 春二月, 王以丸都城經亂, 不可復都, 築平壤城, 移民及廟社. 平壤者, 本仙人王儉之宅也. 或云, "王之都王險."

7   『承政院日記』 英祖 47년 10월 7일
    上日, 卿言是矣°注書出去知入, 新羅·百濟檀君祭享之月°賤臣承命出來還奏日, 一年兩次, 而二月·八月祭享云矣°

8   『朝鮮王朝實錄』 「世宗實錄地理志」, 平壤府.
    靈異,《檀君古記》云: 上帝桓因有庶子, 名雄, 意欲下化人間, 受天三印, 降太白山神檀樹下, 是爲檀雄天王° 令孫女飮藥成人身, 與檀樹神婚而生男, 名檀君, 立國號曰朝鮮° 朝鮮° 尸羅' 高禮' 南北沃沮' 東北扶餘' 濊與貊, 皆檀君之理° 檀君聘娶非西岬河伯之女生子, 曰夫婁, 是謂東扶餘王°

9   『三國遺事』 卷第2 「紀異」 第2 駕洛國記
    頻年有夢得熊羆之兆, 誕生太子居登公.

구려는 이를 계승하고 통합해가는 과정을 밝히고 있어서 고구려 역시 고조선의 후예라는 것을 알 수 있다.

## 2. 고려시대의 고조선 인식

고려 이전 시대의 단군에 대한 인식은 간헐적으로 남아 있는데 반해, 고려시대부터는 단군에 관한 기록들이 구체적으로 전해지고 있다. 『삼국유사』「기이」 기록을 보면 고조선은 홍익인간을 목표로 하늘에서 내려온 환웅과 땅에서 제일 힘센 곰이 변화한 여자 사이에서 태어난 사람이 건국한 나라이다. 이 기록에서 합리적이고 과학적인 설명 여부를 떠나 고조선의 건국에 관한 전반적인 과정을 이해할 수 있다.

이승휴의 『제왕운기』에서는 고조선을 시작으로 고려까지 한국사의 계보를 설명하고 있다.[10] 당시 고려인은 고려사의 정통으로서 고조선을 인식하고 있었고, 단군이 신이 된 내력까지도 설명하고 있다. 그러나 이승휴는 단군의 역사보다는 차이나계의 역사를 위에 놓고 고조선을 비롯한 당시의 고대사는 뒤에 놓았다. 권근은 『양촌선생문집』에서 왜구의 침략 등 고려가 처한 어려움을 극복하기 위한 호소의 대상으로서 단군을 기렸다. 강화도 참성단에 가서 제사를 지내는 것으로 볼 때 단군이 국조로서의 역할을 하고 있었던 것을 알 수 있다(그림 1 참조).[11] 중요한 것은 고려 귀족들의 칭호에 조선공이라는 명칭을 쓰고 있

---

고조선연구자들 중에 일부, 그리고 한국고대사 전공자들의 대부분이 우리가 익숙치 않은 사료들은 무시를 하거나 혹은 믿을 수 없다는 식으로 대하는 경향들이 있다. 그러나 내용이 반복적으로 나타나는 기록들은 절대적으로 무시하면 안 된다.

10   『帝王韻紀』 卷下 「前朝鮮紀」
本紀曰, 上帝桓因有庶子, 曰雄云云 謂曰 下至三危太白 弘益人間歟故 雄受天符印三箇 率鬼三千而降太白山頂神檀樹下 是謂檀雄天王也云云 令孫女飮藥 成人身 與檀樹神婚而生男 名檀君 據朝鮮之域 爲王 故 尸羅 高禮南北沃沮 東北扶餘 穢與貊 皆檀君之壽也 理一千三十八年 入阿斯達山爲神 不死故也.

11   『陽村先生文集』 卷之二十九, 「塹城醮靑詞」

〈그림 1〉 강화도 마니산 참성단

다는 것이다.¹² 조선시대 『승정원일기』 영조 44년 기록에 따르면, 고려시대에 단군이 매우 중요한 사람이었기 때문에 현전하는 것과 다른 『고려사』에 「단군」편이 있었던 것으로 추정된다.¹³

고려 말에 새로운 사상체계로 주목받은 것은 사람 중심의 사고를 기본으로 하는 맹자의 유학과 주희의 성리학이었다. 새로운 학문이 보급되면서 신의 섭리보다도 사람의 관계가 더 중요하게 인식되기 시작했고, 이런 사회적 분위기를 배경으로 단군에 대한 인식은 조선시대에 들어서면서 큰 변화가 일어났다.

---

12   初獻 海上山高˚ 迴隔人寰之繁擾˚ 壇中天近˚ 可邀仙馭之降臨˚ 薄奠斯陳˚ 明神如在˚ 二獻 酌行漿而再陳˚ 明信可薦˚ 驅泠風而先道˚ 感應孔昭˚ 庶借顧歆˚ 優加扶佑˚ 三獻 神聽不惑˚ 庇貺斯人˚ 天覆無私˚ 照臨下土˚ 事之以禮˚ 感而遂通˚ 切念摩利之山˚ 檀君攸祀˚ 自聖祖爲民立極˚ 俾續舊以垂休˚ 曁後王避狄遷都˚ 亦賴玆而保本˚ 故我家守之不墜˚ 而小子承之益虔˚ 夫何倭寇之狗偷˚ 以致我民之魚爛˚ 雖遠疆之受侮˚ 尙所表聞˚ 呪厥邑之被侵˚ 胡然忍視˚ 豈明威之不驗˚ 實不德之無良˚ 是難他求˚ 唯在自責˚ 然人若不安其業˚ 則神將無所於歸˚ 玆因舊典之遵˚ 敢告當時之患˚ 卑忱欸欸˚ 寶鑑明明˚ 致令海不揚波˚ 丕享梯航之輻湊˚ 天其申命˚ 光膺社稷之安盤˚
    『高麗史』卷127,「列傳」卷第40, '반역', '이자겸'
    왕이 다시 사자를 보내어, 양절익명공신 중서령 영문하상서도성사 판이병부 서경유수사 조선국공(亮節翼命功臣 中書令 領門下尙書都省事 判吏兵部 西京留守事 朝鮮國公)으로 책봉하고 식읍(食邑) 8,000호와 식실봉(食實封) 2,000호를 내렸다. 부(府)를 숭덕(崇德)이라 이름하고 소속 관료를 두었으며 그 궁(宮)을 의친궁(懿親宮)이라 하였다. 숭덕(崇德)은 본래 역적 김치양(金致陽)의 서쪽 집 이름이었는데, 후에 곧 그 사실을 알게 되었다.
13  『承政院日記』英祖 47년 10월 7일
    出榻敎 上曰, 宣傳官往鐘樓, 乞人摘奸以來, 上曰, 儒臣, 持高麗史初卷入侍˚ 出榻敎 副校理李秉鼎·李命勳進伏, 上曰, 上番讀帝王目錄˚ 秉鼎讀訖, 上曰, 下番讀檀君篇˚

## 3. 조선시대의 단군 인식

조선시대에 단군은 민족의 시원으로서 여전히 전승되고 있었지만, 단군과 동일한 위상 또는 더 높은 위치에 '기자'라는 인물이 등장하기 시작했다. 처음 '조선'이라는 나라 이름을 지을 때는 단군조선을 계승한다는 의미에서 지었다. 이는 이성계의 신도비에 잘 나타나 있다(그림 2 참조). 그런데 세월이 흐르고 성리학적 세계관이 넓어져가면서 점점 원래의 의미가 퇴색된 것이다. 『동국사략』에서 단군의 존재는 인정되지만 역사적으로 증명하기 어려운 부분이 있다고 했는데, 이런 인식은 조선시대에 줄곧 통용되었다. 『동국통감』은 단군에 대한 구체적인 기록을 전하고 있는데, 오늘날 한국에서 사용하고 있는 고조선의 건국 기원 연대는 『동국통감』을 근거로 하고 있다. 다만 단군 관련 기록이 한국사에서 중추적인 역할을 한다기보다는 변방으로 바뀌는 처지에 위치하기 시작하였다. 그럼에도 불구하고 『조선왕조실록』에는 단군 관련 기록이 태조부터 순종까지 200회에 가깝게 나타나고 있다. 『조선왕조실록』에 남아 있는 단군은 곧 국조로 인식되고 있는데, 이런 인식은 조선 후기에 한층 더 굳혀졌다.

단군에 대한 인식은 조선 후기의 이른바 실학 시기에 들어 큰 변화가 나타났다. 『승정원일기』에서 영조는 단군을 곧 동방의 천황이라고 직접적으로 명시하고 있다.[14] 단군

〈그림 2〉 이성계 신도비

---

14　『承政院日記』 영조 8년 1월 11일
　　上曰, 使宰臣致祭後, 仍爲看審狀聞可也° 擧條 上曰, 檀君, 實爲東方之天皇矣° 其祠宇, 亦安保其能修

은 동방에서 중국의 천자보다 더 높은 지위를 가진 사람으로 인식되었는데, 현종은 단군이 어떻게 탄생하였고, 그 위치가 어느 정도인지 밝히고 있다. 이익은 『성호사설』에서 '조선'이라는 국호보다 '단국'이라고 불러야 한다고 주장하였다.[15] 이런 인식은 당시 '조선학'을 꿈꾸는 많은 학자에게서 공통으로 통용되고 있던 조류를 반영하고 있다. 그러나 실학자들의 꿈은 오래가지 않고 깨지고 말았다.

조선 후기에 단군 논쟁이 활발하게 일어날 때 단군을 기자에 대해 절대적으로 우위에 둔 연구자가 이종휘이다. 그의 저서 『수산집』에 실린 「동사」에서 단군의 역사를 '본기(本紀)'로 설정하고 고조선의 역사를 기록하고 있다. 길지만 그 내용을 옮겨보면 다음과 같다.

> 조선왕 단군의 할아버지는 신인 환인이다. 환인에게는 환웅이라는 서자가 있었다. 환웅은 태백산에 살았는데 신웅의 이적으로 박달나무 아래에서 (단)군을 낳았기 때문에 단군이라고 이름하였다. 어떤 기록에서는 단군의 이름을 왕검이라고 하고 어떤 기록에서는 성을 환씨라고 하였다.
>
> 단군 시대에는 동쪽 문명국인 우리나라에 임금이 없어서 백성들이 어리석은 상태였고 금수와 더불어 무리 지어 살았다. 이때 단군이 백성들에게 편발개수를 가르치니 비로소 임금과 신하, 남자와 여자의 분별과 음식과 거처에 절도가 있게 되었다. 이때는 도당씨가 중국에서 나라를 세운 때인데 비로소 단군이 개국하게 되었으니 대체로 무진년이라 한다. 9년 동안 이어지는 홍수를 당하여 팽오에게 높

---

治耶? 欲爲遣近臣致祭, 入侍承宣, 其往擧行, 祠殿如不修廢, 亦爲申飭本道, 俾卽修治, 仍爲狀聞, 可也.

15 『星湖僿說』「人事門」
二字爲國號夷裔之俗東方禮儀文物始於華夏而此獨不變何哉扱箕子東封檀君之後遷都唐莊京唐莊在文化縣而惟稱檀君則檀是國號按通考檀弓出樂浪檀非造弓之木則而國號名之也.

은 산과 큰 내를 정하게 하고 우수에 이르러 백성의 터전을 정하였다. 단군은 대체로 나이 수천 세에 죽었다.

아들 부루가 왕이 되어 갑술년에 도산에서 하우씨에게 조회하였다. 부루 이후는 세계와 연보가 없어져 전하지 않는다. 어떤 기록에서는 단군이 죽지 않고 상나라 무정 을미년에 아사달 산에 들어가 신선이 되었다고 하였다. 또 어떤 기록에서는 주나라 때 당장지경으로 기자를 피해 갔고 나이는 천여 세였다고 하였다. 단군은 평양에 거처하였는데 은·주의 교체기에 후세 자손이 백악산 아래로 옮겼으니 단군이 즉위한 지 1508년이었다. 기자가 8조의 가르침으로 동쪽 문명국인 우리나라를 이어서 다스리니 우리나라의 풍속이 바르게 되었다. 대체로 우하의 때 천하에 임금이 있은 지가 오래 되었다. 그러나 동방의 임금은 단씨에게서 시작 되었는데 요와 같은 시기에 건국하였다고 한 까닭은 무엇인가. 서씨의 [통감]에서는 유독 신라와 고려 이후만 싣고 [(필원)잡기]에서 단군을 말하였는데 그 문장이 자못 유학 경전에 맞지 않아 사대부가 말하기를 어려워했다.

김부식이 '천신', '신시', '천부삼인', '단군' 연세를 전한 것을 유자들은 대부분 믿지 않았다. 내가 일찍이 '미니산에는 단군의 제천단이 있고 구월산에는 삼성사가 있으며 그 동쪽은 옛부터 당장경이라고 불리는 곳이 있어 가끔 아름다운 기운이 그 위에 있다'고 들었는데 총괄해 보니 서거정이 논한 것과 어긋나지 않았다. 근래에 내가 중국의 고사를 보니 단군왕검의 이름을 표현한 것이 현저하였다. 단군은 맨 처음 나온 성인으로 중국으로 치면 아마도 복희나 신농 같은 임금이 아닐까? 삼가 고기 가운데 문의가 자못 바른 것을 뽑아 본기의 첫머리로 삼는다.

이 기록은 몇 가지로 분석해 봐야 한다. 첫째, 이종휘는 단군의 할아버지는 환인이며 그러므로 어떤 사람들은 단군의 성을 환씨로 말하기도 한다고 한다. 둘째, 동방의 문명국에 임금이 없어 짐승처럼 살고 있었는데 단군이 임금이 되면서 예의범절을 아는 문화국이 되었다는 것이다. 적지 않은 사람들이 우리가 문화국이 된 것은 기자로부터라는 것을 옳지 않게 보고 있는 것이다. 셋째, 이 단군의 역사를 차이나에서 도당이 나라를 세울 때 우리도 같이 나라를 세웠다고 본 것이다. 넷째, 단군의 아들 부루가 갑술년에 도산에서 하나라의 우왕을 만났다고 하였는데 이 기록은 『세종실록』 「지리지」에 실려 있는 「단군고기」의 내용과 비슷하다. 이 기록에 부가적인 설명을 하자면 부루는 부여왕의 아들이라 하는데 『삼국유사』와 『제왕운기』에는 단군의 아들이라 기록되어 있다. 그리고 동부여를 건국한 해모수의 아들 해부루도 같은 이름이다. 즉 해는 성이고 부루는 이름인 것이다. 그런데 이런 기록들은 대부분 부여 임금과 주몽도 단군으로 기록한 것으로 보아 한국 상고시대 임금의 이름을 단군으로 한 것으로 보인다. 여기서 중요한 것은 차이나와의 관계이다. 『후한서』에는 부여 임금이 후한의 도읍인 낙양에 왔던 것으로 기록되어 있다. 누군가는 이것이 시대를 착오하여 기록한 것이 아닌가 한다. 분명한 것은 부여 임금이 후한의 임금을 만났다는 사실이다.[16] 다섯째, 단군, 신시, 천부라는 말을 쓴 것은 김부식이다. 단군, 신시, 천부라는 말은 『삼국사기』에는 나오지 않고 『삼국유사』에 나오는데 이 말을 처음 쓴 사람이 김부식이다. 이것이 사실이라면 현재 우리가 인식하고 있는 『삼국사기』나 『삼국유사』, 그리고 김부식에 대하여 다시 분석해 봐야 할 것이다. 그러면서

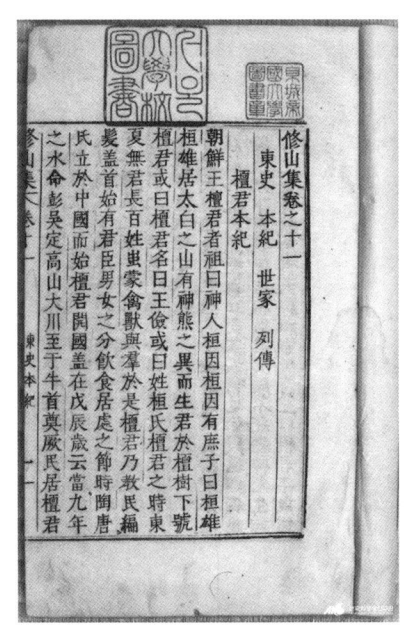

〈그림 3〉 이종휘의 「동사」

---

16     『後漢書』 卷115 「東夷傳」 第75 '夫餘'
       順帝永和元年 其王來朝京師 帝作黃門鼓吹角抵戲以遣之
       『後漢書』 卷6 「順沖質帝紀」 第6
       永和元年春正月 夫餘王來朝

동시에 이런 기록들은 유가적인 입장에서 거부되었다는 내용을 덧붙여 놓았다. 이 말은 결국 언제부터인가 단군에 대한 기사가 점점 줄어드는 것은 유가의 영향이었음을 알 수 있다. 이런 전체적인 맥락에서 볼 때 수산 이종휘의 단군 인식은 단군과 고조선을 이해하는 데 있어서 매우 중요한 새로운 근거가 될 수 있을 것으로 본다(그림 3 참조).

## 4. 근대의 고조선 인식

1897년 '을미사변'에 이은 아관파천 후 고종은 경운궁으로 돌아와 국호를 대한제국으로 바꾸고 모든 권력을 황제가 갖는 1인 전제군주체제의 국체로 새로운 면모를 다듬기 시작하였다. 이때 고종은 대한제국의 정통성을 단군에서 찾았는데, 1897년 발표한 반조문에서 고종은 조선에서 대한제국으로 국명을 바꾸면서 그 대의명분을 조선의 선대 역사에서 찾았고, 그 시작을 단군으로 삼았다.[17] 1910년 일본 제국주의에 국권을 상실한 후 국민국가로 전환하는 시점에서 다시 한번 '단군정통론'이 주목되었다. 국민국가 건설을 위한 주도세력들이 선포한 1918년 무오독립선언서의 내용을 보면, 이들은 '단군 대황조가 굽어살핀다'는 대의명분을 제시하고 있다.[18] 이러한 인식은 1919년 4월 선포된 대한민국 임시정부에서 그대로 계승되는데, 그 대표적인 것이 국호이고, 또 하

---

17 『高宗實錄』 36卷, 34年(1897 丁酉 / 光武 1年) 10月 13日(陽曆)
奉天承運皇帝詔曰: "朕惟檀´箕以來, 疆土分張, 各據一隅, 互相爭雄, 及高麗時, 吞竝馬韓´辰韓´弁韓, 是謂統合三韓° 及我太祖龍興之初, 輿圖以外, 拓地益廣° 北盡靺鞨之界, 而歯革蘗絲出焉, 南收耽羅之國, 而橘柚海錯貢焉° 幅員四千里, 建一統之業° 禮樂法度, 祖述唐´虞, 山河鞏固, 垂裕我子孫萬世磐石之宗°

18 大韓獨立宣言書 (일명 '戊午獨立宣言書', 1919년 2월 1일 선언함)
우리 대한 동족 남매와 온 세계 우방 동포여!
우리 대한은 완전한 자주독립과 신성한 평등복리로 우리 자손 여민(黎民)에 대대로 전하게 하기 위하여, 여기 이민족 전제의 학대와 억압[虐壓]을 해탈하고 대한 민주의 자립을 선포하노라. 우리 대한은 예로부터 우리 대한의 한(韓)이요, 이민족의 한이 아니라, 반만년사의 내치외교(內治外交)는 한왕한제(韓王韓帝)의 고유 권한[固有權]이요, 백만방리의 고산려수는 한남한녀(韓男韓女)의 공유 재

나는 이 독립선언서에 서명한 사람들이 대부분 대한민국 임시정부에 참여한 것이다(그림 4 참조).

단군에 대한 인식은 1945년 대일승전(對日勝戰)과 1948년 정부 수립에도

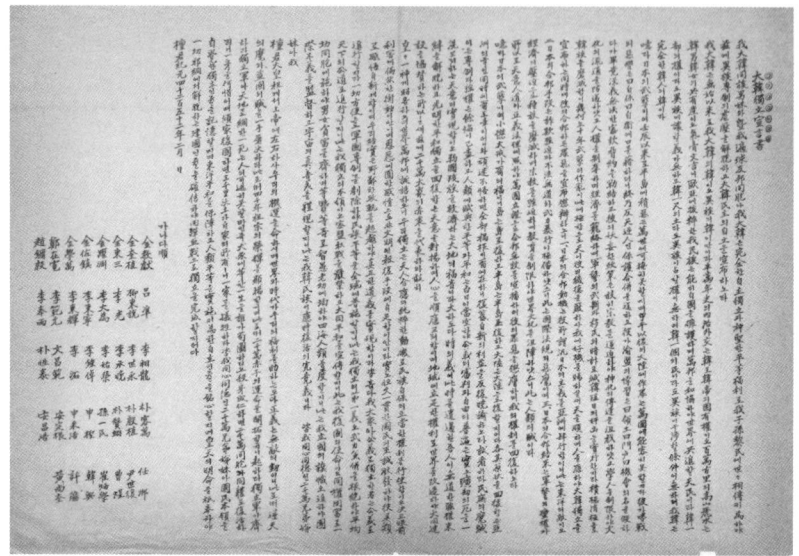

〈그림 4〉 무오독립선언서

산[共有産]이요, 기골문언(氣骨文言)이 구아(歐亞)에 뛰어난[拔粹] 우리 민족은 능히 자국을 옹호하며 만방을 화합하여 세계에 공진할 천민(天民)이라, 우리나라의 털끝만한 권한[韓一部의 權]이라도 이민족[異族]에게 양보할 의무가 없고, 우리 강토의 촌토[韓一尺의 土]라도 이민족이 점유할 권한이 없으며, 우리나라 한 사람의 한인[韓一個의 民]이라도 이민족이 간섭할 조건이 없으니, 우리 한(韓)은 완전한 한인(韓人)의 한(韓)이라. (중략)
이는 우리 대한민족의 시세에 응하고 부활[應時復活]하는 궁극의 의의[究竟義]라. 아 우리 마음이 같고 도덕이 같은[同心同德] 2천만 형제자매여! 우리 단군대황조께서 상제(上帝)에 좌우하시어 우리의 기운(機運)을 명하시며, 세계와 시대가 우리의 복리를 돕는다. 정의는 무적의 칼이니 이로써 하늘에 거스르는 악마와 나라를 도적질하는 적을 한 손으로 무찌르라. 이로써 5천년 조정의 광휘(光輝)를 현양(顯揚)할 것이며, 이로써 2천만 백성[赤子]의 운명을 개척할 것이니, 궐기[起]하라 독립군! 제[齊]하라 독립군!
천지로 망(網)한 죽음[一死]은 사람의 면할 수 없는 바인 즉, 개·돼지와도 같은 일생을 누가 원하는 바이랴. 살신성인하면 2천만 동포와 동체(同體)로 부활할 것이니 일신을 어찌 아낄 것이며, 집안이 기울어도 나라를 회복하면[傾家復國] 3천리 옥토가 자가의 소유이니 일가(一家)를 희생하라!
아 우리 마음이 같고 도덕이 같은 2천만 형제자매여! 국민본령(國民本領)을 자각한 독립임을 기억할 것이며, 동양평화를 보장하고 인류평등을 실시하기 위한 자립인 것을 명심할 것이며, 황천의 명령을

〈그림 5〉 권덕규의 『조선유기』    〈그림 6〉 조선총독부 '조선사편수회'의 『조선사』

고스란히 담겨져 있다(그림 5 참조).**19** 이런 민족사학과는 달리 조선총독부 산하기관인 "조선사편수회"의 『조선사』에서는 단군 및 단군 관련 고조선을 조선의 역사에서 빼버렸다. 그들이 단군조선을 빼버린 것은 두 가지 이유인데, 첫째, 역사는 현실적인 증명이 가능해야 하는데 단군조선은 증명할 수 없다는 것이고, 둘째, 설사 단군조선이 존재한다 하더라도 그 조선은 조선총독부 관할 영토에 들어있지 않기 때문에 조선사에 넣을 수 없다는 것이다(그림 6 참조). 이런 조선총독부의 방침은 우리 민족의 역사를 말살하려는 것이 목표로 현재

---

크게 받들어(祇奉) 일절(一切) 사망(邪網)에서 해탈하는 건국인 것을 확신하여, 육탄혈전(肉彈血戰)으로 독립을 완성할지어다.

건국기원 4252년 2월 일

김교헌(金敎獻) 김규식(金奎植) 김동삼(金東三) 김약연(金躍淵) 김좌진(金佐鎭) 김학만(金學滿) 여준(呂 準) 유동열(柳東說) 이 광(李 光) 이대위(李大爲) 이동녕(李東寧) 이동휘(李東輝) 이범윤(李範允) 이봉우(李奉雨) 이상룡(李相龍) 이세영(李世永) 이승만(李承晩) 이시영(李始榮) 이종탁(李鍾倬) 이 탁(李 ㅁ) 문창범(文昌範) 박성태(朴性泰) 박용만(朴容萬) 박은식(朴殷植) 박찬익(朴贊翼) 손일민(孫一民) 신 정(申 檉) 신채호(申采浩) 안정근(安定根) 안창호(安昌浩) 임 방(任 ㅁ) 윤세복(尹世復) 조용은(趙鏞殷) 조 욱(曺 煜) 정재관(鄭在寬) 최병학(崔炳學) 한 흥(韓 興) 허 혁(許 爀) 황상규(黃尙奎)

19  애류(崖溜) 권덕규( 1890~1950). 한글학자, 역사가. 1924년, 1926년에 『조선유기』 상, 하권을 짓고 1945년 합본으로 『조선사』를 펴냈다.

의 압록강, 두만강 이남만이 조선의 역사라는 반도사관을 만들고 그 틀에 그대로 넣은 것이다.[20] 이런 조선총독부의 방침은 이상하게도 현재 대한민국 역사에 그대로 적용되고 있는 것이다.

## 5. 현대의 고조선 인식

현대에도 교육이나 한국사 연구에서 필자에 따라 비중은 다르지만 모든 한국의 공식문서에서는 고조선과 단군이 인정되고 있다. 한국사에서 단군을 대표로 하는 고조선은 건국 이후 오늘날까지 한국인의 의식세계에서 가장 중요한 자리를 차지하고 있다. 그럼에도 불구하고 외세가 침입하면 이 고조선 인식이 타의에 의하여 주춤거리거나 혹은 말살되는 상황을 겪기도 하였다. 1974년 국정교과서 체제가 만들어지기 전까지만 해도 국사는 자율적으로 기술할 수 있었기 때문에 학자들은 어떤 견해라도 자신의 의견을 서술하고, 배우는 사람들은 골라서 배울 수 있었다. 1974년 역사 과목이 국정으로 전환되면서 한국 교과서에서 고조선은 신화적인 내용으로 언급되면서 사실상 역사에서 사라지고 있다. 앞에서 확인해 보니 그 강조의 강약은 있지만 문헌에 남기기 시작하면서부터 단군은 끊임없이 기록되고 있는 것을 알 수 있었다. 이는 우리들의 머릿속에는 단군이 계속 이어지고 있다는 것이고 역사로서 연구할 충분한 근거가 되는 것이다.

앞에서 간단하게 문헌자료를 확인해본 바와 같이 기록은 충분한 것으로 확인되었다. 다음으로 고고학 관련 자료를 확인하여 고조선의 문화를 고증해 보기로 한다.

---

20 『조선사』는 1925년 일제가 식민지배를 합리화하려는 목적으로 엮어낸 37권의 한국역사 책이다. 일본인 어용 역사가들과 이완용, 권중현 등 친일 부역자들이 동원되었는데 왜곡된 조선 역사를 편술하기 위해 조선총독부 부설로 설치한 조선사 연구기관 '조선사편수회'에서 출판하였다. 이 책은 일제가 그들의 식민지배를 정당화하기 위해서 식민사관을 기초로 반도사관, 타율사관 등 한민족을 폄하하는 사관을 중점적으로 도입하여 한국사를 왜곡, 날조한 역사서이다. 그럼에도 불구하고 현재 한국의 역사 체계는 『조선사』의 체제를 따르고 있다.

# Ⅱ. 고조선의 실체, 연대와 영역

## 1. 고조선의 연대

역사는 대외적으로 상대적이기 때문에 구체적인 역사의 실체성, 즉 연대와 영역에 대한 구체적인 범위가 설정되어야 한다. 또 현대는 고고학이라는 학문이 중시되기 때문에 고고학적인 증명이 가능해야 한다. 고조선에 대한 전통시대의 인식은 현대에 들어와서 고조선 연구와 관련한 새로운 상황과 맞닥뜨리게 되었다. 그것은 바로 이 고조선이 연대적으로, 고고학적으로 증명이 가능한가 하는 것이었다. 그것이 증명되지 않으면 전통시대의 일부 학자들이나 일본 학자들의 주장과 같이 실체가 없는 것이 되기 때문이다. 이 실체를 증명하기 위해서는 기본적으로 세 가지를 증명해야 한다. 첫째는 기록의 전승성이다. 이는 앞에서 이미 확인해 보았다. 둘째는 연대의 증명성이다. 그리고 셋째는 고고학에서 증명이 가능한가 하는 점이다. 먼저 연대부터 확인해 본다.

고조선의 건국 연대에 대해서 많은 견해가 있는데, 대체로 문헌에 근거한 것과 고고학적 자료를 근거로 설정한 것이 있다. 고조선 건국에 대하여 지금까지 남아 있는 문헌으로는 『삼국유사』가 가장 이르다. 이 기록을 보면 고조선의 건국 연도는 중국의 요 임금과 같은 시기라는 절대 연도가 나오는 것을 알 수 있다. 『삼국유사』의 기록에 따르면, 지금으로부터 4600여 년이라는 설과 지금으로부터 4300여 년 전이라는 두 견해가 기록되어 있다.[21] 『동국통감』의 기록

---

21  『三國遺事』 卷第1 「奇異」 第1, '檀君王儉'
    古記云 昔有桓因(謂帝釋也) 庶子桓雄 數意天下 貪求人世 父知子意 下視三危太伯 可以弘益人間 乃授天符印三箇 遣往理之 雄率徒三千 降於太伯山頂(卽太伯今妙香山) 神壇樹下 謂之神市 是謂桓雄天王也 將風伯雨師雲師 而主穀主命主病主刑主善惡 凡主人間三百六十餘事 在世理化 時有一熊一虎 同穴而居 常祈于神雄 願化爲人 時神遺靈艾一炷 蒜二十枚曰 爾輩食之 不見日光百日 便得人

은 지금으로부터 4300여 년 전으로 되어 있다.[22] 차이나 측 기록에 근거하여 지금으로부터 2500여 년 전후로 보는 견해도 있다. 한편 문헌 기록을 완전히 무시하고 고고학적으로 한국에서 청동기시대가 시작되는 시기를 근거로 삼아 지금으로부터 3000년 전 무렵으로 보는 견해도 있다.

이러한 다양한 견해 중에서도 한국 학계에서 보편적으로 제시되고 있는 고조선 건국 연대는 『동국통감』에 근거하여 지금으로부터 4300여 년 전 무렵이고 현재 한국의 '단기(檀紀)'의 근거가 되고 있다.

다음으로 고조선의 붕괴 관련이다. 한국 측의 기록을 살펴보면 고조선이 무너진 연대가 확실하게 남아 있지 않다. 일반적으로 위만조선이 멸망한 기원전 107년을 고조선의 멸망으로 추정하는 시각이 있지만, 이 사건은 전한과 위만조선의 전쟁 기록이지 고조선과는 별 관계가 없는 일이다.

차이나 측의 기록에는 고조선이 쇠약해지는 기록이 있다. 『삼국지』「동이전」에 실려 있는 기록은 대략 기원전 4세기부터 기원전 3세기 사이에 벌어진 일이다. 고조선과 연과의 전쟁이 일어난 것인데 이 전쟁에서 고조선은 연에게 패배하여 서쪽 이천 리를 잃게 된 것이다. 이때 많은 고조선 사람들이 동·서·남·북으로 이동을 했을 것인데 이로부터 현재 남만주 지역은 여러 나라들이 분리 독

---

形 熊虎得而食之 忌三七日 熊得女身 虎不能忌 而不得人身 熊女者無與爲婚 故每於壇樹下 呪願有孕 雄乃假化而婚之 孕生子 號曰壇君王儉 以唐高卽位五十年庚寅(唐高卽位元年戊辰 則五十年丁巳 非庚寅也 疑其未實) 都平壤城(今西京) 始稱朝鮮 又移都於白岳山阿斯達 又名弓(一作方)忽山 又今彌達 御國一千五百年 周虎王卽位己卯 封箕子於朝鮮 壇君乃移藏唐京 後還隱於阿斯達 爲山神 壽一千九百八歲.

22 『東國通鑑』 '檀君王儉'
東方初無君長, 有神人降于檀木下, 國人立爲君, 是爲檀君, 國號朝鮮, 是唐堯戊辰歲也. 初都 平壤, 後徙都白岳, 至商,武丁八年乙未, 入阿斯達山爲神.
[臣等按]《古紀》云:「檀君與堯並立於戊辰, 歷虞,夏至商,武丁八年乙未, 入阿斯達山爲神, 享壽千四十八年.」此說可疑. 今按, 堯之立在上元甲子甲辰之歲, 而檀君之立在後二十五年戊辰, 則曰與堯並立者非也. 自唐虞至于夏,商, 世漸澆漓, 人君享國久長者, 不過五六十年, 安有檀君獨壽千四十八年, 以享一國乎. 知其說之誣也. 前輩以謂, 其曰千四十八年者, 乃檀氏傳世歷年之數, 非檀君之壽也, 此說有理. 近世權近, 入觀天庭, 太祖,高皇帝, 命近賦詩, 以檀君爲題, 近詩曰『傳世不知幾, 歷年曾過千.』 帝覽而可之, 時論亦以近之言爲是, 姑存之以備後考.

립하는 계기가 되었으며 삼한도 이때 형성된 것으로 보인다. 이 기록들을 보면 고조선은 큰 타격을 받았음을 알 수 있다.

고조선의 건국 연대와 쇠퇴 시기에 대하여 정리하자면, 고조선은 기원전 2333년 무렵에 건국되어 기원후 3세기 무렵까지 존재하고 있었던 나라이다.[23]

진수의 『삼국지』에는 '금조선(今朝鮮)'이라는 기록이 남아 있다. 이 조선이 어느 집단을 설명하는지 분명하지 않다. 다만 동예를 표기할 때 '옛 조선의 동부'를 말하고 있는데, 이 동예의 후예 일부가 아직 남아서 차이나계의 표현인 조선으로 남아 있었던 것이 아닌가 한다. 이렇게 차이나계에서 조선이라 부르고 있는 것은 어쩌면 한의 지역으로 망명해 간 기준의 세력들을 말할 가능성도 배제할 수는 없다.

## 2. 고조선의 위치

고조선 연구에서 가장 문제가 되는 것은 위치 문제이다. 이 위치에 따라 연구할 수 있는 대상들이 달라지게 된다. 현재 우리 학계에서는 고조선의 위치에 대해 통일된 것이 없다. 들쑥날쑥이다. 현재 우리가 활용하는 사료 중에서 고

---

23 『三国志』「魏書」卷30 烏丸鮮卑東夷 '韓傳'
既僭號稱王, 爲燕亡人衛滿所攻奪,
魏略曰: 昔箕子之後朝鮮侯, 見周衰, 燕自尊爲王, 欲東略地, 朝鮮侯亦自稱爲王, 欲興兵逆擊燕以尊周室. 其大夫禮諫之, 乃止. 使禮西說燕, 燕止之後子孫稍驕虐, 燕乃遣將秦開攻其西方, 取地二千餘里, 至滿番汗爲界, 朝鮮遂弱. 及秦幷天下, 使蒙恬築長城, 到遼東. 時朝鮮王否立, 畏秦襲之, 略服屬秦, 不肯朝會. 否死, 其子準立. 二十餘年而陳·項起, 天下亂, 燕·齊·趙民愁苦, 稍稍亡往準, 準乃置之於西方. 及漢以盧綰爲燕王, 朝鮮與燕界於浿水及綰反, 入匈奴, 燕人衛滿亡命, 爲胡服, 東度浿水, 詣準降, 說準求居西界, 爲朝鮮藩屛. 準信寵之, 拜爲 賜以圭, 封之百里, 令守西邊, 滿誘亡黨, 衆稍多, 乃詐遣人告準, 言漢兵十道至, 求入宿衛, 遂還攻準. 準與滿戰, 不敵也,將其左右宮人走入海, 居韓地自號韓王.
魏略曰: 其子及親留在國者, 因冒姓韓氏. 準王海中, 不與朝鮮相往來. 其後絕滅, 今韓人猶有奉其祭祀者

조선의 위치를 기록한 것은 『삼국유사』와 『삼국사기』가 가장 이른 기록이다. 『삼국사기』 '동천왕' 21년의 기록에 의하면 동천왕이 후한과의 전쟁에서 패한 후 도읍을 환도성에서 평양으로 옮겼다고 한다. 『삼국사기』에는 이 동천왕이 옮긴 평양이 고조선 시대의 도읍이었던 곳이라고 기록되어 있다.

『삼국유사』 「기이편」은 단군왕검이 건국한 내력을 설명하면서 건국한 자리가 평양성이며, 이 평양성은 '지금의 서경'이라고 부연 설명해주고 있다. 이 기록들을 근거로 하여 고조선의 위치를 현재 북한 평양으로 인식하고 있는 것이다. 그러나 다른 견해를 주장하는 이들도 있다. 이승휴의 견해가 대표적이다.

이승휴는 『제왕운기』에서 구체적으로 고조선이 '요동(遼東)'에 있었다고 말하고 있다.24 이 기록을 보면 고조선이 지금의 남만주(南滿州)에 자리하고 있었음을 알 수 있는데, 구체적으로 '요동'이라는 지역을 지적하고 있다.

『세종실록』 「지리지」 평양부, '단군고기' 기록을 보면 비류왕 송양이 주몽을 만나서 나눈 대화 중에 주몽은 서쪽에서 왔고 송양은 바다와 가까운 곳의 나라 왕이라면서 송양의 조상은 선인(仙人)이라 하였다. 여기서 바다와 가까운 곳이라고 하는 것은 오늘날의 발해 근처에 있었다는 것이다. 이 '선인'은 대부분 조선계를 말한다. 그러면서 지역적으로 발해만 북안지역을 말하는 것으로 보아 그때까지 쇠락한 고조선이 유지된 것으로 보인다. 이 시기를 보면 기원전 1세기 무렵인데 이때 쇠락한 고조선의 한 국가인 비류국이 고구려에 복속되는 것을 볼 수 있다.25

---

24    『帝王韻紀』 卷下
      遼東別有一乾坤 斗與中朝區以分 洪濤萬頃圍三面 於北有陸連如線 中方千里是朝鮮 江山形勝名敷天 耕田鑿井禮義家 華人題作小中華
25    『世宗實錄』 「地理志」 平壤府, '檀君古記'
      沸流王松讓出獵, 見王容貌非常, 引而與坐曰: "僻在海隅, 未曾得見君子, 今日邂逅, 何其幸乎! 君是何人, 從何而至?" 王曰: "寡人, 天帝之孫, 西國之王也°敢問君王繼誰之後?" 讓曰: "子是仙人之後, 累世爲王° 今地方至小, 不可分爲兩君° 造國日淺, 爲我附庸可乎" 王曰: "寡人繼天之後, 今王非神之冑, 強號爲王, 若不歸我, 天必殛之° ----- 王曰: "以國業新造, 未有鼓角威儀° 沸流使者往來, 我不

이런 견해들을 묶어서 정리해보면 다음과 같이 정리해볼 수 있다. ① 고조선이 오늘날 남만주에 있었다는 설, ② 고조선은 오늘날 전체 만주지역과 한국을 포함하는 지역이라는 설, ③ 오늘날 평양을 중심으로 한 한국의 중부지역에 있었다는 설, ④ 만주지역에 있었다가 오늘날 한국으로 이동하였다는 설 등으로 구분할 수 있다(그림 7 참조).

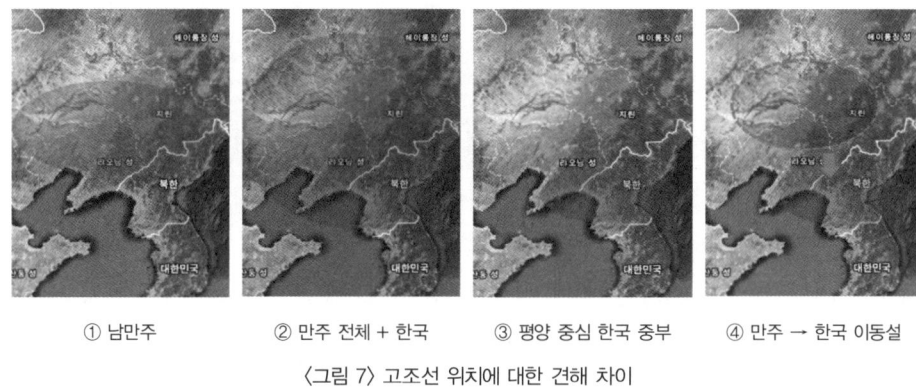

① 남만주　　② 만주 전체 + 한국　　③ 평양 중심 한국 중부　　④ 만주 → 한국 이동설

〈그림 7〉 고조선 위치에 대한 견해 차이

먼저 고조선이 있었다는 평양의 위치를 확인해봐야 할 것이다. 왜냐하면 고조선과 평양은 계속 연동이 되기 때문이다. 여기서 말하는 평양은 고구려 시대의 평양을 말하는 것이다. 이 평양의 위치에 관한 기록은 차이나계 사료에 많이 등장을 한다. 그러므로 먼저 차이나계 기록을 확인해보도록 한다.

『구당서』의 기록은 평양의 위치를 '경사(京師)', 즉 당나라 장안으로부터 5100여 리 떨어져 있다고 했는데, 이 거리는 현재 중국 요녕성 요동반도 부근으로 추정된다.[26] 또 『요사』「지리지」에는 요나라 동경은 본래 고조선 땅이었

---

能以王禮迎送, 所以輕我也°" 從臣扶芬奴進曰: "臣爲大王, 取沸流鼓角°" 王曰: "他國藏物, 汝何取乎!" 對曰: "此天之與物, 何爲不取乎! 夫大王困於扶餘, 誰謂大王能至於此! 今大王奮身於萬死, 揚名於遼左, 此天帝命而爲之, 何事不成!" 於是, 扶芬奴三人往沸流, 取鼓而來°

[26] 복기대, 「고구려 도읍지 천도에 대한 재검토」, 『고조선단군학』 Vol.22 No., 고조선단군학회 2010.

다고 하였는데, 이는 곧 고구려 평양성이라 하였다.[27] 이곳은 현재의 중국 요녕성 요양시이다. 『원사』는 아주 구체적으로 평양의 변천 과정을 설명하고 있다. 원나라 '동녕로'가 본래 고구려의 평양성이자 장안성이라는 것인데, 이곳은 지금의 중국 요녕성 요양시를 가리킨다(그림 8).[28] 또한 고구려의

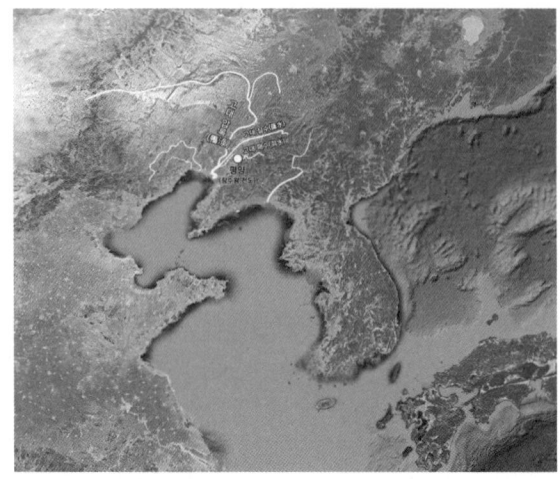

〈그림 8〉 『표해록』·『요사』·『원사』에 나타난 고구려 평양의 위치

마지막 막리지였던 연남생의 묘지석에는 연남생의 출신 지역이 요동군 평양이라고 기록되어 있다.[29] 이 기록은 당나라 때의 고고학 자료인데 당의 요동군은 현재 요녕성 중부와 서부지역을 말한다(그림 9 참조).

차이나 측 자료 중에서 구체적으로 고조선의 위치를 말하는 것은 『산해경』「해

〈그림 9〉 연남생 묘지명 탁본

---

27  『遼史』 卷38 「志」 第8 地理2 東京道
"東京遼陽府, 本朝鮮之地. 周武王釋箕子囚, 去之朝鮮, 因以封之. 作八條之教, 尚禮義, 富農桑, 外戶不閉, 人不為盜. 傳四十餘世. 燕屬真番´朝鮮, 始置吏´築障. 秦屬遼東外徼. 漢初, 燕人滿王故空地. 武帝元封三年, 定朝鮮為真番´臨屯´樂浪´玄菟四郡. 後漢出入青´幽二州, 遼東´玄菟二郡, 沿革不常. 漢末為公孫度所據, 傳子康; 孫淵, 自稱燕王, 建元紹漢, 魏滅之. 晉陷高麗, 後歸慕容垂; 子寶, 以勾麗王安為平州牧居之. 元魏太武遣使至其所居平壤城, 遼東京本此."

28  『元史』 卷59 「志」 第11 地理二
東寧路, 本高句驪平壤城, 亦曰長安城° 漢滅朝鮮, 置樂浪´玄菟郡, 此樂浪地也. 晉義熙後, 其王高麗始居平壤城. 唐征高麗, 拔平壤, 其國東徙, 在鴨綠水 之東南千餘里, 非平壤之舊.

29  『淵男生墓誌銘』:
公姓泉諱男生字元德遼東郡平壤城人也原夫遠系本出於泉旣託神以隤祉遂因生以命族

내경」의 기록이다. 동해 안의 북해 모퉁이는 현재 발해만 북안을 말하는데, 이 지역에 조선이라는 나라가 있다는 것이다.30 『산해경』「해내북경」에서는 조선이 연(燕)의 동쪽에 있고, 바다 북쪽에 있다고 해석할 수 있다.31 사마천의 『사기』「소진열전」은 연의 동쪽이 오늘날 중국 하북성 창려현 지역에 이른다고 하였다.32 『산해경』, 『사기』 등에 의하면 고조선의 위치는 현 발해만 북안에 있었던 것으로 볼 수 있고, 구체적으로 고조선의 서쪽은 늦어도 기원전 4세기 무렵까지는 연나라와 마주하고 있었다는 것을 알 수 있다.

한국계 사료나 차니아계 사료 모두 현재 중국 요녕성 지역을 기록하고 있는 것으로 보아 고구려 평양성은 현재 중국 요녕성 요양시가 맞는 것으로 봐야 한다. 이런 자료들을 볼 때 고조선의 위치는 오늘날 중국 발해만 북안에 위치했다는 것을 알 수 있다.

---

30 『山海經』「海內經」
    東海之內, 北海之隅, 有國名曰 朝鮮天毒, 其人水居, 偎人愛之.
31 『山海經』「海內北經」
    朝鮮在列陽東 海北山南 列陽屬燕.
32 『史記』「蘇秦列傳」第9
    燕東有朝鮮遼東 北有林胡樓煩 西有雲中九原 南有嘑沱易水 地方二千餘里

# Ⅲ. 고조선의 국가 형성 및 발전

## 1. 고조선 지역의 자연환경

글쓴이는 앞에서 고조선의 건국연대는 기원전 2333년 무렵이고, 지역은 남만주 일대였음을 확인해 보았다. 그렇다면 그 시기, 그 지역에서 사람들이 어떤 자연환경에서 어떻게 조직적으로 살았는지를 살펴봐야 할 것이다. 현대 고고학은 과거와 달리 문화 내용의 결과보다 사람들이 살 수 있는 문화 형성의 기본적인 조건을 먼저 확인하고 그 다음으로 문화 요소들을 분석하는 것이 연구의 기본과정이다. 그러므로 고조선 시대 삶의 환경은 고고학 분야에서 확인해야 하는 것이다. 그래서 앞서 확인한 남만주 지역의 자연환경부터 알아봐야 할 것이다.

사람들은 자기들이 사는 환경에 따라 문화 형태도 달리 한다. 같은 시기를 살아도 지역에 따라 문화가 다를 수 있는 것이다. 특히 큰 산이 가로막고 있으면 산을 경계로 문화에서 많은 차이가 난다. 이런 특징은 남만주 일대에서도 고스란히 나타난다. 그렇기 때문에 비록 같은 시대라 하더라도 지역적으로 다른 문화로 볼 수 있는 것이다. 남만주 지역은 지리적으로 온대와 한대 기후대가 교차하는 지역으로 사계절이 뚜렷한 특징을 가지고 있다. 이 때문에 예기치 않은 질병들이 발생하여 인구가 큰 폭으로 줄어들거나 대규모로 이주하여 공간의 공백현상이 발생하기도 한다. 또 같은 위도·경도 지역에 비하여 수원이 풍부하고, 평야가 넓어 곡식이 충분히 생산되며, 초원지대도 발전하여 목축도 가능하고, 발해만에서 해산물과 소금을 충분히 얻을 수 있는 이점도 지니고 있다. 그렇기 때문에 아주 오래전부터 사람들이 모여 살면서 일찍부터 문화가 발전할 수 있었다. 이런 지역은 영양소 중에 탄수화물이 부족할 수는 있지만 단백질이나 염분, 그리고 다양한 물고기를 얻을 수 있어 극단적인 기근 현상은 나타나지 않는다. 다만 계절적으로 다양한 질병이 나타나는 현상들은 피하지 못한다. 그렇기 때문에 기후에 관한 많은 지식이나, 기후를 극복하기 위한 다양한 방법을 강구하게 되는 것이다. 또한 자연적인 생태계를 그대로 받아들여야 하기 때문에 사람들이 많이 늘어나면 에너지 공급이 어려워질 수 있고 야생에 자라는 자연 공급원인 짐승들의 공급 부족이 일어날 수도 있다.

## 2. 고고학 자료로 본 고조선 전기 문화권

이 지역은 기원전 2500년 경에 기후가 좋아지면서 문화가 융성해지는 모습

〈그림 10〉 전기 고조선 문화의 주요 분포지역

을 보인다. 이때 융성한 문화로는 중국 요녕성 요서 지역에 '하가점하층문화(夏家店下層文化)',[33] 요동지역에 '마성자문화(馬城子文化)'가 있다[34](그림 10 참조). 또한 요동반도 지역에는 대형 지석묘들이 많이 분포하고 있다. 이런 특징들로 이 지역들의 인구밀도가 높다는 것을 알 수 있다.

현재의 요서지역 하가점하층문화에서[35] 당시 인구밀집도가 매우 높았던 것을 볼 수 있다. 예로 내몽고 오한기 지역은 현재보다 인구밀도가 높았을 정도의 많은 사람들이 살았던 흔적들이 있다. 이때 사람들은 서로 멀리 떨어져 사는 것이 아니라 집단을 이루어 살고 있었는데, 이 집단의 규모는 강을 따라 몇 킬로미터까지 이어지는 곳도 있다. 그렇다면 당시에도 어떤 곳은 몇 만 명의 인구가 모여 살았다는 뜻이 된다.

당시 주거 형태를 보면 많은 층의 차이가 있었다. 이들은 층위마다 그들만의 각 구역을 설정하여 집단을 이루며 살고 있었다(그림 11 참조).[36] 유적의 특징

〈그림 11〉 삼좌점 석성의 치

---

33 복기대, 「遼西地域 青銅器時代文化의 歷史的 理解」, 『檀君學研究』5, 檀君學會, 2001.10
34 복기대, 「馬城子文化의 몇 가지 問題에 對하여」, 『先史와 古代』22, 2005년.
35 이 문화는 지금으로부터 4500년 전 내외부터 시작하여 지금으로부터 3500년 경까지 이어지는 문화로 이 문화는 지금으로부터 4000년 전에서 지금으로부터 3600년 전 사이에 최고조로 발전하였던 문화이다.
36 참조: 복기대, 『遼西地域의 青銅器時代文化研究』, 白山資料院, 2002年.
  복기대, 「試論 住居遺蹟으로 본 夏家店下層文化의 社會性格」, 『先史와 古代』29, 韓國古代學會, 2008년.

〈그림 12〉 조보구 위영자 유적(고조선 촌락)  〈그림 13〉 적봉 오한기 조보구 퇴뫼 유적

을 분류해보면 신분이 나누어진 사회로 볼 수 있는 요소들이 많이 있다. 예를 들면 하가점하층문화 사람들은 성(城)을 짓고 그 안에서 주로 생활을 한 층과 성이 없이 평지에 집을 짓고 생활한 층으로 나눠 볼 수 있는데, 집의 크기에서도 큰 차이가 있었으며 무덤 역시 큰 차이가 있었다.

이런 것들을 볼 때 당시는 이미 계층 분화가 이뤄졌던 것으로 볼 수 있다. 뿐만 아니라 전문적인 제사 의식이 치러진 제사 유적도 존재했던 것으로 추정된다(그림 12, 13 참조).

이런 계층 분화의 전제 조건은 어떤 형태로든지 조세 제도가 존재하고 있었기 때문에 가능했을 것으로 본다.

고조선의 중심지는 지역적으로 북위 40° 지역을 중심으로 자리하고 있다. 이 지역은 기후변화가 매우 심하기 때문에 살아남기 위해서는 기후를 예측해야 한다. 이를 위해서 체계적인 구조물이 필요하였다. 이런 구조물은 천문관측 유적으로 분류할 수 있는데 당시 사회에서 이미 몇 곳의 천문관측 유적들이 확인되었다. 그중에 대표적인 것은 내몽골 적봉시 오한기에 자리하고 있는 성자산 유적이다. 이 유적은 1년의 천문 변화를 알 수 있는 구조로 설계되어 있는 것을 알 수 있다. 즉 한 곳에 집중적으로 설치한 것이 아니고 주변 지역의 다른 지형 지물을 이용하여 매우 과학적으로 설계되어 있다. 이런 유적이 확인되는 것은 당시에 분명히 계절의 1년 주기를 알고 있었고 씨뿌리는 시기를 알았기 때문에

〈그림 14〉 성자산성 천문관측 유적

〈그림 15〉 성자산성 천문관측 유적 조사

농업의 발달과 유랑보다는 정주생활이 기본이었음을 알 수 있다(그림 14, 15, 16).

고조선 사람들은 과학적인 자료들을 많이 활용하였기에 이를 기억할 문자도 활용했을 것이다. 그 흔적이 남아 있다(그림 17-1, 17-2).

〈그림 16〉 삼좌점 소용돌이 문양 표지석

뿐만 아니라 기후적인 여건으로 위도가 높은 지역은 대단위의 풀밭이 형성

〈그림 17-1〉

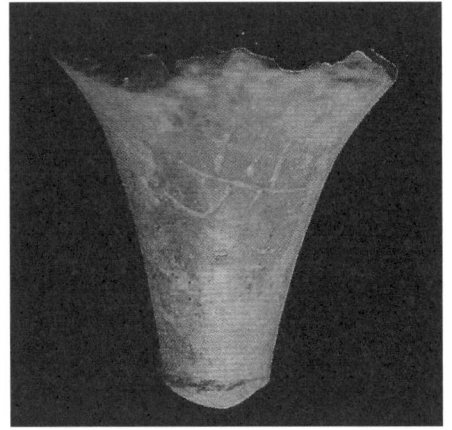
〈그림 17-2〉

〈그림 17〉 고조선의 부호

〈그림 18〉 홍도

〈그림 19〉 채회 항아리

〈그림 20〉 채회 세가랑이솥

〈그림 21〉 채회 긴목단지

된다. 이런 지역은 농경보다는 목축 경제가 발전했을 것이다. 이런 현상은 지금도 내몽고 지역에서 흔히 볼 수 있다. 농경 지역과 목축 지역은 생활환경이 다르기 때문에 서로 보완적인 교류가 있었을 것이다. 당시는 매우 발달된 그릇들이 생산되었는데 이미 5가지 색을 사용하여 만든 채회도(彩繪陶)도 많이 발견되었다. 뿐만 아니라 단색으로 처리된 그릇들도 많이 발견되었는데, 이들 그릇들은 일상 용기가 아니라 당시 사람들의 예술품으로 볼 수 있다(그림 18~21 참조). 당시 사회에는 체계적인 문자 체계는 아니더라도 이미 부호를 사용했던

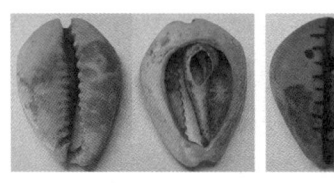
〈그림 22〉 조개화폐

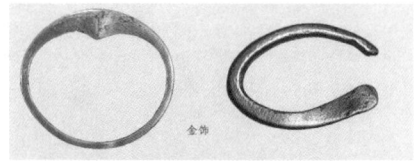
〈그림 23〉 하가점하층문화 금팔찌

것으로 보인다. 이 부호에는 점뼈도 포함되겠지만 그보다 더 분명하게 무엇인가를 표현하는 것으로 볼 수 있다. 이런 맥락에서 볼 때 이미 고조선 시대에 부호를 사용하고 있다는 것을 알 수 있다.

또한 이 시기에는 같은 구역 내 뿐만 아니라 주변 지역과 많은 교류가 있었던 것으로 보이는데 화폐도 이용되었던 것으로 보인다. 화폐는 조개로 만든 것이 있고, 흙으로 만든 것도 있다. 이때의 과학기술 수준은 납으로 화폐를 만들거나(그림 22), 청동으로 작은 기물들부터 큰 기물까지 만들 수 있는 실력을 보유하고 있었다. 뿐만 아니라 이런 기술은 주변 지역의 금속기를 다루는 기술보다 뛰어났던 것으로 볼 수 있다(그림 23 참조).

하가점하층문화시대에 매우 정교한 악기들이 있었던 것으로 확인되었다. 큰 제사를 지낼 때 음악을 쓰는 것은 지금도 마찬가지인데 고조선 시기에도 석경이라는 악기를 사용한 것으로 보인다. 당시의 석경은 매우 강한 옥류의 돌을 갈아 표면의 높낮이 차이를 두어 만들었다. 각 부위별로 소리가 다 다르다(그림 24 참조). 이런 복합사회를 유지하기 위해서는 여러 가지 제도가 운용되겠지만, 무엇보다도 어떤 형태로든지 종교가 존재했을 것으로 보인다. 실제로 현재 많은 유적지들 중에

〈그림 24〉 석경 - 하가점하층문화
(요령성 조양 수천 출토 고조선 유물, 요령성박물관)

〈그림 25〉 퇴뫼 형태의 제사터  〈그림 26〉 마성자 유적의 직물

종교적 제사를 지냈던 흔적들이 나타나고 있다. 주로 제사를 지내던 흔적은 산 정상의 '퇴뫼' 형태로 남아 있다. 과거에는 이 형태를 산성으로 해석하기도 하였으나 성으로 보기에는 너무 작을 뿐만 아니라 사람들이 살기 어려워 산성의 기능을 했을 가능성은 거의 없다(그림 25). 오히려 이 시설물들은 제사터로 보는 것이 합당하다고 본다. 물론 제사지내던 곳은 꼭 산에만 있는 것은 아니었다. 평지에서도 돌로 담을 쌓아 제사를 지내던 장소를 지었다.

앞서 설명한 것처럼 고조선은 북방지역에 위치하는데 이 지역은 사계절이 뚜렷하지만 한여름과 한겨울의 기온은 극과 극을 달려, 여름은 40도 가까이 오를 때도 있고, 한겨울은 영하 30도로 내려갈 때도 있다. 이런 온도 차이를 극복하려면 거기에 맞는 옷을 입어야 하는 것은 당연하다. 그래서 매우 다양한 옷들이 존재했을 것이다. 앞서 말한바와 같이 고조선은 이미 사회가 다양하게 분화되어 거기에 맞는 옷들을 만들어 입고 살았을 것이다. 그 당시 옷을 만들기 위하여 실을 뽑았던 유물들은 지금도 많이 남아 있다. 그 당시 짰던 마직물이 지금도 남아 있는데 매우 정교하게 짜여져 있다(그림 26).

## 3. 고조선 후기 문화권

이 시기는 기원전 13~12세기 무렵부터 기원전 4세기 무렵까지로 볼 수 있다.[37] 고조선 후기문화는 전기의 중심지역인 요서지역에서 사방으로 넓게 확대되는 것을 볼 수 있다. 즉 고조선의 영역이 매우 넓어지는 시기이다(그림 27 참조).

그리고 주변지역과 많은 교류를 했던 것으로 확인된다. 그 증거로 차이나 계통의 기록에서 등장하는 것을 볼 수 있는데 황하유역의 기원전 7세기 무렵의 최대 강국이었던 제(齊)나라의 기록에 조선(朝鮮)이라는 나라와 무역을 하는 기록이 등장하는 것을 볼 수 있다. 뿐만 아니라 서쪽으로 산융(山戎)이라는 세력과도 경계를 삼은 기록들도 등장한다. 이렇게 볼 때 이 시기는 매우 강력한 국가가 유지되었던 것으로 추측된다. 그 증거로는 매우 큰 규모의 석곽묘들이 전 지역에서 모두 축조되는 것을 볼 수 있다. 지역적으로 요동지역에서는 매우 큰 지석묘들이 제단으로 만들어지기 시작한다. 그리고 이 시대를 상징하는

〈그림 27〉 고조선 후기 문화권

---

[37] 복기대, 「夏家店上層文化 凌河文化比較硏究」, 『先史와 古代』20, 韓國古代學會, 20004년.

유물로는 비파형동검과 다뉴세문경 등이 나타나기 시작하였다(그림 28, 29 참조).

    요서와 요동지역에서 비파형동검과 청동 다뉴세문경, 그리고 부채형 도끼(扇型斧)의 경우에는 같은 계통이 발견된다. 이 시기에 들어 두 지역은 금속을 다루는 기술적인 부분에서 같음을 알 수 있다.[38] 한편으로 비파형동검을 만드는 기술은 거의 다른 지역으로 유출되지 않았는데, 산해관(山海關) 이남 지역이나 한국 지역에서는 매우 적은 수가 발견되는 것을 볼 수 있다. 이는 당시 이런 청동기를 만드는 기술이 최첨단 기술로서 외부에 유출되면 안 되는 중요한 것으로 다뤄졌음을 알 수 있게 한다. 청동 다뉴세문경은 그 정밀성이 매우 뛰어나 과학사적으로도 중요하지만 이 거울의 쓰임새에 주목할 필요가 있다. 아마도 이 거울은 당시 종교적으로 해를 숭배하는 사상과 관련이 있을 것으로 보

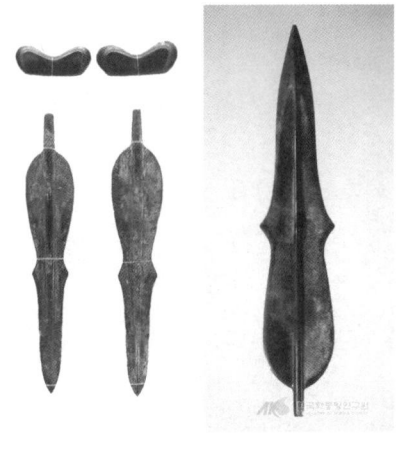

〈그림 28〉 비파형동검

〈그림 29〉 다뉴세문경

---

38    복기대, 「遼西地域의 古代 劍에 關하여」, 『白山學報』56, 白山學會, 2007年.

인다. 그 기본 형태가 원형인데다, 반질반질한 부분은 깨끗이 닦으면 빛을 활용할 수 있을 정도의 모양새를 갖추고 있다. 그러므로 당시 이 거울이 오늘날 빛을 이용하여 불을 얻는 돋보기와 같은 역할을 하지 않았을까 추정도 가능하다. 즉 당시 사람들은 햇빛이 이 거울을 통해서 불이 되어 나오는 과정을 보면서 신기(神器)로 생각을 했을 것이다. 그리고 비파형동검은 주로 큰 석곽묘에서 발견되고 지석묘에서도 간혹 발견된다(그림 30 참조). 당시는 위에서 말한 청동기 외에도 많은 청동기들이 있었다. 이런 과학기술이 고조선을 지탱하는 원동력이 되었던 것으로 보인다.

요동지역에서도 집단생활을 한 특징이 여러 곳에서 보인다. 그러나 요동지역과 요서지역은 차이가 있다. 요동지역은 주로 산지가 많고, 요서지역은 평지가 많기 때문에 인구수는 요서지역이 훨씬 많다. 그렇지만 요동지역의 인구밀도는

〈그림 30〉 중국 요녕성 해성시 석목성자 고인돌

거대한 고인돌의 존재에서 추정해볼 수 있을 것이다.[39] 지금까지 남아 있는 고인돌이 많지는 않지만 이전에는 매우 많았던 것으로 보인다(그림 30 참조). 훗날 많이 해체되어 현재는 많이 줄어들었지만, 고인돌의 규모로 볼 때 요동지역 역시 인구가 많았을 것으로 추정할 수 있다.

요동지역의 고인돌은 대부분이 산 중턱에 남아 있다. 큰 것은 덮개돌이 100톤 이상 나갈 정도로 거대하다. 이런 고인돌은 몇 가지 측면에서 고려를 해봐야 할 점이 있다.

첫째, 이런 크기의 돌을 어떻게 운반할 수 있는 것인가? 하는 점이다. 고인돌 주변에서 이런 큰 돌을 볼 수가 없다면 외부에서 가져온 것으로 봐야 한다. 그렇다면 이 돌을 움직일 수 있는 인력이 동원되어야 할 것이다.

둘째, 이런 고인돌은 무덤 성격도 있겠지만 또 다른 하나는 사당의 성격도 있었을 것으로 본다. 그렇다면 요동 지역에서는 사당(祠堂)을 중심으로 사회가 형성되고 움직여지지 않았을까 하는 추측도 가능하다.

셋째, 돌을 다루는 기술이 뛰어났다는 점이다. 고인돌마다 차이는 있지만, 어떤 고인돌은 매우 정교하게 갈아 겉이 반질반질하게 만들어진 것도 있다. 돌을 마름질할 때부터 갈아서 반질반질하게 하거나 무게 중심을 잡아 넘어지지 않게 세우는 것 등은 돌을 다루는 기술이 매우 뛰어났음을 보여준다.

여기서 요서지역과 요동지역의 문화현상을 비교해볼 때 요서지역에서는 고인돌이 보이지 않고, 요동지역에서만 보이는 것에 대해 의문을 가질 수 있다. 그러나 그 이유는 간단하다. 고인돌을 만들기 위해서는 큰 돌이 있어야 한다. 요서지역은 평지라 그런 큰 돌을 구하기가 어렵다. 반면 요동지역은 산이 많고, 바위가 많아 큰 돌을 구하기가 쉽다. 그래서 요서지역에서 큰 고인돌이 없다고 볼 수 있다. 그러나 두 지역 모두 석관묘가 많이 있다. 요서지역에는 잔돌이 많

---

[39] 하문식, 『古朝鮮 사람들이 잠든 무덤』, 周留城, 2017年.

기 때문에 석관의 덮개도 여러 조각으로 하고, 요동지역은 큰 돌이 많기 때문에 넓은 돌을 사용하여 뚜껑을 덮은 것을 볼 수 있다. 이런 특징은 돌을 사용하여 무덤을 만든다는 원칙은 같지만 돌을 사용하는 방법은 다르다고 봐야 할 것이다.

　이렇듯 고조선의 후기는 영토가 넓었고 문화적으로도 통일된 것을 볼 수 있다. 이런 영역의 확장은 훗날 부여, 고구려, 백제, 신라 등등 나라들의 기반이 되는 지역이 된다. 뿐만 아니라 과학기술의 수준도 높았던 것으로 보이고 주변 지역들과 많은 교역을 하면서 나라가 부강해진 것으로 보인다. 이 시기에 다양한 한국문화의 원형이 만들어지지 않았나 추측해본다.

# Ⅳ. 고조선의 대외교류

국가는 홀로 존재할 수도 있지만 대부분 주변과 교류를 하게 마련이다. 이런 교역은 단지 이 시기에 처음 나타나기 시작한 것이 아니라 아주 오래전부터 시작되었다고 봐야 할 것이다. 적지 않은 상대(商代)의 갑골문에서 상(商)의 동북쪽에 관심을 보이는 기록들이 있다. 당시의 갑골문이 주로 발견되는 지역은 현재 중국 하남성 안양 지역이다. 이 지역은 상대의 도읍이었던 '은(殷)' 지역이다. 이 지역의 동북은 바로 고조선 지역이었다. 그러므로 갑골문에 나타나는 동북 관련은 고조선으로 볼 수 있을 것이다.

두 지역 간 물질문화 교류의 몇 가지 예를 들면 다음과 같다. 중국의 대표적인 문양 중의 하나가 도철문(饕餮紋)이다. 이 문양은 고조선 지역에서 기원한 것으로 본다. 기원전 20세기 경에 황하 유역에 고조선 특징의 도철문이 나타나고, 반대로 고조선 지역에서 하(夏)나라 문물이 발견되는 것을 볼 수 있다.[40] 또한 고조선 지역에서는 옥 종류를 수출하였을 것으로 본다. 황하유역에서는 하(夏), 상(商) 시기에 들어 옥이 조금씩 사용되는 것을 볼 수 있는데, 그 기본적인 조각 수법이 하가점하층문화 양식과 비슷한 부분이 많이 있다. 그러므로 옥이 두 지역 간 주거래 품목이었을 가능성도 배재하지 못한다. 또한 흔적이 많이 남아 있지는 않지만 유기물로 만들어진 것들의 경우 많은 교류가 있었을 것으로 보인다.

이런 흔적은 중국 춘추시대 제(齊)나라의 재상이었던 관이오(管夷吾)가 썼다는 『관자(管子)』에 잘 나타나고 있다. 여기에는 '발조선'의 문피가 귀한 물

---

[40] 복기대, 「遼西 지역 靑銅器時代 文化와 黃河 유역 문화의 관계」, 『古代에도 韓流가 있었다』, 中央미디어출판사, 2007년.

품이었다는 것, 그리고 연나라 지역의 옥이 매우 귀한 것이라는 기록이 등장한다. 이런 기록으로 보아 기원전 8세기 무렵에 제나라와 고조선 간에 무역거래가 있었던 것으로 볼 수 있다. 고조선 지역에서 황하유역의 유물들도 많이 확인된다. 주로 질그릇들이 많은 것을 볼 수 있다. 이 질그릇들 중 어떤 것들은 그 기술 수준이 고조선 질그릇을 만드는 데 많은 영향을 준 것으로 유추된다 (그림 31 참조). 그리고 어느 무덤구역 내를 보면 별도의 무덤구역에서 황하유역 특징을 갖춘 무덤들이 확인되기도 하였는데, 이는 아마도 많은 인적교류의 결과가 아닌가 생각한다.

〈그림 31〉 하나라 도기(陶器)

당시 교류가 어떤 형태로 진행되었는지 정확하게 알 수는 없으나 분명한 것은 현대의 교류 개념과 유사했을 것으로 보인다. 이런 교류는 물물교류 뿐만 아니라 인적교류, 그리고 화폐를 통한 교류도 가능했을 것이다. 특히 화폐 교류는 이미 고조선 지역이나 황하유역에서 같은 종류의 화폐들이 나타나는 데서 확인할 수 있다. 이들은 화폐를 매개로 교역을 했을 가능성이 높다.

만약 이것이 사실일 경우 요서지역과 황하유역의 경우 직거래보다는 중간교역을 했었을 것으로 추정된다. 이런 교역은 고조선 후기에 들어서면 직접적인 화폐를 사용하였던 것으로 나타난다. 우리가 아는 명도전이 그 예이다. 당시 교역은 매우 활발했던 것으로 보이는데, 그 예로 위만조선은 중계무역으로 부국을 이뤘다는 기록도 있다. 이런 교류 중 남부지역인 서일본 지역과 교류도 많이 보이는데 이 교류들은 일본의 야요이문화를 탄생시키는 데 큰 영향을 주었다는 것이 학계의 큰 흐름이다.

# V. 맺음말

위에서 본 바와 같이 한국사에서 국가로서의 첫 시작은 고조선이 처음이다. 고조선에 관한 사료는 많이 있으나 구체적으로 국가에 대한 기록을 해 놓은 것은 없다. 뿐만 아니라 지금까지는 문자가 발견된 것이 없기 때문에 당시의 자세한 생활상은 알 수 없다. 그러나 고고학 방면에서 고찰을 해보면 충분히 설명이 가능한 것으로 볼 수 있다. 그러므로 비록 간단하지만 기록을 근거로, 그리고 고고학을 근거로 하여 고조선의 생활상과 대외교류도 짐작을 할 수 있었다. 이런 여러 증거로 볼 때 그동안 일부 학계에서는 의구심을 표하기도 하였지만 의구심은 의구심으로 끝날 수 밖에 없는 많은 자료들이 있다는 것을 알 수 있다. 고조선은 기원전 3세기 경에 거의 붕괴한다. 고조선이 붕괴된 시기에 등장하는 것은 부여(夫餘)이다.

고조선이 붕괴된 것은 무엇보다도 경제적인 이유가 컸을 것으로 본다. 앞서 말한바와 같이 연나라와 전쟁에서 패전을 하면서 고조선의 중심지를 잃었고, 여기에 수반되는 경제력의 약화는 필연적으로 내부 분열이 일어나는 가장 큰 원인이 되지 않았을까 추측한다. 중심 경제의 붕괴는 결과적으로 자립이 가능한 경제 단위로의 재편이 되게 되는데 그 재편의 단위가 부여, 구려(句麗), 비류(沸流), 삼한(三韓) 그리고 일본의 큐슈지역이 되지 않았나 추측해본다. 그러나 이런 분열된 지역 단위들은 계속하여 새로운 통합이라는 막연한 희망을 놓지 않았는데 그것이 바로 고구려의 '다물(多勿)' 정신과 같은 것이 아닐까 한다.

이 글을 마무리하면서 이런 생각이 든다. 1910년대 일본은 단군을 왜 한국과 일본의 공동조상이라 했을까? 그리고 얼마 가지 않아 왜 일본은 한국의 고조선을 없앴을까? 일본이 고조선을 삭제하면서 동북아시아는 서로간의 비극이 시작된 것이다. 아쉬운 지난 일이다. 이제라도 고조선을 바로 알고 연구하고 이해한다면 과거의 상처가 치유되지 않을까 하는 생각이다.

# 삼한 그리고 그 후예들

삼한(현재의 압록강 하구 단동의 야경)

# I. 들어가는 말

한국사의 시대를 나눌 때 상고사와 고대사라는 시대구분이 있다. 이 시대구분은 다른 나라에서는 보기 어려운 개념인데 이는 아마도 일본 학자들이 구분해 놓은 시대구분의 오류를 바로잡기 위한 것이 아니었나 생각한다. 일본 학자들은 한국사를 시대구분 할 때 단군조선을 빼고 위만조선을 시작으로 하여 '고대사'를 잡았다. 그런데 광복 후 한국 역사학자들이 동의를 하든않든 서로 다른 의견은 있지만 위만조선보다 빠른 역사로 단군조선 시대를 제기하여 한국사를 분기하면서 고대사보다 앞서는 시대를 설명하면서 시대사라고 말하기 위하여 '상고사'라는 개념을 쓰기 시작한 것으로 보인다. 이런 용어의 정리가 타당한 것인지는 깊이 생각해보지 않고 이미 보편적으로 쓰는데 얼핏보기에 별 문제가 없을 것 같다. 그렇다면 상고사와 고대사의 시작은 어떻게 구분되는 것인가? 이 질문에 스스로 답을 해본다면 고조선을 상고사에 포함시키고, 고조선이 붕괴되고 삼한이 시작되는 시점을 고대사로 나누는 것이다. 이렇게 나눌 때 상고사는 문헌보다 고고학자료를 활용하는 것이 큰 틀이고, 고대사의 시작은 문헌기록을 주로 활용하는 시기가 되는 것이다. 이런 기준점으로 볼 때 글쓴이는 고조선과 연(燕)이 싸워 고조선이 큰 타격을 받은 시점을 분기점으로 삼아 그 이전은 상고사, 그 이후 삼국시대 말엽까지를 고대사로 분기하였다.[1] 이런 이유에 대해서 간단하게 설명하자면 조·연(朝·燕) 전쟁을 계기로 고조선이 붕괴되는 것으로 봤기 때문이다. 고조선이 붕괴되면 바로 이어지는 시대가 마한을 중심으로 하는 삼한과 부여 시대이고 고조선의 서쪽 중심지였던 곳에는 기

---

[1] 윤내현·복기대·김철웅, 『한국 상고사에 대한 재야 사학자의 주장 조사분석』, 2007년, 한국학술진흥재단.

준의 조선이 자리하게 된다. 이들 나라 중에 삼한은 한국사에서 계속 이어지고 있는 것을 볼 때, 한국사의 정통으로 볼 수 있는 것이다. 그런데 이 삼한에 대한 구체적인 연구가 없을 뿐더러, 지역적으로 현재 한국의 남부지역에 위치시켜 놓고 그 이상의 연구는 진행되지 않고 있는 것이 현실이다. 이런 현실은 연구의 필요성이 없거나, 또는 갈피를 못 잡아서 일 것으로 본다. 이런 현실에 묻혀 있는 삼한 문제는 필자의 낙랑군 관련 연구와 고구려 평양성 관련 연구를 진행하는 과정에서 현재 상황이 뭔가 잘못되었다는 느낌이 들면서 본격적인 관심을 갖게 되었다. 그러므로 필자의 관점에서 삼한 문제를 접근해 보고자 한다. 그렇다면 상고사와 고대사의 분기점에서 어떠한 일들이 있었을까?

# Ⅱ. 고조선 붕괴와 삼한(三韓)의 성립
— 한(韓)-마한(馬韓)·진한(辰韓)·변한(弁韓) —

## 1. 한(韓)의 등장

고조선 이후 등장하는 세력은 북쪽으로는 부여, 동남쪽으로는 이른바 마한을 중심으로 하는 진한, 변한의 삼한이다. 이 삼한에 관한 기록은 『삼국유사』나 『삼국사기』, 그리고 차이나계 사서들에서 전해지는데 이 사서들의 공통적인 것은 삼한의 중심을 마한으로 잡고 기록하는 점이다. 이들 사서 중에서 마한의 기원과 고대의 마한에 대한 인식을 전해주는 가장 빠른 한국계 사료가 『삼국유사』이다.

> 『삼국유사』 권제1, 기이 제1. '마한' [2]
> 
> 「위지」에[3] 이르기를 "위만이 조선을 치니 조선왕 준이 궁인과 좌우를 데리고 바다를 건너 남으로 한 땅에 이르러 나라를 건국하고 이름을 마한이라고 하였다."라고 하였다. 견훤이 태조에게 올린 글에 이르기를 "옛날에 마한이 먼저 일어나고 혁[거]세가 일어나자 이에 백제가 금마산에서 나라를 창건하였다."라고 하였다. 최치원이 말하기를 "마한은 [고]려요, 진한은 [신]라이다."라고 하였다. (「본기」에 의하면 "[신]라가 먼저 갑자년에 일어나 고[구]려가 그 후 갑신년에 일어났다고

---

[2] 『三國遺事』 卷第1 「紀異」 第1 '馬韓'
魏志云, "魏滿擊朝鮮, 朝鮮王準率宮人左右越海而南至韓地開國號馬韓." 甄萱上太祖書云, "昔馬韓先起赫世勃興, 於是百濟開國於金馬山." 崔致遠云, "馬韓麗也辰韓羅也. 據本紀, 則'羅先起甲子麗後起甲申, 而此云者以王準言之耳. 以此知東明之起已幷馬韓而因之矣. 故稱麗爲馬韓.' 今人或認金馬山以馬韓爲百濟者盖誤濫也. 麗地自有邑山故名馬韓也."

[3] 여기서 말하는 「위지」와 『삼국지』에서 말하는 「위략」은 아마도 같은 책으로 보인다.

하였는데, 이렇게 말하는 것은 [조선]왕 준을 두고 말한 것이다. 이로써 동명[왕]이 일어난 것은 이미 마한을 병합한 때문이란 것을 알 수 있다. 그래서 [고구]려를 일컬어 마한이라고 한 것이다."라고 하였다. 요즘 사람들이 더러는 금마산을 두고 마한이 백제로 되었다고 하지만 이는 대체로 잘못이다. [고구]려 땅에는 본래 [마]읍산이 있었으므로 이름을 마한이라 한 것이다.)

이 기록에서 마한의 간단한 역사와 위치를 설명하고 있다. 즉 마한은 고구려와 계승 관계가 있고, 고구려 땅에 있었다는 것을 설명하고 있는 것이다. 먼저 간단하게 마한의 위치에 대한 문제점을 짚고 넘어가 보자.[4]

『삼국유사』도 「위지」라는 책을 인용하여 마한에 대한 기록을 확인하고 있는데 「위지」에 마한 관련 기록이 나오는 것은 아마도 위(魏)나라에서 인지할 수 있는 곳에 마한이 자리하고 있었기 때문일 것이다. 다음으로 서기 800년대에 살았던 최치원은 이 마한이 바로 고구려였다고 말하고 있다. 지금 우리가 알고 있는 것처럼 마한이 현재의 호남지역에 있었다면 최치원은 마한이 고구려였다는 말을 하지 않았을 것이다. 왜냐하면 고구려가 건국하면서 첫 도읍을 삼은 곳이 현재 중국 요녕성 금주시(錦州市) 지역이기 때문이다.[5] 또한 『삼국유사』에 기록된 "요즘 사람들이 더러는 금마산을 두고 마한이 백제가 되었다고 하지만 이는 대체로 잘못이다. 고구려 땅에는 마읍산이 있었으므로 이름을 마한이라고 한 것이다"라 하였다. 이 기록에서 마한의 위치를 설명하고 있는데 구체적으로 마한이 백제가 아니라 고구려 땅에 있었다는 것을 설명하고 있다. 그렇다면 현재 우리가 알고 있는 마한의 위치는 크게 잘못된 것이다. 이런 것이 삼한을 다시 연구해야 하는 이유가 되는 것이다. 이 점은 뒤에서 다시 정리하고

---

[4] 마한에 관한 기록은 『삼국유사』와 다른 책이 약간 다르다. 한국사는 한국사료가 우선이기 때문에 먼저 『삼국유사』를 인용한다. 다른 점은 뒤에서 설명하도록 하겠다.
[5] 복기대, 『韓國古代史の正體』, えにし書房, 교토, 2018년.

자 한다.

이렇게 마한을 중심으로 하는 한(韓)이 많은 역사서에 기록으로 남아 있는 것은 거기에 걸맞는 존재감이 있었기 때문이다. 그 존재감을 확인해 볼 수 있는 기록을 찾아보면 다음과 같다.

## 2. 마한의 정치적 위상

다음으로 살펴볼 것은 마한의 정치적 위상이다. 흔히 마한을 비롯한 삼한의 정치, 경제적 위상을 설명하는 과정에서는 한(韓)이 작은 소국의 연맹체로 이해하는 것이 대부분이다.

> ① 『삼국지』「위서」 권30 동이전 '변진'[6]
> 변한과 진한의 합계가 24국이나 된다. 대국은 4~5천 가(家)이고, 소국은 6~7백 가로, 총 4~5만호이다. 그 중에서 12국은 진왕(辰王)에게 신속되어 있다. 진왕은 항상 마한 사람으로 왕을 삼아 대대로 세습하였으며, 진왕이 자립하여 왕이 되지는 못하였다.
> 위략 : 그들은 [외지에서] 옮겨온 사람들이 분명하기 때문에 마한의 제재를 받는 것이다.

이 기록을 보면 진한은 비록 별도로 분류가 되어 있지만 그 권력 체계는 마한의 통제를 받고 있는 것으로 볼 수 있다. 이는 매우 중요한 내용을 담고 있

---

6 『三國志』「魏書」卷30 烏丸鮮卑東夷 '弁辰'
弁·辰韓合二十四國 大國四五千家, 小國六七百家, 總四五萬戶. 其十二國屬辰王. 辰王常用馬韓人作之, 世世相繼. 辰王不得自立爲王. 魏略曰: 明其爲流移之人, 故爲馬韓所制.
이 내용은 '진한전'에 자세히 기록되어 있는데 진(秦)나라 사람들이 망명해와서 진한 땅에 살게 된 것을 말하는 것이다.

는데 연구자들의 입장에서는 한국사에도 봉건제가 있었다는 것을 설명할 수 있는 근거가 될 수 있다. 뿐만 아니라 외지에서 온 사람들은 별도로 그들만의 집단을 형성하고 살았던 것을 알 수 있는 기록이다.

다음의 기록은 한의 대외관계 기록이다.

② 『삼국지』 「위서」 권30 동이전 '한'[7]

후 준이 참람되이 왕이라 이르다가 연나라에서 망명 온 위만에게 나라를 빼앗겼다. 좌우 궁인과 함께 바다로 한 땅에 들어가 자칭 한왕이 되었다. 이후 대가 끊겼는데 지금 한인 중에 그 제사를 받드는 자들이 있다.

이 기록을 보면 준왕이 한의 땅으로 도망을 온 것인데, 만약 한이 세력이 약한 지역이었다면 준왕이 한 땅으로 도망하지 않았을 것이다. 더구나 한 땅이었으면 한왕이 있었을 것이다. 그럼에도 불구하고 기준이 한왕이 되었다는 것은 실제로 있을 수 없는 일이다. 그러므로 이를 해석해 본다면 마한 땅으로 기준이 망명해오자 마한 땅 일부를 떼어주고 왕으로 삼았다고 보는 것이 타당할 것이다. 이런 현상은 마한과 진한과의 관계에서 볼 수 있는데 마한에서 진한의 왕을 임명하는 것과 같은 것이다. 기록을 볼 때 당시 한은 매우 강한 나라였던 것으로 보인다.

③ 『한서』 권95 「조선전」 제65[8]

이때는 마침 [한의] 효혜·고후의 시대로서 천하가 처음으로 안정되니, 요동태수

---

7 『三國志』「魏書」卷30 烏丸鮮卑東夷 '韓'
  侯准既僭號稱王爲 燕亡人衛滿所攻奪 將其左右宮人 走入海居韓地 自號韓王 其後絶滅 今韓人猶有奉其祭祀者
8 『前漢書』卷95「朝鮮傳」第65
  會孝惠·高后天下初定, 遼東太守滿爲外臣, 保塞外蠻夷, 毋使盜邊, 蠻夷君長欲入見天子, 勿得禁止.

는 곧 만을 외신으로 삼을 것을 약속하여, 국경 밖의 만이를 지켜 변경을 노략질 하지 못하게 하는 한편, 만이의 군장들이 [중국에] 들어와 천자를 알현코자 하면 막지 않도록 하였다. 천자도 이를 듣고 허락하였다. 이로써 만은 군사의 위세와 재물을 얻게 되어 그 주변의 소읍을 침략하여 항복시키니, 진번·임둔도 모두 와서 복속하여 [그 영역이] 사방 수천리가 되었다. 아들을 거쳐 손자 우거 때에 이르러서는 유인해 낸 한나라의 망명자 수가 대단히 많게 되었으며, 천자에게 들어와 조현하지 않을 뿐만 아니라, 진번·진국이 글을 올려 천자를 알현하고자 하는 것도 또한 가로막고 통하지 못하게 하였다.

이 기록은 한이 전한과 교역하는 내용이다. 한이 전한으로 가려면 위만조선을 통과해야 하는데 위만이 막고 있는 것이다. 당시 위만은 한과 전한과의 직접 교역은 막고 교역을 중계하였던 것으로 보인다. 이는 한에게는 큰 타격이지만 위만에게는 큰 이득이었을 것이다. 이것을 보면 당시 한은 경제적으로도 작지 않은 규모였던 것으로 보인다.

다음의 기록은 한이 약해지는 과정이다.

### ④ 『삼국사기』 권제1 「신라본기」 제1 시조 혁거세 거서간[9]

38년 봄 2월에 호공을[10] 마한에 보내 예를 갖추었다. 마한왕이 호공을 꾸짖어

---

以聞. 上許之, 以故滿得以兵威財物侵降其旁小邑, 眞番·臨屯皆來服屬, 方數千里. 傳子至孫右渠, 師古曰:「滿死傳子, 子死傳孫. 右渠者, 其孫名也.」所誘漢亡人滋多, 又未嘗入見, 眞番·辰國欲上書見天子, 又雍閼弗通.

[9] 『三國史記』卷第1「新羅本紀」第1 始祖 赫居世 居西干
三十八年, 春二月, 遣瓠公聘於馬韓. 馬韓王讓瓠公曰, "辰·卞二韓, 爲我屬国, 比年不輸職貢, 事大之禮, 其若是乎." 對曰, "我國自二聖肇興, 人事修, 天時和, 倉庾充實, 人民敬讓. 自辰韓遺民, 以至卞韓·樂浪·倭人, 無不畏懷. 而吾王謙虛, 遣下臣修聘, 可謂過於禮矣. 而大王赫怒, 劫之以兵, 是何意耶." 王慎欲殺之, 左右諫止, 乃許歸. 前此, 中國之人, 苦秦亂, 東來者衆. 多處馬韓東, 與辰韓雜居.

[10] 신라의 호공을 말한다.

말했다. "진한·변한은 우리의 속국인데 근년에 공물을 보내지 않으니 큰 나라를 섬기는 예의가 어찌 이와 같은가?" [호공이] 대답했다. "우리나라에 두 성인이 일어난 뒤 인사가 잘 닦이고 천시가 순조로와 창고가 가득 차고 인민은 공경과 겸양을 알게 되었습니다. 이에 진한 유민으로부터 변한·낙랑·왜인에 이르기까지 모두 두려워하지 않는 바가 없습니다. 그럼에도 우리 임금께서는 겸허하게 저를 보내 우호를 닦으시니 이는 가히 예의가 과한 것이라 할 수 있습니다. 그런데도 대왕께서는 크게 노하여 군사로써 위협하시니 이는 무슨 의도이십니까?" 왕이 분노하여 그를 죽이려 하자 좌우가 간하여 그치고 [호공을] 돌아가게 해주었다. 예전에 중국인들이 진의 난리를 괴로워하여 동쪽으로 온 자들이 많았다. [이들 중] 마한 동쪽에 자리 잡고 진한과 뒤섞여 산 경우가 많았다.

이 기록에는 몇 가지 중요한 내용이 담겨 있다. 첫째, 마한왕은 진한을 제후국으로 두고 있었는데, 이 진한에서 사로(斯盧)가 건국되었고, 이 사로가 종주국격이었던 마한에 대드는 장면이다. 이것은 마한이 점점 약해지고 있는 것을 보여주는 현장이다. 이 기록 이외에도 백제가 마한 땅에서 건국하는 과정에서 마한과 부딪히는 것을 볼 수 있다. 둘째, 신라가 건국되었을 때도 진한, 변한은 존재하고 있었다는 것이다. 셋째, 진(秦)나라에서 난리가 일어나자 많은 사람이 동쪽으로 피난을 오는데 마한이 이들을 동쪽에 살게 하였고[11] 이때 진

---

11  이들은 스스로 무리를 지어 살았는데 신라와 말도 달랐다고 한다. 이들은 오랫동안 마한의 동쪽에서 살다가 진나라가 다시 평온해지자 다시 본국으로 돌아갔다고 한다. 이때 다 돌아가지는 않았을 것이다. 이들이 돌아간 곳이 어딘지 모르나 진나라가 난리가 나자 마한으로 도망을 왔다면 아마도 마한과 가까운 지역에 살았던 사람들로 보인다. 그리고 이들은 난리가 진정되자 다시 고향으로 돌아갔다고 하는데 이 지역에서 난리가 진정된 것은 전한이 위만까지 쳐부수고 한의 영토로 만든 다음이라 볼 수 있다. 그들은 본래의 땅으로 돌아갔지만 그들이 살던 마한 땅과는 계속 연락을 했을 것이고, 연락을 할 때는 진나라 사람이 아니라 낙랑인으로 연락을 했을 것이다. 그 마한 땅은 언젠가부터 신라에 편입되었을 것이고 이렇게 관계가 지속되자 차이나계 사람들은 간혹 신라를 낙랑으로 부르기도 했을 것이다. 더구나 『화랑세기』의 기록을 보면 그들의 시작은 바로 연산(燕山)에서 왔다는 내용과 김일제(金日磾)와 관련이 있다는 말은 아마도 이런 관계에서 연유가 된 것이 아닌가 한다.

한 사람들과 섞였다고 하였다. 즉 마한의 동쪽과 진한은 붙어있는 지역이었다는 것이다. 이런 강한 나라였던 마한은 내부 세력들의 반란으로 점점 무너져내린 것이다. 그러나 훗날 기록들을 보면 여러 방면에서 마한이 계속 이어지고 있는 것이 확인된다.

앞에서 개략적으로 마한을 설명하였지만 본론에서 구체적으로 마한의 형성 과정과 그 전개과정을 확인해 보기로 한다.

## 3. 한(韓)의 형성 과정

기원전 5~4세기에 동북아시아의 정세는 큰 변화가 일어났다. 남만주와 한국 지역을 아우르던 고조선이 연(燕)과의 전쟁에서 크게 져서 나라의 서쪽 지역 2천여 리를 연나라에게 빼앗긴 것이다.

① 『삼국지』 「위서」 권30 동이전 '한' [12]

위략 : 옛 기자의 후예인 조선후는 주나라가 쇠약해지자, 연나라가 스스로 높여 왕이라 칭하고 동쪽으로 침략하려는 것을 보고, 조선후도 역시 스스로 왕호를 칭하고 군사를 일으켜 연나라를 역공하여 주 왕실을 받들려 하였는데, 그의 대부 예가 간하므로 중지하였다. 그리하여 예를 서쪽에 파견하여 연나라를 설득

---

12 　　『三国志』「魏書」卷30 烏丸鮮卑東夷 '韓'
　　　　魏略曰: 昔箕子之後朝鮮侯, 見周衰, 燕自尊爲王, 欲東略地, 朝鮮侯亦自稱爲王, 欲興兵逆擊燕以尊周室. 其大夫禮諫之, 乃止. 使禮西說燕, 燕止之, 不攻. 後子孫稍驕虐, 燕乃遣將秦開攻其西方, 取地二千餘里, 至滿番汗爲界, 朝鮮遂弱. 及秦幷天下, 使蒙恬築長城, 到遼東. 時朝鮮王否立, 畏秦襲之, 略服屬秦, 不肯朝會. 否死, 其子準立. 二十餘年而陳·項起, 天下亂, 燕·齊·趙民愁苦, 稍稍亡往準, 準乃置之於西方. 及漢以盧綰爲燕王, 朝鮮與燕界於浿水. 及綰反, 入匈奴, 燕人衛滿亡命, 爲胡服, 東度浿水, 詣準降. 說準求居西界, (故)中國亡命 爲朝鮮藩屛. 準信寵之, 拜爲博士, 賜以圭, 封之百里, 令守西邊. 滿誘亡, 衆稍多, 乃詐遣人告準, 言漢兵十道至, 求入宿衛, 遂還攻準. 準與滿戰, 不敵也.

삼한, 그리고 그 후예들

하게 하니, 연나라도 전쟁을 멈추고 [조선을] 침공하지 않았다. 그 뒤에 자손이 점점 교만하고 포악해지자, 연은 장군 진개를 파견하여 [조선의] 서쪽 지방을 침공하고 2천여 리의 땅을 빼앗아 만번한에 이르는 지역을 경계로 삼았다. 마침내 조선의 세력은 약화되었다.

이 사건으로 고조선은 치명타를 입은 것으로 보이는데 그래도 동쪽은 남아 있었던 것이다. 그러자 고조선의 서쪽에 있었던 중심 세력들은 아마도 동쪽으로 대거 옮겨왔을 것으로 추정된다. 이렇게 고조선은 새롭게 정립이 되는데, 그렇지만 워낙 타격이 커서 각 지역성이 어느 정도 인정이 되는 형태의 나라가 형성된 것으로 보인다. 『사기』의 기록을 보면 이 2천 리의 땅에는 기자와 관련이 있는 족속이 있었던 것으로 보인다. 그런데 처음부터 기씨의 땅이었는지는 의문이 든다. 왜냐하면 연나라와 고조선이 싸울 때 기씨는 등장하지 않는다. 연나라는 소공의 공지로 기씨와는 아무 관련이 없었다. 그런데 어느 정도 세월이 흐른 후 기씨가 등장하고 있는 것이다. 이는 조·연(朝·燕)전쟁이 끝나고나서 무슨 일인가 있었는데 그 결과 기씨가 최후 승자가 된 것을 생각할 수 있다. 이 기씨들은 이상하게도 얼마 가지 않아 유방(劉邦)이 세운 한나라와 적대관계를 형성하기 시작하였다. 그러다가 한(漢)의 건국 과정에서 잡음들이 정리되면서 연왕 노관이 동호의 땅으로 들어갔고, 이 과정에서 노관의 부하였던 위만은 기준의 땅으로 들어왔다. 이런 시점에 기준의 조선은 한나라의 세력들을 막아야 할 필요가 절실했고, 그나마 한을 잘 알 것으로 여긴 위만에게 서남방 국경을 지키도록 하였다. 기준의 이런 정책은 위만이 군권을 갖게 되는 기회가 되었고, 이 군권으로 반란을 일으켜 기준이 쫓기는 신세가 되었다. 결국 기준은 바닷길로 도망하여 한(韓)의 땅에 도착하였다.

### ②『삼국지』「위서」권30 동이전 '한' [13]
위략에서 말하기를, ─────── 진이 천하를 통일한 뒤, 몽염을 시켜서 장성을 쌓게 하여 요동에까지 이르렀다. 이때에 조선왕 부가 왕이 되었는데, 진나라의 습격을 두려워한 나머지 정략상 진나라에 복속은 하였으나 조회에는 나가지 않았다. 부가 죽고 그 아들 준이 즉위하였다. 그 뒤 20여 년이 지나 [중국에서] 진[승]과 항[우]가 기병하여 천하가 어지러워지자, 연·제·조의 백성들이 괴로움을 견디다 못해 차츰 준에게 망명하므로, 준은 이들을 서부지역에 거주하게 하였다. 한나라 때에 이르러 노관으로 연왕을 삼으니, 조선과 연은 패수를 경계로 하게 되었다. [노]관이 [한을] 배반하고 흉노로 도망간 뒤, 연나라 사람 위만도 망명하여 오랑캐의 복장을 하고 동쪽으로 패수를 건너 준에게 항복하였다. [위만]이 서쪽 변방에 거주하도록 해 주면 중국의 망명자를 거두어 조선의 번병이 되겠다고 준을 설득하였다. 준은 그를 믿고 사랑하여 박사에 임명하고 규를 하사하며, 백리의 땅을 봉해 주어 서쪽 변경을 지키게 하였다. [위]만이 [중국의] 망명자들을 유인하여 그 무리가 점점 많아지자, 사람을 준에게 파견하여 속여서 말하기를, "한나라의 군대가 열 군데로 쳐들어오니, [왕궁]에 들어가 숙위하기를 청합니다." 하고는 드디어 되돌아서 준을 공격하였다. 준은 만과 싸웠으나 상대가 되지 못하였다. [준왕]은 그의 근신과 궁인들을 거느리고 배를 타고 한의 지역으로 도망을 갔다. 한에 거주하면서 스스로 한왕이라 칭하였다.

위략에서 말하기를, 준의 아들과 친척으로서 [조선]나라에 남아 있던 사람들도 그대로 한씨라는 성을 사칭하였다. 준은 해외[의 나라]에서 왕이 되었으나 조선과는 서로 왕래하지 않았다. 그 뒤 준의 후손은 절멸되었으나, 지금 한인 중에는 아

---

13 『三国志』「魏書」卷30 烏丸鮮卑東夷 '韓'
魏略曰: ------及秦幷天下, 使蒙恬築長城, 到遼東. 時朝鮮王否立, 畏秦襲之, 略服屬秦, 不肯朝會. 否死, 其子準立. 二十餘年而陳·項起, 天下亂, 燕·齊·趙民愁苦, 稍稍亡往準, 準乃置之於西方. 及漢以盧綰爲燕王, 朝鮮與燕界於浿水. 及綰反, 入匈奴, 燕人衛滿亡命, 爲胡服, 東度浿水, 詣準降, 說準求居西界, (故)中國亡命 爲朝鮮藩屛. 準信寵之, 拜爲博士, 賜以圭, 封之百里, 令守西邊. 滿誘亡, 衆稍多, 乃詐遣人告準, 言漢兵十道至, 求入宿衛, 遂還攻準. 準與滿戰, 不敵也.
將其左右宮人走入海, 居韓地, 自號韓王.
魏略曰: 其子及親留在國者, 因冒姓韓氏. 準王海中, 不與朝鮮相往來,其後絶滅, 今韓人猶有奉其祭祀者.

직 그의 제사를 받드는 사람이 있다.

　이 기록은 조선왕 준이 한 땅으로 옮겨온 내력을 설명하고 있다.[14] 이 기록에서 처음으로 한이라는 지역에 대한 언급이 시작된다. 그런데 먼저 확인해 봐야 할 것은 준왕이 바다를 건너 도착한 곳이 '한의 땅[15] 이라고 하는 점이다. 이 말은 준왕이 도착하기 전에 이미 한이라는 나라가 있었다는 것을 말하고 있는 것이다. 이 '준왕'에 대하여 필자가 다른 글에서 여러 번 강조하였는데, 아마도 고조선과 연이 싸울 때 고조선이 지면서 빼앗긴 서쪽 이천리 땅에서 들어온 세력이라 보았다. 이곳에서 왕을 하고 있던 기준이 위만의 반란을 막지 못하고 어찌 보면 대대로 원수지간이었던 한으로 피신을 한 것이다.[16] 그리고 준왕은 한 땅에서 왕이 되었다는 것이다. 그런데 '기준이 한의 땅에서 왕이 되었다'는 이 기록으로 한을 성립한 것이 준왕으로 알고 있고, 그렇게 주장하는 사람들이 많이 있는데 필자의 생각은 다르다. 준왕은 망명해 온 사람이다. 더구나 적국으로 망명해 온 사람이 이미 있던 나라에 바로 왕이 된다는 것은 가능하지 않은 얘기이다. 그렇기 때문에 다르게 해석을 해봐야 한다. 준왕은 위만의 반란에 패하면서 한의 땅으로 피난을 왔고, 당시 마한 왕은 이를 받아

---

14　이 기록에 대한 필자의 생각은 다음과 같다. 준왕이 한 땅으로 들어온 것은 기원전 2세기 무렵일 것이다. 왜냐하면 준왕은 위만에게 쫓겨난 것인데 위만은 전한 사람이다. 전한 초기에 노관과 북방으로 도망을 나온 사람인데 그렇다면 기원전 100년대가 되어야 하는 사람이다. 그가 기원전 108년에 전한과 전쟁을 한 것으로 보아 기원전 100년대에 준왕의 땅을 빼앗은 것이다. 그렇다면 고조선이 서쪽 2천 리가 붕괴된 것은 진나라 이전인 연(燕) 소공(召公) 때의 일로 기원전 4세기 무렵으로 추정된다. 그러므로 고조선과 연나라가 전쟁을 치룬 연대와 준왕이 위만에게 쫓겨난 시기를 감안해 보면 근 200년의 차이가 난다. 그러므로 준왕이 한(韓)을 세웠다는 것은 잘못이고, 아마도 마한과 대립을 하고 있던 준왕이 위만에게 쫓겨나 마한에 항복을 해오자 마한 왕이 위만과의 대적을 위해 조그만 땅을 내주어 살도록 했을 가능성이 높다고 본다.

15　필자는 왜 '한(韓)'이라 하였을까 하는 것을 많이 고민해 보았다. 우리의 나라 이름을 볼 때 고조선으로 분류를 하지만 '조선'이라는 나라 이름이 있었는데, 이는 한자 문화권에서 지은 이름이고, 고유한 이름이 뭐였을까 하는 의문을 많이 가졌다. 스스로는 삼한을 말할 때 쓰는 '한(韓)'이라는 이름을 썼는데, 차이나계 사람들이 그들 나름대로 조선이라 부른 것이 아닌가 하는 생각을 가끔 해 본다.

16　필자가 볼 때 여기서 말하는 한은 마한(馬韓)이다.

들여 거처할 곳을 마련해주었을 것이다. 준왕은 이곳에서 자기들 무리를 모아 자신들의 고유한 집단을 이루었고, 이들은 마한의 여러 나라 중에 하나로 왕 대접을 받은 듯하다. 즉 마한의 54개국 중에 하나가 되거나 혹은 그런 대우를 받는 정도가 되었을 것이다. 다시 말해 준왕은 독립국의 왕이 아니라 마한왕의 제후국이 되었을 것이다. 이런 예는 진한의 경우에서도 볼 수 있다. 진한이 원래는 6개국이었는데, 진(秦)의 피난민들이 진한 지역 내로 들어오자 이들을 나눠 6개국을 만들도록 하고, 그 왕들은 마한에서 직접 임명한 사례로 보아 충분히 설명이 가능하다. 위의 기록에 의하면 준왕의 후손이 끊어졌지만 그들을 그대로 제사 지내는 사람이 있다는 내용이 전해지는데 이는 그들의 풍속이 전해진다는 의미로 볼 수 있다. '진한전'에서도 낙랑인들은 그들의 전통을 그대로 지키고 살았다는 기록이 남아 있는 것으로 봐서 충분히 가능한 일이라 본다. 더불어 한씨 성이 한(나라)의 의미라는 것을 설명하고 있다.[17] 이런 내용을 정리해보면 준왕이 한을 세운 것이 아니고, 마한에 들어와서 한왕의 대우를 받다가 사라졌다는 얘기가 되는 것이다. 그렇기 때문에 이를 잘못 해석하면 안 되는 것이다.

### ③ 『한서』 권95 「조선전」 제65[18]

이때는 마침 [한의] 효혜·고후의 시대로서 천하가 처음으로 안정되니, 요동태수는 곧 만을 외신으로 삼을 것을 약속하여, 국경 밖의 만이를 지켜 변경을 노략질 하지 못하게 하는 한편, 만이의 군장들이 [중국에] 들어와 천자를 알현코자 하면

---

17 　'한(韓)씨' 성의 유래가 마한이었다는 것을 말하는 것으로 차이나계의 한씨 성도 여기서 유래한 것이 아닌가 추적을 해봐야 할 필요가 있다.
18 　『漢書』 卷95 「朝鮮傳」 第65
　　會孝惠·高后天下初定, 遼東太守滿爲外臣, 保塞外蠻夷, 毋使盜邊, 蠻夷君長欲入見天子, 勿得禁止. 以聞, 上許之, 以故滿得以兵威財物侵降其旁小邑, 眞番·臨屯皆來服屬, 方數千里. 傳子至孫右渠, 師古曰: 「滿死傳子. 子死傳孫. 右渠者, 其孫名也.」 所誘漢亡人滋多, 又未嘗入見, 眞番·辰國欲上書見天子, 又雍閼弗通.

막지 않도록 하였다. 천자도 이를 듣고 허락하였다. 이로써 만은 군사의 위세와 재물을 얻게 되어 그 주변의 소읍을 침략하여 항복시키니, 진번·임둔도 모두 와서 복속하여 [그 영역이] 사방 수천 리가 되었다. 아들을 거쳐 손자 우거 때에 이르러서는 유인해 낸 한나라의 망명자 수가 대단히 많게 되었으며, 천자에게 들어와 조현하지 않을 뿐만 아니라, 진번·진국이 글을 올려 천자를 알현하고자 하는 것도 또한 가로막고 통하지 못하게 하였다.

이 기록은 기원전 2세기 경의 일인데, 이 기록과 준왕 때 이미 존재한 한을 고려하면 한은 늦어도 기원전 3세기에는 존재했던 것으로 추정이 가능하다. 빠르면 조·연(朝·燕) 전쟁 시기까지로 볼 수도 있기 때문에 한은 기원전 4, 3세기에 새로운 땅에 도읍하면서 세워진 것이 아닌가 한다. 이 기록에서 볼 수 있는 것은 '한'과 전한이 교류하려고 하는데 중간에 위만이 왕으로 있는 조선이 방해를 하고 있다는 것을 알 수 있다.

앞에서 살펴본 바와 같이 마한을 비롯한 3한이 한국의 남부지역에서 여러 촌을 운영하던 그런 작은 나라가 아니었다. 비록 고조선의 동부지역에 자리하였지만 그 주변 지역을 통괄하는 매우 큰 세력이었던 것을 알 수 있었다. 그렇기 때문에 진이나 전한을 반대하던 세력들도 마음 편하게 대거 망명을 할 수 있었던 강대한 국가였던 것이다. 또한 정치구조로 볼 때, 전한처럼 제후를 두었을 가능성이 매우 높은 나라였던 것으로 볼 수 있다.

# Ⅲ. 마한의 위치

## 1. 한의 위치에 대한 기록

앞서 살펴본 바와 같이 삼한의 대표격인 마한의 역사성은 충분히 증명이 되었다. 그러면 다음으로 마한의 위치를 확인해봐야 할 것이다. 누차 반복하여 확인한 것처럼 마한의 위치는 현재 한국의 충청도와 호남지역으로 인식하는 것이 보편적이다. 과연 그럴까? 하는 것이다. 여기에 대한 기록을 확인해보도록 한다.

① 『한서』 권95 「조선전」 제65[19]

이때는 마침 효혜·고후의 시대로서 천하가 처음으로 안정되니, 요동태수는 곧 만을 외신으로 삼을 것을 약속하여, 국경밖의 만이를 지켜 변경을 노략질하지 못하게 하는 한편, 만이의 군장들이 들어와 천자를 알현코자 하면 막지 않도록 하였다. 천자도 이를 듣고 허락하였다. 이로써 만은 군사의 위세와 재물을 얻게 되어 그 주변의 소읍을 침략하여 항복시키니, 진번·임둔도 모두 와서 복속하여 사방 수천 리가 되었다. 아들을 거쳐 손자 우거 때에 이르러서는 유인해 낸 한나라의 망명자 수가 대단히 많게 되었으며, 천자에게 들어와 조현하지 않을 뿐만 아니라, 진번·진국이 글을 올려 천자를 알현하고자 하는 것도 또한 가로막고 통하지 못하게 하였다.

---

[19]　『漢書』 卷95 「朝鮮傳」 第65
會孝惠·高后天下初定, 遼東太守滿爲外臣,保塞外蠻夷, 毋使盜邊, 蠻夷君長欲入見天子, 勿得禁止. 以聞, 上許之, 以故滿得以兵威財物侵降其旁小邑, 眞番·臨屯皆來服屬, 方數千里, 傳子至孫右渠, 師古曰: 「滿死傳子, 子死傳孫. 右渠者, 其孫名也.」所誘漢亡人滋多, 又未嘗入見, 眞番·辰國欲上書見天子, 又雍閼弗通.

이 기록에서 '한'과 전한이 교류하려고 하는데 중간에 위만이 왕으로 있는 조선이 방해를 하고 있다는 것을 알 수 있다. 이들 관계를 그림으로 그려보면 다음과 같다(그림 1). 여기서 중요한 것은 위만조선의 위치이다. 이 위치에 따라 마한도 따라 움직이게 된다.

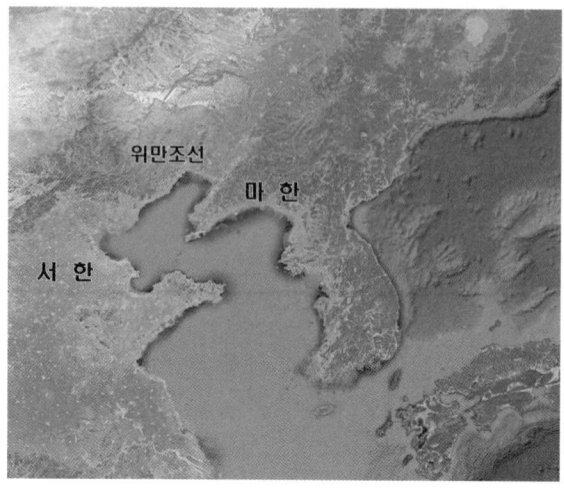

〈그림 1〉 전한(서한)-위만조선-마한 위치 추정도

다음 기록을 더 확인해 보자.

② 『삼국지』 「위서」 권30, 동이전, '한'[20]

한은 대방의 남쪽에 있는데, 동쪽과 서쪽은 바다로 한계를 삼고, 남쪽은 왜와 접경하니, 면적이 사방 4천 리쯤 된다. [한에는] 세 종족이 있으니, 하나는 마한, 둘째는 진한, 세째는 변한인데, 진한은 옛 진국이다.

이 기록에 의하면 한의 위치는 대방의 남쪽에 있으며 동쪽과 서쪽은 바다이고 남쪽은 왜와 접경하고 있다. 이 기록에 대방이 나오는 것으로 보아 서기 3세기 이후의 기록이다.[21] 이 기록을 근거로 하고 『삼국유사』의 내용과 이승휴

---

20  『三国志』「魏書」卷30 烏丸鮮卑東夷 '韓'
    韓在帶方之南, 東西以海爲限, 南與倭接, 方可四千里. 有三種, 一曰馬韓, 二曰辰韓, 三曰弁韓. 辰韓者, 古之辰國也
21  삼국이 각축하고 있던 시기 요동지역에는 공손씨 정권이 들어서 있었다. 204년 왕위에 오른 공손강(公孫康)은 둔유현(屯有縣) 이남 황지(荒地)에 대방군을 설치하였다.

의 기록 등을 근거로 하여22, 그러면서 이를 수합한 일본학자들은 마한을 비롯한 삼한의 위치를 오늘날 전라도 익산을 중심으로 하는 아래 지도와 같이 그리게 된 것이다(그림 2).

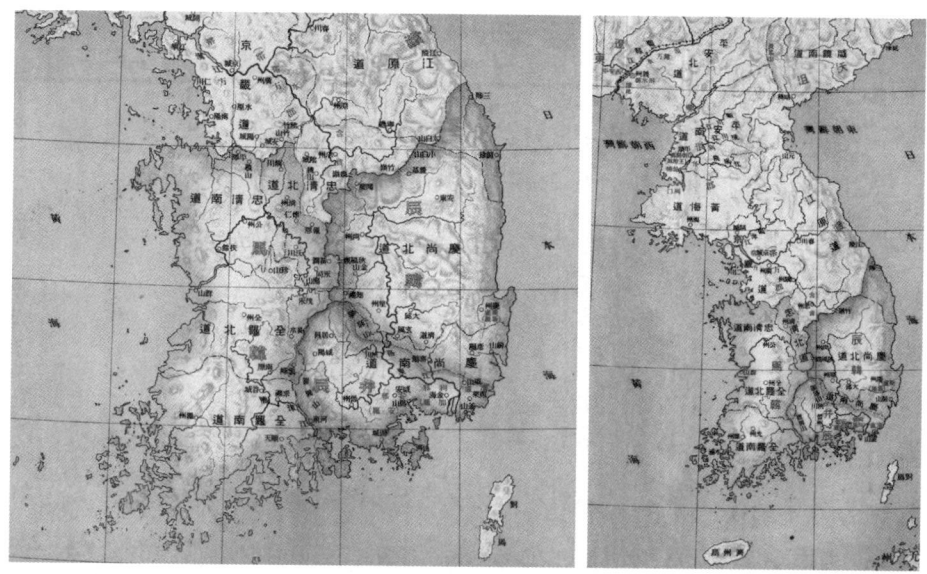

〈그림 2〉 삼한강역도23

즉 삼한은 위만조선과 전한의 4군이 한국에 있었다는 것을 전제로 하여 지역적인 구도가 짜여졌다. 이런 전제는 마한이 현재 호남지역에 비정되는 결과를 가져왔다. 이 설에 따르면 전한의 낙랑군은 한이 위만조선을 공격하고 그 땅에 설치한 것인데, 이 위만조선이 현재 북한의 평안도나 황해도에 있었다는

---

22 『帝王韻紀』卷下
四十一代孫名準, 被人侵奪聊去民. 九百二十八年理, 遺風餘烈傳熙淳. 準乃移居金馬郡, 立都又復能君人.

23 쓰다 소우키치 지음/한세진·박지영·복기대 옮김, 『조선역사지리』 제1권, 주류성, 2023년, 417쪽에서 인용.

것이다. 이 위만이 평양에 나라를 세울 때 공격하여 빼앗은 땅이 기준이 왕으로 있던 지역이다.24 즉 위만조선이 지금의 북한 평양에 있었던 기준을 공격하자 이 기준은 배를 타고 바다를 건너 산동으로 간 것이 아니라 남쪽으로 내려와 지금의 전라도 익산 땅에 도착하였는데 이곳이 마한 땅이라는 것이다. 이렇게 하여 동북아시아 고대 역사학계는 세 가지를 해결하였다. 먼저는 위만조선의 위치이고 다음은 한의 낙랑군 위치, 그리고 마지막으로 기준이 도망간 마한의 위치이다. 이와 연동이 되어 변한의 위치와 진한의 위치도 정해졌고, 결국 가야, 신라, 임나, 백제 등의 위치도 연동되어 나타나게 되었다. 이런 내용이 한국사의 심각한 혼란의 시작이다. 마한이 호남으로 대못이 박혔고, 신라는 경주로 못이 박혔으니 임나가 갈 곳은 가야 지역밖에 없게 되었다.

이 설은 현재 한국학계의 거의 정설이 되어 바뀔 수 없는 것처럼 되어 있다. 그리고 위 지도의 내용으로 한국사의 모든 틀이 짜여졌다. 만약 이 도식에 문제가 생기면 한국 고대사의 도식도 크게 흔들리게 된다. 그런데 이 도식은 조금만 확인해 봐도 문제가 많다는 것을 알 수 있다. 필자는 이 문제를 풀기 위해 여러모로 검토하고 있었는데, 가장 먼저 해야 할 것이 낙랑군의 위치를 정확하게 하는 것이라는 것을 알게 되었다. 앞의 『삼국지』 기록은 기원 3세기 무렵부터의 기록이다. 이때는 고조선이 사라지고 그 후대 국가들인 여러 나라 시대가 펼쳐지고 있을 때이다. 여기에서 한이 대방의 남쪽에 있다고 하였다.25 이 대방은 후한 때 낙랑군을 분리하여 낙랑과 대방으로 나눈 그 대방을 말한다. 그런데 이 대방은 현재 중국 요녕성 요동반도의 서쪽과 금주시(錦州市) 동북

---

24  한국사에서 기자조선에 대한 오해가 시작된 것이 바로 이 기준의 조선에서 시작된 것이 아닌가 한다. 기자가 죽은 후 근 천 년 동안 흔적이 없던 기씨가 나타난 것인데, 이 기준을 기자로 연결시킨 것이 아닌가 한다.
25  사실 오늘날 삼한의 위치가 한국의 남부지역에 비정된 가장 큰 근거가 이 기록이다. 즉 낙랑군을 평안도에 비정하고, 그 남쪽에 대방군을 비정하고, 이 기록을 근거로 그 남쪽에 삼한을 비정한 것이다.

어딘가로 추정된다.[26] 한이 그 남쪽에 있다는 것이다. 즉 『삼국지』「위지」'동이전'의 기록은 기원 3세기경의 기록으로 위만조선이 무너지고 나서도 300여 년이 지난 후의 일이다. 그러므로 이 내용으로 마한의 위치를 확인한다는 것은 문제가 있는 것이다.

이 문제를 풀기 위해서 가장 먼저 해야 할 것은 전한의 동북 국경의 위치를를 정확하게 하는 것이다.

## 2. 전한 동북 국경의 위치 확인

왜 전한의 동북 국경을 확인하는가 하면 한무제 때 위만조선을 무너뜨리고 설치한 서한 동북 행정구역이 바로 낙랑군·진번·임둔·현도군이기 때문이다. 그렇다면 가장 자세하게 기록된 낙랑군의 위치를 확인해 보자. 이른바 한4군은 전한의 행정구역이다. 그렇기 때문에 차이나계 사료에 잘 나와 있다.[27] 많은 사료가 있지만 간단하게 몇 가지만 확인해 보면 다음과 같다. 먼저 낙랑군을 비롯한 4군을 설치하는 과정과 한(韓)의 위치를 알 수 있는 기록부터 확인해 보자.

---

26  복기대, 「한사군은 어떻게 碣石에서 大同江까지 왔나?-한사군인식2-」, 『仙道文化』 25, 국학연구원, 2018.
27  한국은 낙랑군 관련 기록을 국경사 입장에서 바라본다. 낙랑군은 차이나계 역사에서 가장 먼 지역인 동북쪽 경계에 있는 행정관청이다. 고구려는 바로 이곳과 맞대고 있었기 때문에 국경 문제가 대두되면 바로 나오게 되는 것이다. 이런 관점은 차이나계도 마찬가지이다.

## ⟨표1⟩ 전한 동역 관련 기록

| 『漢書』卷95「朝鮮傳」第65 | |
|---|---|
| 會孝惠·高后天下初定, 遼東太守滿爲外臣, 保塞外蠻夷, 毋使盜邊, 蠻夷君長欲入見天子, 勿得禁止. 以聞, 上許之, 以故滿得以兵威財物侵降其旁小邑, 眞番·臨屯皆來服屬, 方數千里. 傳子至孫右渠, 師古曰:「滿死傳子, 子死傳孫. 右渠者, 其孫名也.」所誘漢亡人滋多, 又未嘗入見, 眞番·辰國欲上書見天子, 又雍閼弗通. | 이때는 마침 [한의] 효혜·고후의 시대로서 천하가 처음으로 안정되니, 요동태수는 곧 만을 외신으로 삼을 것을 약속하여, 국경밖의 만이를 지켜 변경을 노략질하지 못하게 하는 한편, 만이의 군장들이 [중국에] 들어와 천자를 알현코자 하면 막지 않도록 하였다. 천자도 이를 듣고 허락하였다. 이로써 만은 군사의 위세와 재물을 얻게 되어 그 주변의 소읍을 침략하여 항복시키니, 진번·임둔도 모두 와서 복속하여 [그 영역이] 사방 수천 리가 되었다. 아들을 거쳐 손자 우거 때에 이르러서는 유인해 낸 한나라의 망명자 수가 대단히 많게 되었으며, 천자에게 들어와 조현하지 않을 뿐만 아니라, 진번·진국이 글을 올려 천자를 알현하고자 하는 것도 또한 가로막고 통하지 못하게 하였다 |

| 『漢書』卷28下「地理志」第8下 | |
|---|---|
| 燕地, 尾, 箕分野也. 武王定殷, 封召公於燕, 其後三十六世與六國俱稱王. 東有漁陽, 右北平, 遼西, 遼東, 西有上谷, 代郡, 雁門, 南得涿郡之易, 容城, 范陽, 北新城, 故安, 涿縣, 良鄉, 新昌, 及勃海之安次, 皆燕分也. 樂浪, 玄菟, 亦宜屬焉. | 연의 땅은 미성과 기성의 분야이다. 무왕이 은을 평정하고 소공을 연에 봉하였다. 그 후 36세가 되어 6국과 더불어 모두 왕을 칭하였다. 동으로 어양, 우북평, 요서, 요동이 있고, 서로는 상곡, 대군, 안문이 있으며, 남으로 탁군의 역, 용성, 범양을 얻고, 북으로 신성, 고안, 탁현, 양향, 신창 및 발해의 안차를 얻는데, 모두 연의 부분이다. 낙랑, 현도도 마땅히 속한다. |

| 『漢書』卷28下「地理志」第8下 | |
|---|---|
| 玄菟, 樂浪, 武帝時置, 皆朝鮮, 濊貊, 句驪蠻夷. 殷道衰, 箕子去之朝鮮, 敎其民以禮義, 田蠶織作. ────── 樂浪海中有倭人, 分爲百餘國, 以歲時來獻見云. | 현도, 낙랑은 무제 때 설치되었는데, 모두 조선, 예맥, (고)구려의 만이이다...낙랑의 해중에 왜인이 있어 나누어 백여 국으로 삼았으므로 때마다 와서 헌견하였다고 한다. |

| 『漢書』卷64下「列傳」嚴朱吾丘主父徐嚴終王賈傳 | |
|---|---|
| 都內之錢貫朽而不可. 乃探平城之事, 錄冒頓以來數爲邊害, 籍兵厲馬, 因富民以攘服之. 西連諸國至于安息, 東過碣石以玄菟, 樂浪爲郡, 卻匈奴萬里, 更起營塞, 制南海以爲八郡. | 도회 내부의 세금이 썩어 문드러져서 불가능하니, 이에 평성의 것을 탐색하여, 제멋대로 기록하고, 정돈하여 와서, 자주 변방의 폐해가 되었다. 군사를 등록하고 말을 단련시켰으며, 인민을 부유하게 하기 위하여 침략하여 정복하였다. 서쪽으로 여러 나라에 연접하였고, 안식에까지 이르렀으며, 동쪽으로 갈석을 넘어, 현도, 낙랑을 군으로 삼았다. 흉노를 만 리까지 물리쳤으며, 다시 군영 요새를 세웠다. 남해를 제압하여 8군으로 삼았다. |

이 기록들을 보면 낙랑군은 갈석과 발해에 있다. 갈석은 현재 중국 하북성 동북부 지역에 있고, 발해는 지금의 중국 발해만의 서안이 옛 발해였다. 이 기록들을 참고로 해볼 때 낙랑은 현재 중국 하북성과 요녕성 지역에 있는 것이 맞다. 현재 중국 요녕성 동부지역이나 현재 한국에 있을 수 있다는 개연성이 있는 기록은 어디에도 없다. 이와 관련한 필자의 논문이 몇 편 있기 때문에 그 논문들을 참고하면 될 것이다.[28]

전한의 낙랑군이 현재 중국 하북성 중심으로 있었다면 위만조선도 그 지역에 있어야 하는 것이다. 그렇다면 마한의 위치도 함께 움직여야 하는 것이고, 이에 따라 진한, 변한도 움직여야 하는 것이며, 부여의 위치도 같이 움직여야 하는 것이다. 가장 크게 움직여야 할 위치가 부여와 마한의 위치이다. 이에 따라 변한과 진한의 범위도 확대되어야 할 것이다.[29]

---

28 복기대,「臨屯太守章 封泥를 통해 본 한사군의 위치」,『白山學報』61호, 白山學會, 2001.12.
　　　,「동북아시아에서 한사군의 국제정치적 의미」,『江原史學』28집, 강원사학회, 2016.
　　　,「前漢의 東域 4군의 설치 배경과 그 위치에 관하여」,『人文科學研究』52호, 江原大學校 人文科學研究所, 2017.
　　　,「한사군의 인식에 관한 연구1-'僑置'와 '設置'에 대한 비판적 검토를 중심으로-」『몽골학』제49호, 한국몽골학회, 2017년.
　　　,「한사군은 어떻게 碣石에서 大同江까지 왔나?-한사군인식2-」,『仙道文化』25, 2018.
29 한국학계 일부에서는 서한의 낙랑군을 지금의 중국 하북성 동북부 일대에 비정을 하기도 하지만 이상하게 마한을 비롯한 3한의 위치는 전혀 움직이질 않고 있다. 이상한 일이다.

이를 지도로 그려보면 다음과 같이 그려질 것이다(그림 3).

〈그림 3〉 낙랑군의 위치

# Ⅳ. 삼한의 각 위치 구분과 특징

마한과 진한, 변한은 같은 한으로 분류가 되는데, 이들 역시 잘못된 비정으로 위치가 이상하게 설정되어 있다. 그러므로 마한의 위치에 따라 다른 한의 지역도 재검토를 해봐야 할 것이다.

## 1. 마한전

마한전에는 마한 54국의 이름이 모두 나와있다. 이 이름들은 한문식 뜻을 알 수 있는 것은 아니고 이두식으로 기록한 것이라 나라의 특징을 알 수 있는 것은 아니다. 먼저 이 기록들에 나와있는 내용으로 위치를 확인해보고자 한다.

> 『삼국지』「위서」 30 동이전 '마한' [30]
>
> 마한은 [삼한 중에서] 서쪽에 위치하였다. 그 백성은 토착생활을 하고 곡식을 심으며 누에치기와 뽕나무를 가꿀 줄을 알고 면포를 만들었다. [나라마다] 각각 장수가 있어서 세력이 강대한 사람은 스스로 신지라 하고, 그 다음은 읍차라 하였다. 산과 바다 사이에 흩어져 살며 성곽이 없었다. 爰襄國·牟水國·桑外國·小石索國·大石索國·優休牟涿國·臣濆沽國·伯濟國·速盧不斯國·日華國·古誕者國·古

---

[30] 『三国志』「魏書」 卷30 烏丸鮮卑東夷 '馬韓'
馬韓在西. 其民土著, 種植, 知蠶桑, 作綿布, 各有長帥, 大者自名爲臣智, 其次爲邑借, 散在山海間, 無城郭. 有爰襄國·牟水國·桑外國·小石索國·大石索國·優休牟涿國·臣濆沽國· 伯濟國· 速盧不斯國·日華國·古誕者國·古離國·怒藍國·月支國·咨離牟盧國·素謂乾國·古爰國·莫盧國·卑離國·占離卑國·臣釁國·支侵國·狗盧國·卑彌國·監奚卑離國·古蒲國·致利鞠國·冉路國·兒林國·駟盧國·內卑離國·感奚國·萬盧國·辟卑離國·臼斯烏旦國·一離國·不彌國·支半國·狗素國·捷盧國·牟盧卑離國·臣蘇塗國·莫盧國·古臘國·臨素半國·臣雲新國·如來卑離國·楚山塗卑離國·一難國·狗奚國·不雲國·不斯濆邪國·爰池國·乾馬國·楚離國, 凡五十餘國. 大國萬餘家, 小國數千家, 總十餘萬戶. 辰王治月支國. 臣智或加優呼臣雲遣支報安邪踧支濆臣離兒不例拘邪秦支廉之號.其官有魏率善·邑君·歸義侯·中郎將·都尉·伯長.

離國·怒藍國·月支國·咨離牟盧國·素謂乾國·古爰國·莫盧國·卑離國·占離卑國·臣
釁國·支侵國·狗盧國·卑彌國·監奚卑離國·古蒲國·致利鞠國·冉路國·兒林國·駟盧
國·內卑離國·感奚國·萬盧國·辟卑離國·臼斯烏旦國·一離國·不彌國·支半國·狗素
國·捷盧國·牟盧卑離國·臣蘇塗國·莫盧國·占臘國·臨素半國·臣雲新國·如來卑離
國·楚山塗卑離國·一難國·狗奚國·不雲國·不斯濆邪國·爰池國·乾馬國·楚離國 등
모두 5십여 국이 있다. 큰 나라는 만여 가이고, 작은 나라는 수천 가로서 총 10여
만 호이다. 진왕은 월지국을 통치한다. 신지에게는 간혹 우대하는 호칭인 臣雲遣
支報 安邪踧支 濆臣離兒不例 狗邪秦支廉의 칭호를 더하기도 한다. 그들의 관직
에는 魏率善·邑君·歸義侯·中郞將·都尉·伯長이 있다.

    이 기록을 보면 마한은 삼한 중에 가장 서쪽에 있으며 바다와 산을 끼고
있고 50여개 국이 있었으며, 호수가 10여 만 호라고 되어 있다. 이 호수는 매우
많은 호수로 부여보다도 더 많은 인구수를 가지고 있었다. 그리고 그들 스스
로 부르는 여러 이름이 있었던 것을 알 수 있다. 또 하나의 중요한 점은 뒤의
'진한전'과 연결되는 것이지만 진한이나 변한의 왕은 그들 스스로 왕이 된 것
이 아니라 마한에서 왕을 뽑아 보내면 그들이 왕이 된다는 것이다. 이것이 무엇
을 말하는가? 아마도 삼한의 체제는 마한이 중심국가이고, 진한과 변한은 제
후국 형식의 국가이며, 그 아래 각국은 독립된 국가가 아니라 지방 행정제도였
던 것으로 보인다. 이런 행정제도를 차이나계 사람이 볼 때 국으로 본 것 같은
데[31] 실질적으로 보면 마한의 독자적인 지방 행정제도가 된다.[32] 이 마한의 54

---

31    진 및 한나라 행정구역을 구분할 때 '군국제'가 기본적이었다. 군은 대부분의 관리를 중앙에서 파
    견하지만, 국은 국의 책임자가 일부 관리를 뽑아 쓸 수 있는 제도이다. 즉 국은 군보다 약간의 자
    율성이 있는 것이다. 그러나 군과 국은 모두 한나라의 행적구역인 것이다. 이런 행정구역 구분법 때
    문에 차이나계 문헌에서는 마한의 50여 행정단위를 한나라의 국처럼 이해한 것으로 보인다. 반대로
    한국계 사료는 군은 행정단위이고 국은 독립된 나라로 봤던 것으로 보인다. 한국의 이런 해석으로
    낙랑, 요동국 등을 해석할 때 큰 착오를 일으킨 것으로 추측된다.
32    차이나계의 행정조직에 군국제가 있는데 이 군국제를 이해하면 마한의 행정제도도 쉽게 이해가 될

개국 나라 이름 중 고리, 소석색국, 대석색국, 백제국, 비리국 등은 후대의 문헌에서도 보이는 이름으로 보이는데, 고구려, 백제, 부여전에 나오는 색리국 등에 해당하지 않나 한다. 마한의 행정구역이었던 여러 지방이 하나씩 독립을 이루면서 부여, 고구려 등등 여러 나라로 발전한 것으로 보인다. 이 마한전 기록에 신지와 읍차라는 통치자의 칭호도 기록되어 있어 고대사 연구에 매우 중요한 자료로 볼 수 있다(그림 4 참조).

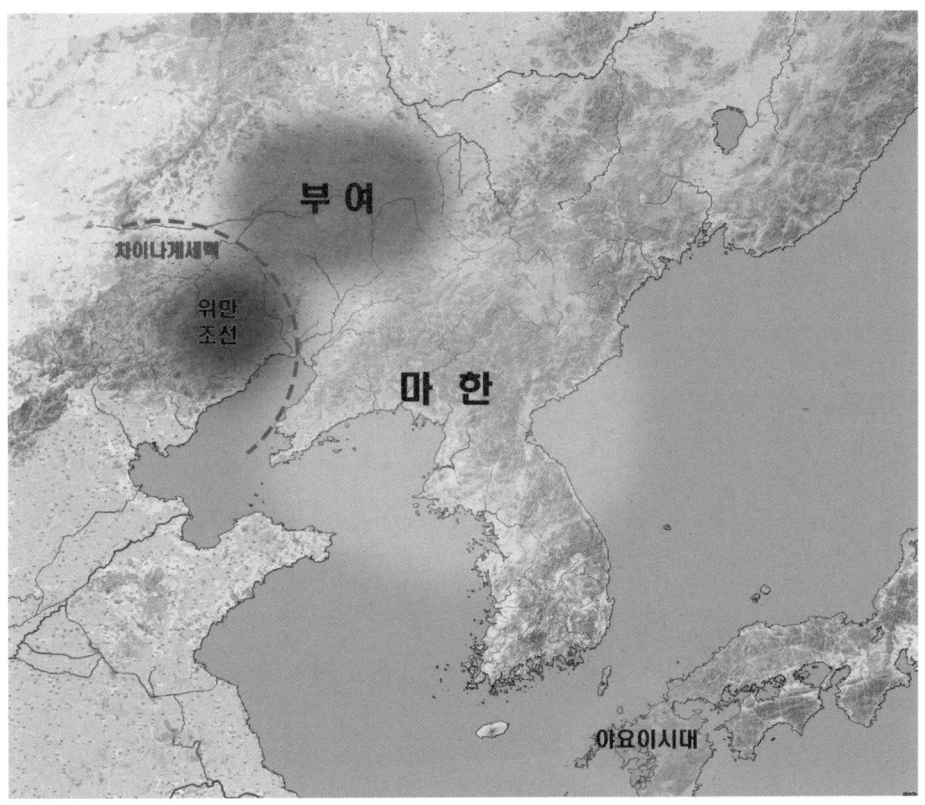

〈그림 4〉 위만조선-부여-마한 위치 추정도

---

듯하다. 또한 한국의 전통적인 행정제도도 지방 권력이 강한 것을 보면 알 수 있다. 부여, 고구려, 발해, 고려로 그 전통이 이어지는 것을 볼 수 있다. 이는 조금 더 발전시켜 보면 마한부터 시작되는 것으로 볼 수 있을 것이다(적어도 기록 상으로는).

삼한, 그리고 그 후예들

## 2. 진한전

진한에 관한 기록은 짧게 기록되어 있다. 그럼에도 불구하고 복잡한 내용을 간단하게 정리하여 후대의 연구자들에게 큰 도움을 주고 있다. 그 중에도 진나라 사람들이 진한으로 들어와 살았다는 내용은 매우 중요한 것이다.

> **『삼국지』「위서」 권30 동이전 '진한'** [33]
>
> 진한은 마한의 동쪽에 위치하고 있다. [진한의] 노인들은 대대로 전하여 말하기를, "[우리들은] 옛날의 망명인으로 진나라의 고역(苦役)를 피하여 한국으로 왔는데, 마한이 그들의 동쪽 땅을 분할하여 우리에게 주었다."고 하였다. 그곳에는 성책이 있다. 그들의 말은 마한과 달라서 나라를 방이라 하고[34] 활을 호라 하고 도적을 구라 하고, 술잔을 돌리는 것을 행상이라 한다. 서로 부르는 것을 모두 도라 하여 진나라 사람들과 흡사하니, 단지 연나라·제나라의 명칭만은 아니었다. 낙랑 사람을 아잔이라 하였는데, 동방 사람들은 나라는 말을 아라 하였으니, 낙랑인들은 본디 그중에 남아 있는 사람이라는 뜻이다. 지금도 [진한을] 진한(秦韓)이라고 부르는 사람이 있다. [진한은] 처음에는 6국이던 것이 차츰 12국으로 나뉘어졌다.

이 진한전에 눈여겨볼 것은 그 위치가 마한의 동쪽이라 한 것이다. 즉 남쪽이거나 동남쪽이 아니라 동쪽이라 한 것이다. 그들은 원래 6국이었는데 점차

---

33   『三國志』「魏書」 卷30 烏丸鮮卑東夷 '辰韓'
　　辰韓在馬韓之東, 其耆老傳世, 自言古之亡人避秦役, 來適韓國, 馬韓割其東界地與之. 有城柵其言語不與馬韓同, 名國爲邦, 弓爲弧, 賊爲寇, 行酒爲行觴. 相呼皆爲徒, 有似秦人, 非但燕·齊之名物也. 名樂浪人爲阿殘, 東方人名我爲阿, 謂樂浪人本其殘餘人. 今有名之爲秦韓者始有六國, 稍分爲十二國
34   중국적 개념에서는 나라는 방(邦)이고, 독자성이 강한 행정구역은 국(國)이다.

12국으로 나뉘어졌다고 하였다. 이렇게 나뉘어진 것은 원래 6국이었는데, 낙랑 사람들이35 점점 그들의 세력을 키우고 독립적인 행정구역을 가지면서 6국이 더 늘어나 12국이 된 것이라는 것이다.

## 3. 변한전

변한전의 기록은 진한전과 섞여 있는 것들이 있다. 그러므로 때로는 혼란스러운 내용도 있지만 이런 현상은 진한과 변한이 서로 이웃하고 있기 때문에 나타나는 현상으로 볼 수 있을 것이다. 이들은 서로 붙어 있는 지역이라 늘 서로 영토분쟁을 했기 때문인 것이다. 이런 점을 유의하면서 변한전을 분석해야 할 것이다.

---

35　이 낙랑인들이 왜 낙랑인으로 되었을까 하는 것이다. 이들은 원래 진(秦)나라의 고역을 피하여 마한으로 도망을 왔는데, 마한이 그들의 동쪽 땅을 떼어 주었다고 하였다. 즉 마한 땅을 떼어 준 것이다. 당시 마한의 동쪽은 진한이 있었는데 이 진인(秦人)들이 거주하는 지역과 진한은 접경을 이룬 듯하다. 이 낙랑인들은 진나라가 망하고 전한이 건국되고 점차 나라가 안정되자 대부분이 그들 선조들의 고향으로 돌아갔는데 그 지역이 낙랑지역이었던 것으로 보인다(지금도 중국인들은 이런 식으로 전세계에서 살아간다). 그들은 돌아가서 낙랑지역에 살면서 진한지역에 있는 그들의 후예들과 계속 소통을 하였던 것으로 보이는데, 진한에 있었던 진인들은 별도로 행정구역을 설치하고 그들의 전통은 어느 정도 지키면서 살았던 것으로 보인다. 즉 세계 최초의 차이나타운이 된 것이다. 그렇다고 그들이 오늘날 평양에 살았다는 것은 아니다. 마한이 바다를 접하고 살았기 때문에 이미 바다는 마한이 된 것이고, 그 동쪽이라 하였으니 아마도 지금의 경기도 중부지역이나 강원도 서북지역이 아닐까 한다. 그렇기 때문에 토착인이 그들의 사는 방식을 보면서 자신들과 사는 방식이 다르기 때문에 이것저것을 물어보기도 한 것이다. 이 물음 중에 나라는 '방(邦)'이라는 것이다(전체 나라는 방이 되는 것이고, 제후는 '국(國)'이 되는 것이다). 이렇듯 차이가 나는 것을 알 수 있었고, 그들은 서로 다른 생활 습관을 가지고 있었던 것이다(중국인들의 표준말에 2인칭을 '니'라 발음한다. 이 발음은 지금의 경상도에서도 똑같이 '니'로 발음한다. 이런 발음은 아마도 그 당시 낙랑인들이 토착인의 발음을 가져다 쓴 것이 아닌가 한다. 중국 상해에서는 2인칭을 '니'가 아니고, '아라시'로 발음을 한다). 그러던 것이 세월이 흐르면서 점차 하나로 뭉쳐지게 된 것으로 보인다.
이들을 낙랑인으로 부른 것은 낙랑이라는 지명이 작든 크든 전한 이전부터 있었던 것이 아닌가 한다. 그러던 것이 전한이 행정구역을 설치할 때 낙랑이라는 지명을 그대로 쓴 것이 아닌가 한다. 이렇게 된다면 낙랑은 원래 진나라 이전부터 있었던 지명이다가 점점 큰 행정구역으로 발전하여 한때는 '국(國)'으로까지 승급을 했던 것이 아닌가 한다.
흔히 차이나계 국가들이 신라를 낙랑공이라고 부르는 이유가 무엇인가 하였는데, 바로 진한이 사로로, 사로가 신라로 발전하는 과정에서 진한의 낙랑 관련 6국까지 포함한 것을 알고 있었기에 그

## 『삼국지』「위서」 권30 동이전 '변한' [36]

변진도 12국으로 되어 있다. 또 여러 작은 별읍이 있어서 제각기 거수가 있다. [그 중에서] 세력이 큰 사람은 신지라 하고, 그 다음에는 검측이 있고, 다음에는 번예가 있고, 다음에는 살해가 있고, 다음에는 읍차가 있다. 已柢國·不斯國·弁辰彌離彌凍國·弁辰接塗國·勤耆國·難彌離彌凍國·弁辰古資彌凍國·弁辰古淳是國·冉奚國·弁辰半路國·弁[辰]樂奴國·軍彌國(弁軍彌國)·弁辰彌烏邪馬國·如湛國·弁辰甘路國·戶路國·州鮮國(馬延國)·弁辰狗邪國·弁辰走漕馬國·弁辰安邪國(馬延國)·弁辰瀆盧國·斯盧 國·優由國이 있어서, 변진과 진한의 합계가 24국이나 된다. 대국은 4~5천 가이고, 소국은 6~7백 가로, 총 4~5만호이다. 그 중에서 12국은 진왕에게 신속되어 있다. 진왕은 항상 마한사람으로 왕을 삼아 대대로 세습하였

---

들의 방식대로 낙랑공으로 부른 것으로 보인다(아마도 충분히 그랬을 것으로 본다. 그들은 지금도 그렇다).
신라의 조상이 흉노라는 말을 곧잘 하곤 한다. 이 말의 기원에 대하여 의아하기도 하고, 가야계와 연결시키는 경우도 있다. 그런데 다른 한편 진한의 12국 중 6국은 차이나계이고(오늘날 중국인도 어디를 가든 그들의 마을을 이루고 산다. 그래서 차이나타운이라는 말이 생겨난 것이다. 화성둔(華盛屯)이라는 말이 바로 중국인들이 번성한 마을이라는 말이다. 한국도 약간 비슷한 속성이 있다. 아메리카타운이라든지 잉글랜드타운이라는 말은 없다). 이 차이나계의 본진은 낙랑이라는 것이다. 이 낙랑의 위치는 오늘날 중국 하북성 동부와 북부라는 것이 필자의 지론이다. 이 지역 중 지금의 적봉 일대는 차이나계의 전국시대 말에는 동호지역이었고, 진, 한시대는 흉노의 지역이었다. 그 후 낙랑지역이 된 것이다. 그런데 신라의 기원을 얘기하는 기록 중에 하나인 『화랑세기』의 머리말에 신라의 시작은 연산에서 시작되었다는 기록이 있다. 이 연산을 넉넉히 잡아도 현재 중국 하북성에서 산서성 그 언저리이다. 이 지역은 대대로 흉노의 땅이었다. 그러므로 신라의 기원이 흉노라 하여도 큰 문제가 없는 것이다. 더구나 문무왕이 그들의 조상이 흉노라고 하는 의미를 잘 살펴봐야 한다. 문무왕은 평생에 걸쳐 당나라와 싸운 사람이다. 즉 차이나계 사람들과 싸운 것이다. 그런데 이 차이나계 사람들이 가장 싫어하는 사람들이 흉노이다. 그런 줄을 뻔히 알면서도 신라의 조상이 흉노라고 한 것은 아마도 여러 이유가 있었을 것이다. 더구나 신라가 통일을 하면서 그들의 영토는 지금의 중국 요녕성 동부지역까지 다다랐다. 이 지역에서 밀지 않은 곳에 흉노의 고지가 있었다. 아마도 그런 것도 염두에 두지 않았을까 한다. 문무왕은 당나라와 전쟁에서 최종적으로 승리하면서 당나라와 단교를 하였다.

36 『三國志』「魏書」卷30 烏丸鮮卑東夷 '弁辰'
弁辰亦十二國 又有諸小別邑, 各有渠帥, 大者名臣智, 其次有險側, 次有樊濊, 次有殺奚, 次有邑借有 已柢國·不斯國·弁辰彌離彌凍國·弁辰接塗國·勤耆國·難彌離彌凍國·弁辰古資彌凍國·弁辰古淳是國·冉奚國·弁辰半路國·弁[辰]樂奴國· 軍彌國(弁軍彌國) 弁辰彌烏邪馬國·如湛國·弁辰甘路國·戶路國, 州鮮國(馬延國)·弁辰狗邪國·弁辰走漕馬國·弁辰安邪國(馬延國), 弁辰瀆盧國·斯盧國·優由國, 弁·辰韓合二十四國 大國四五千家, 小國六七百家, 總四五萬戶. 其十二國屬辰王, 辰王常用馬韓人作之, 世世相繼. 辰王不得自立爲王. 魏略曰: 明其爲流移之人, 故爲馬韓所制.

으며, 진왕이 자립하여 왕이 되지는 못하였다.

위략 : 그들은 [외지에서] 옮겨온 사람들이 분명하기 때문에 마한의 제재를 받는 것이다.

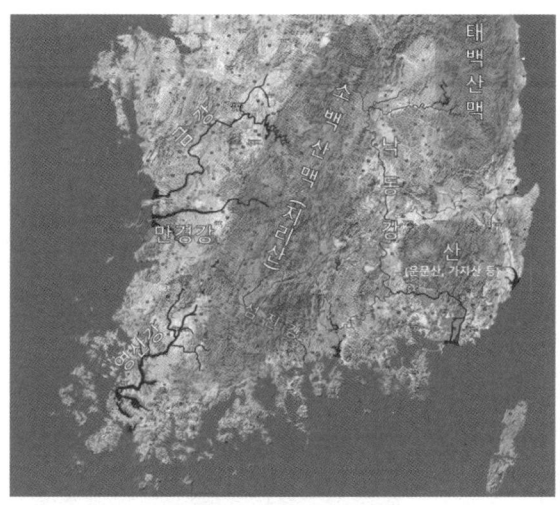

〈그림 5〉 한국 남부지역의 자연지리도

변진전을 보면 변한과 진한이 서로 접경지역에 있었다는 것을 알 수 있다. 그러면서 늘 툭탁거리고 살았던 것으로 보인다. 그렇기에 같은 지명이 진한전, 변한전에 공유 기록으로 남은 것이다.[37] 이 변한의 여러 나라들은 훗날 어느 나라로 이어졌는지 분명하게 확인되지 않았다. 다만 언제부터 백제가 변한 지역을 다스리면서 백제의 고지로 인식된다. 그러나 백제는 초기에 마한과 관계가 있고, 변한과는 관계가 없었다. 그렇다면 백제가 큰 세력으로 성장하여 변한 지역을 점령하기 전까지는 어떤 세력들이 있었나 하는 것이다. 진한을 이은 사로가 있는 것처럼 변한을 이은 세력들은 누구일까 하는 것이다(그림 5 참조).

---

37  이 변진전에 나오는 나라 이름 중에 주선국(州鮮國)이라든지, 사로국(斯盧國)은 아마도 '조선(朝鮮)'을 한식(漢式)으로 부른 것 같고, 사로국은 신라의 선조들이 아닌가 한다. 낙노국(樂奴國)은 아마도 낙랑인들의 마을이 아닌가 한다. 또한 일본 큐슈지역에 보이는 나라 이름들도 있는데 이런 이름들은 진변한 사람들이 일본으로 이주를 하면서 그들의 이름을 그대로 쓴 것이 아닌가 한다. 이런 맥락에서 볼 때 가야나, 임나의 이름도 이들 중에 있을 것으로 본다. 나라별 특성상 가야는 진한과 변한이 접경하는 지역에 있었을 것이고, 임나는 접경지역이 아닌 지역에 있었을 것으로 보인다.

기원전 4세기 무렵 고조선의 서쪽 2천 리가 연나라 땅이 되고, 그 땅은 머지 않아 기준조선, 위만조선의 근거지가 된다. 그 시기에 북으로는 부여, 동쪽에는 마한을 중심으로 하는 세력들로 재편이 된다. 이렇게 된다면 그동안 마한으로 꽉 차 있던 한국의 중, 남부지역은 다른 해석이 가능해진다.

앞의 내용들을 정리하여 지도로 그려본다면 다음과 같은 지도가 될 것이다(그림 6).

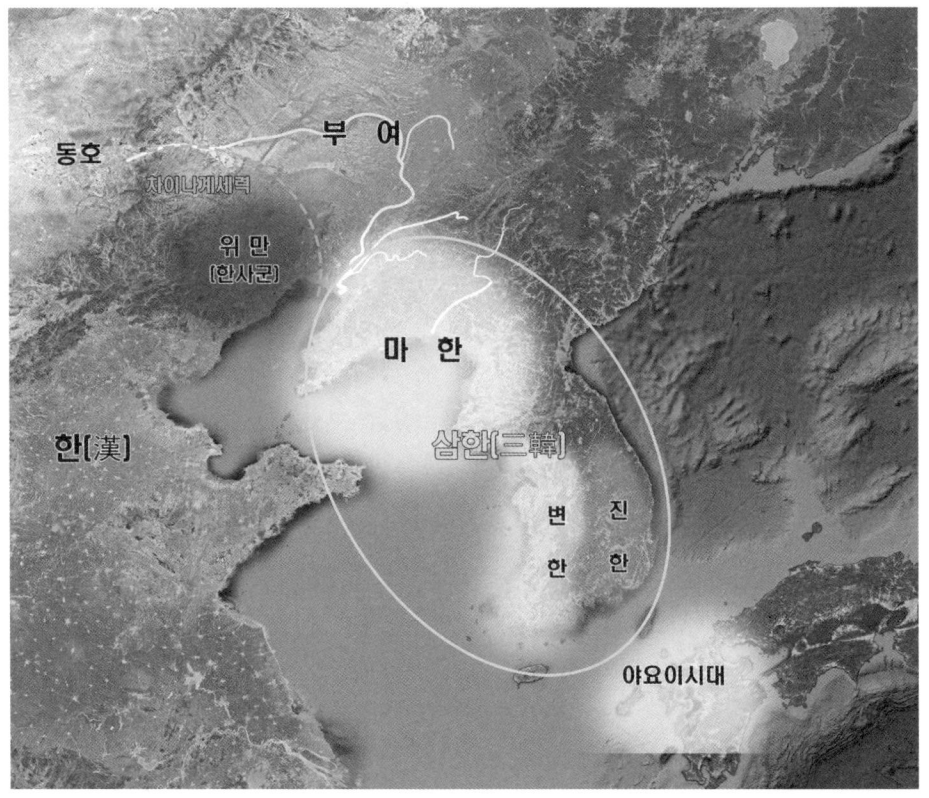

〈그림 6〉 삼한의 성립과 분포 위치 추정도

# V. 삼한의 유물과 유적

필자는 이 글에서 삼한의 위치에 대하여 새로운 견해를 제기하였는데, 이런 견해는 최치원이 말했다는 것을 다시 기억해 봤다고 해도 될 것이다. 이 기억을 되살리는 데는 많은 문헌자료들을 근거로 하였다. 그렇다면 다음으로 문헌과 같이 분석을 해봐야 하는 것이 유적과 유물들이다. 이것은 문헌으로 테두리를 그은 범위 안에 있는 유적이나 유물들이 대상이 될 것이다.

유적을 살펴볼 때, 이 시기에 들어오면 거주 유적은 대부분 땅위에 지어지기 때문에 남아 있기가 쉽지 않다. 대부분 무덤유적이나 성터, 혹은 성벽 등의 유적이 남아있을 것이다. 현재 고고학 자료를 볼 때 가장 많이 남아 있는 것들은 석상식 대석개무덤, 작은 탁자식 고인돌이 이 시기의 무덤 양식들이 아닌가 한다. 이 중에서 석상식 대석개무덤은 요서지역에서도 많이 발견되는 무덤들이다. 이 무덤들에서 세형동검이나[38] 잔줄무늬 거울, 도폐라 불리는 화폐들이 출토되

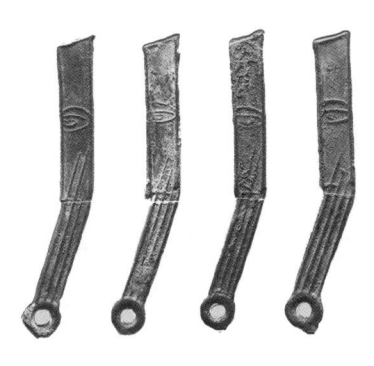

〈그림 7〉 화폐

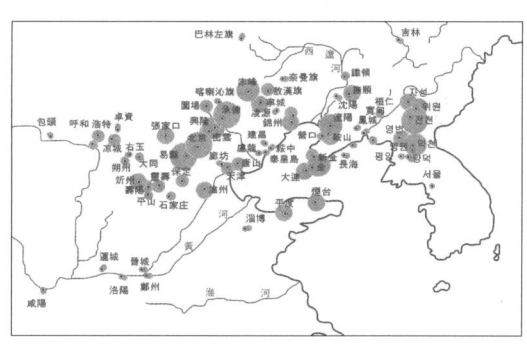

동북아시아 명도전 분포도 (출처: 박선미, 『고조선과 동부강의 고대화폐』, 학연문화사)

〈그림 8〉 화폐의 분포도

---

[38] 복기대, 「遼西地域의 古代 劍에 關하여」, 『白山學報』 56, 白山學會, 2007年.

〈그림 9〉 세형동검   〈그림 10〉 잔줄무늬 거울

는 것을 볼 수 있다(그림 7~10 참조).

이들 유물의 연대는 대부분 기원전 5~3세기경에 시작되는데 요서지역에서는 기원전 3세기 무렵부터는 사라지지만 마한지역에서는 기원전 5세기부터 서기 초반까지 계속 이어지는 것을 볼 수 있다. 이렇게 분포지와 연대를 같이 대비하여 분석해 볼 때 필자가 앞서서 제기한 삼한의 위치에서 마한의 지역에서 많이 출토되고 있는 것을 볼 수 있다.

또한 변한 지역으로 추정되는 지역에서는 옹관묘가 많이 나오는데 이 옹관묘도 현재 평안도 지역까지에서 나오는 것으로 확인되고 있다.[39] 앞으로 더 연구를 해봐야 하지만 한국 서부로 볼 수 있는 충청도, 전라도, 경기도 지역에서 옹관묘가 확인되고 있는 것은 변한 문화를 연구하는 과정에서 다시 검토를 해봐야 할 것이다.

차이나계 기록을 보면 한과 전한이 교류를 했다고 하는데 교류 과정에서 항상 계약관계와 교류대상의 물질을 표식하는 도구가 있었을 것이다. 아마 그것을 화폐로 볼 수 있는데 필자가 앞서서 말한 마한 지역이나 위만조선 지역

---

**39**   평화문제연구소, 〈평양시 삼석구역 지명 유래〉 참조.

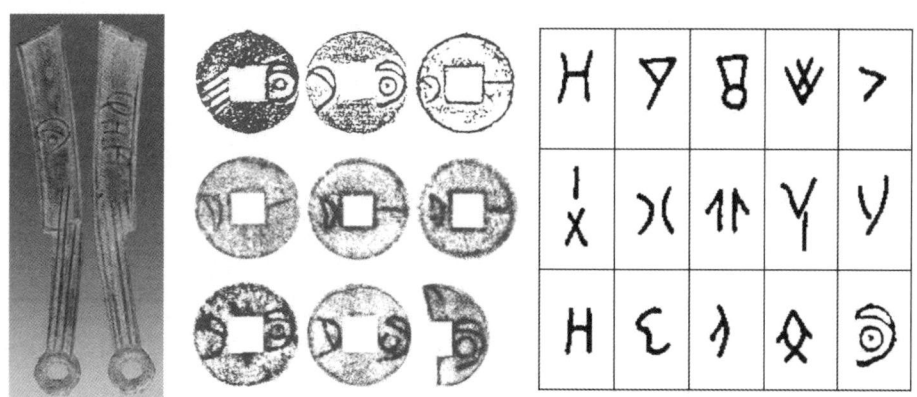

〈그림 11〉 마한의 문자
(박선미 박사의 책, 중국 요녕성 고림태 발굴보고서 등등을 참고하였음)

에서는 도폐라는 화폐들이 많이 발견된다. 그 곳에서는 일화전도 발견이 된다. 아직 해독되지 않은 부호 혹은 문자로 보이는 표식이 반복되어 나온다. 그렇다면 이것이 당시 해당 지역의 문자가 아니겠는가 추측을 해본다(그림 11 참조).

실제 연나라나 제나라 지역에서 나온 도폐들에 새겨진 글자들은 거의 해독이 되었다. 그러나 마한 지역이나 위만조선 지역에서 발견된 도폐의 글자들은 내용을 알 수 없다.

# Ⅵ. 기원 전후 여러 나라의 형성

## 1. 삼한의 붕괴

앞서 여러 자료를 확인하여 마한을 중심으로 하는 삼한의 성립 연대, 위치, 그리고 그 안에 소속된 나라들을 간단히 알아보았다. 다음으로는 삼한의 붕괴에 대한 문제를 간단하게 알아보고자 한다. 이 관계를 설명해 줄 사료는 아직 확인되지 않았다. 그러므로 삼한시대와 연접되는 나라들을 근거로 하여 시론적으로 알아보고자 한다.

삼한이 붕괴되는 것은 외부의 충격도 있었지만 내부의 자체적인 세력 성장이 가장 큰 원인이 되었던 것으로 보인다. 그런 과정에서 많은 나라들이 스스로의 권력을 키우고 독립된 나라를 세운 것이다. 이 과정에서 매우 다양한 일들이 벌어졌을 것인데 세세한 사연들은 확인이 되지 않고 있다. 그렇지만 분명한 것은 삼한의 소국들이 새로운 왕국을 만들며 커나가는 것은 분명하다. 그러므로 간단하게나마 그 과정을 엿볼 수 있는 자료들을 찾아 봐야 할 것이다. 예를 들어 『삼국사기』 내용에 신라를 고조선 유민들이 세웠다는 기록이나 고구려가 부여에서 갈려져 나와 어느 땅에 세워졌다는 기록, 백제가 마한의 기반에서 세워졌다는 기록을 보면 바로 흔히 말하는 여러 나라 시대의 나라들이 이 삼한을 기반으로 세워졌다는 것을 알 수 있다. 그 기반에서 한국의 남쪽 지방은 어떠했을까 하는 것을 추적해 봐야 한다.

## 2. 고구려, 백제

고구려, 백제가 시작되는 과정은 나름 충분한 근거가 있다. 그런데 문제는 고구려가 형성되는 과정에서 분명 부여에서 나오기는 하지만 형성된 후의 과정은 명확하지 않다. 그런데 최치원은 마한을 이은 나라를 고구려로 보고 있다. 이런 문제들의 한 단면을 찾아봐야 할 필요가 있다.

먼저 '마한전'에 나타나는 여러 나라들은 스스로 독립을 해가며 하나의 커다란 정치체제를 만든 것이다. 이러한 가능성은 최치원의 고구려 기원론도[40] 충분히 설명이 가능하다. 앞서 확인한 바로 마한의 위치는 현재 중국 요녕성 동부지역과 한국의 서북지역에 걸쳐 있는 것으로 확인이 되었다. 이 지역 중 서부지역 즉 현재의 요녕성 중부지역으로 추정되는 요하 양안이 마한의 서부 국경지대에 속한다고 볼 수 있는데 고구려는 바로 이와 이어지는 지역에서 건국되었고, 그 뒤 얼마 가지 않아 북으로 멀리 국내성 지역으로 옮겨가는 것이다. 이런 상황의 변화는 넓은 범위에서 마한의 세력권과 이웃하며 일어나는 일이다. 그런데 고구려를 세운 주몽이 부여를 배신하고 나왔다는 것은 거스르기 어려운 사실이다. 주몽이 도착한 홀승골성 지역은 주몽이 오기 전에는 부여 땅일 수 있었을 것이나 주몽이 도착했을 때는 부여 땅이 아니었을 것이다. 부여를 배신하고 나온 주몽이 한때 부여 땅이었던 홀승골성에 나라를 세워 오래 버티기는 어려웠을 것이다. 이렇게 고구려를 세운 주몽은 서쪽으로 진출하고 싶었으나 그쪽에서는 전한 세력과 부딪쳐야 했기 때문에 유리왕 때 북쪽으로 근거지를 옮기게 된 것으로 보인다. 그러면서 나라의 세력을 넓혀가는데, 그 대상 지역이 마한 땅으로 점점 넓혀간 것이 아닌가 한다. 그 과정에서 원래는 부여의

---

40 ≪위지≫에 이르기를 ----최치원이 말하기를 "마한은 [고]려요, 진한은 [신]라이다."라고 하였다. (〈본기〉에 의하면 "[신]라가 먼저 갑자년에 일어나고 [고구]려가 그 후 갑신년에 일어났다고 하였는데, 이렇게 말하는 것은 [조선]왕 준을 두고 말한 것일 것이다. 이로써 동명[왕]이 일어난 것은 이미 마한을 병합한 때문이란 것을 알 수 있다. 그래서 [고구]려를 일컬어 마한이라고 한 것이다."라고 하였다. 요즘 사람들이 더러는 금마산을 두고 마한이 백제로 되었다고 하지만 이는 대체로 잘못이다. [고구]려 땅에는 본래 [마]읍산이 있었으므로 이름을 마한이라 한 것이다.)
『三國遺事』卷第1「紀異」第1 馬韓
魏志云... 崔致遠云, "馬韓麗也辰韓羅也攄本紀, 則'羅先起甲子麗後起甲申, 而此云者以王準言之耳. 以此知東明之起已并馬韓而因之矣. 故稱麗爲馬韓.' 今人或認金馬山以馬韓爲百濟者盖誤濫也. 麗地自有邑山校勘 213故名馬韓也."

한 국가였다가 마한의 구성국이 되었던 색리국이나 고리국도 점점 고구려에 포함되지 않았나 하는 것이다. 이런 흐름은 결국 고구려가 백제를 몰아내고 마한 땅 전체를 차지하면서 비록 화학적인 것은 아니더라도 물리적으로는 마한의 계승자가 고구려가 된 것이 아닌가 추측해 본다. 이런 추측은 고구려의 성장과 마한의 쇠퇴가 맞물려 나가는 것이 아닌가 하는 추측도 하게 한다.

다음으로 마한과 백제의 관계이다. 백제의 시조 온조는 부여에서 나와 고구려를 세운 주몽으로부터 자식의 대우를 제대로 받지 못하자 스스로 마한 땅으로 가서 작은 땅을 얻어 독립한 것이다. 이런 내용은 조선 왕 기준이 위만에 쫓겨 바다를 건너 마한 땅에 이르자 마한의 왕이 땅을 떼주어 살게 한 것과 같은 맥락이다. 이렇게 마한에 예속되어 성장하기 시작한 백제 세력이 점점 커지면서 그들에게 호의를 베풀었던 마한에 반란을 일으키며 마한 붕괴의 큰 역할을 한 것으로 보인다.

이런 내용을 볼 때 마한의 54개국은 이런저런 이유로 다시 나뉘면서 점점 고구려와 백제를 중심으로 재편이 되었던 것으로 추측된다.

## 3. 사로

한국의 남부지역은 동쪽으로는 진한이 있었고, 서쪽은 변한이 있었던 것으로 보인다. 그 이유는 진한과 변한이 서로 접경을 이루고 있었기 때문에 서로의 땅을 빼앗고, 빼앗기며 살았던 것이다. 이런 지역이 한, 둘이 아니다. 그러므로 진한과 변한은 남북으로 접해 있었던 것이 아니고 동서로 접해 있었을 것이다. 이 두 한(韓)의 북쪽에는 그들의 종주국인 마한이 있었던 것이다. 진한전에 나오는 나라 중에 사로가 있는데. 이들은 곧 독립하여 사로국을 세웠다. 사로국은 조선유민들이 세운 나라인데 이 내용으로 말미암아 신라가 한국사의 정통성을 갖게 된 것이 아닌가 한다. 사로가 나라를 세울 때 6촌의 조선유민들이 참여했는데 공교롭게도 원래 진한은 6국이었다가 '진한(秦漢)' 지역에서 흘러

온 사람들이 정착한 지역의 토착민들과 힘을 합쳐 12국이 된 것이다.[41] 그렇다면 사로를 세운 6촌은 외부에서 들어온 사람들과는 다른 순수한 진한 6국이 아닐까 추측을 해본다. 왜냐하면 만약 외부에서 들어온 사람들이 사로를 건국했다면 기록에 분명하게 '진(秦)'이라 썼을 텐데, 그런 기록 없이 조선의 유민이라 한 것을 보면 추측이 가능한 것이다. 이들은 점점 세력을 키우면서 외부에서 흘러들어온 또 다른 6국의 후예들을 병합하면서 하나의 큰 나라로 성장해 간 것으로 추측된다. 이런 내용들이 신라의 역사에 남아있었던 것으로 보이는데 신라가 수·당과 외교를 하면서 친밀감을 높이는 차원에서 이런 내용을 수·당에 말하자 당나라는 엉뚱하게도 이를 잘못 해석하여 훗날 신라 경순왕이 '낙랑공'이라는 별호를 붙이는 근거로 삼지 않았나 하는 것이다.[42]

## 4. 가야

필자는 『삼국유사』에 나와 있는 가야 관련 기록을 부정하면 안 된다고 본다. 가야의 성립과 관련한 기록들은 많지 않기 때문에 성립 전후시기를 이해하는 데 많은 어려움이 있다. 그래서 김수로왕과 허황후의 전설을 근거로 하여 가야의 건국 과정을 합리화하는 것이 기본적인 이해의 정도이다. 그러나 보편적인 역사연구에서는 좀더 구체적인 역사적 사실을 근거로 하고자 하나 그렇지 못한 것이 현실이다. 마한의 후예 고구려, 변한의 후예 백제, 진한의 후예 사로처

---

[41] 여기에 대한 설명은 본 글의 각주35를 참고하기 바란다.
[42] 신라의 시조가 흉노의 김일제라는 전설도 이런 맥락에서 나온 것이 아닌가 한다. 왜냐하면 『삼국유사』 기록에는 진의 난리를 피해서 왔다고 하는데, 사실 진은 불과 20년도 유지하지 못한 나라이다. 진나라가 무너지고 전한 초기에도 혼란이 계속되고 있었고, 게다가 전한은 북방의 흉노와 지속적으로 전쟁을 하고 있었기 때문에 그 지역에 살고 있던 사람들은 전쟁을 피해 어디론가 계속 이주하고 있었다. 이런 현상은 흉노 지역에서도 마찬가지였다. 진·한이나 흉노의 많은 사람이 전쟁의 고통을 피해 사방으로 흩어지는 과정에서 적지 않은 사람들이 마한으로, 더 동쪽의 진한과 변한 지역으로 들어온 것으로 보인다. 피난 온 북방계 사람들은 그들이 정착한 지역에 자신들의 생활풍속을 남겼을 것이고 그 풍속 중 어느 것은 길게 이어진 것이 아닌가 한다.

럼 후대로 이어지는 관계가 뚜렷하지 않은 것도 하나의 약점이라면 약점일 수도 있는 것이다. 즉 이 가야는 가야를 중심으로 하고 그 전후의 관계가 정립이 안 되어 있다. 그런데 가야는 분명하게 한 나라로 우뚝 서 있는 것이 분명하다. 어떻게 된 일일까? 삼한에 속하지 않는 세력들이 세운 나라들이 아닐 수도 있지만 그러기에는 가야가 너무 큰 세력이므로 기록이 되었을 것이다.

다음과 같은 하나의 가능성을 열어볼 수 있겠다. 변한전에 보면 변한도 12국이고 진한도 12국으로 모두 24국이다. 이 24국 중에 몇 국가는 어느 때는 진한이었다가 어느 때는 변한에 속하는 것이다. 이들은 진한과 변한의 경계 지역에 있는 지역들이다. 즉 이들은 진한이나 변한의 본류라기보다는 흐름에 따라 그 귀속이 변하는 것으로 비록 진한이나 변한에서 줄다리기를 하지만 나름 그들의 독립성이 어느 정도 보장이 되는 세력이었지 않나 추측을 해본다. 어쩌면 이들은 흔히 말하는 진한의 12국 중에 외부에서 온 6개국들의 후손이었을 가능성도 충분히 있다고 본다. 이런 세력들이 진한의 본류 6촌이 사로를 세우고 변한의 몇 개국이 임나를 세우고 난 후 그들은 별도로 가야를 세운 것이 아닌가 추측을 해본다. 그것이 훗날 가야로 되고, 나중에 신라에 병합되면서 신라의 큰 세력이 되지 않았을까 추측을 해본다.

### 『삼국유사』 권제1 「기이」 제1 5가야[43]

가락국, 가야라고도 한다. 지금의 김해이다. 수로왕은 임인년 2월에 알에서 태어났다. 이 달에 즉위하여 158년을 다스렸다. 그로 인하여 금알에서 태어났으므로, 까닭에 성이 김씨이다. 『개황력』에 실려 있다. 아라(야라고도 한다.)가야(지금의 함안), 고령가야(지금의 함녕), 대가야(지금의 고령), 성산가야(지금의 경산이니 [혹은]

---

43  『三國遺事』卷第1「紀異」第1 五伽耶
阿羅一作耶伽耶今咸安·古寧伽耶今咸寧·大伽耶今高靈·星山伽耶今京山, 一云碧珍·小伽耶今固城. 又本朝史畧云, "太祖天福五年庚子改五伽耶名, 一金官爲金海府·二古寧爲加利縣·三非火, 今昌寧恐高靈之訛. 餘二阿羅·星山同前星山或作, 碧珍伽耶"

벽진이라고도 한다.), 소가야(지금의 고성)이다. 또 본조의 《사략》에 이르기를 "태조 천복 5년 경자에 5가야의 이름을 고치니 1은 금관(김해부가 되었다.)이요, 2는 고령(가리현이 되었다.)이요, 3은 비화(지금의 창녕이란 것은 아마도 고령의 잘못인 것 같다.) 나머지 둘은 아라와 성산(앞과 마찬가지로 성산은 벽진가야라고도 한다.)이다."라고 하였다.

이런 기록들을 볼 때 가야의 위치를 알 수 있다. 가야는 지금의 경상도 지역을 말하는 것으로 보인다.

## 5. 임나(任那)

왕인(王仁)이[44] 일본으로 갈 무렵에 백제는 호남지역으로 진출하고 있다. 이때 호남에 살고 있는 선주민은 누구일까? 앞서 말한바와 같이 낙랑군이 중국에 있었다는 것이 확인되었으므로 마한도 호남이 아닌 어디론가 옮겨야 한다. 한국의 남부 지역사를 볼 때 5세기 이전을 보면 신라, 가야, 임나는 거의 같은 시기에 존재한다. 이중 신라와 가야는 구체적으로 규명이 되고 있으나, 임나는 아직도 갈피를 못 잡고 있다. 필자는 호남 지역이 혹시 임나가 아닐까 고민을 해본다. 그 이유는 앞에서 이미 언급한 바와 같다.[45]

필자가 가능성을 제시하는 이 임나는 흔히 일본에서 말하는 임나일본부(任

---

[44] 왕인은 삼국시대 백제에서 일본에 『논어』와 『천자문』을 전한 학자이다. 일본의 『고사기』에는 '와니기시[和邇吉師]'라 하였고, 『일본서기』에는 왕인으로 기록되어 있다. 『고사기』에는 근초고왕 때 『논어』와 『천자문』을 가지고 일본에 건너갔다고 한다. 그러나 『천자문』이 편찬된 시기 등을 근거로 윤색되었을 것으로 추정되고 있다. 『일본서기』에 의하면 아신왕 말기에 태자를 왜국에 파견하여 군사동맹을 맺고 우호관계를 성립하였는데, 그 답례로 인적자원을 보냈던 것으로 추측된다. 이후 백제의 오경박사 등이 왜국으로 건너가서 백제문화를 전수하여 일본 고대문화 발달에 공헌하였다 (출처: 한국민족문화대백과사전).

[45] 이와 관련한 내용은 별도의 기회에 새롭게 말하고자 한다.

那日本府)가 아니고[46] 삼한의 하나인 변한의 후예로서의 임나를 말하는 것이다. 즉 임나의 본국(本國)이다. 호남평야의 장점은 물산이 풍부한 지역이라는 것이다. 이 지역은 가야의 본거지인 김해평야와 비교도 안 될 정도로 풍요로웠다. 이런 점이 차이나계 사서인 『삼국지』에 '쌀과 비단, 그리고 철이 나는 지역'으로 기록되었을 것이다.[47] 이런 물산은 당시 일본에서는 쉽게 나지 않았다. 일본이 스스로 금속을 만들기 시작한 것은 7세기 말에서 8세기 초엽이다. 그러므로 이들은 금속 대부분을 가야나 임나에서 가져가야만 했던 것이다. 일본의 입장에서 쌀이라든지 비단, 철을 공급 받기 위해서 임나와 절대적인 관계를 유지했을 것이다. 이런 측면을 고려해볼 때 일본에서 주장하는 임나일본부가 한국의 임나에 있었던 것이 아니라 거꾸로 임나의 관계기관이 일본을 통제하거나 일본의 안정을 위하여 그들의 요청으로 일본으로 나가 있었던 것으로 해석하는 것이 합리적이라고 본다.[48] 구체적인 기록들은 『삼국유사』나 『삼국사기』 보다 『일본서기』에 자세하게 나와 있다.

『일본서기』 5 「숭신천황」 65년

가을 7월에 임나국이 소나갈질지를 보내 조공하였다. 임나는 축자국과의 거리가 2천여 리로, 북으로 바다를 사이에 두고 계림의 서남쪽에 있다. 석기성서리궁어

---

46    임나일본부설을 주장하는 사람들은, 『일본서기』 진구 49년(369)에 기록된 '신라를 공격하여 가라 7국을 평정하고 그 자리에 임나를 세웠다'는 문구를 해석할 때, 일본이 임나일본부를 중심으로 한국의 남부를 2백 년 동안 지배하였고 이 '임나'가 한국의 '가야'라고 하고 있다.
47    『三国志』「魏書」卷30 烏丸鮮卑東夷 '弁辰'
       土地肥美 宜種五穀 及稻曉蠶桑作縑布...國出鐵 韓濊倭皆從取之 諸市買皆用鐵如中國用錢 又以供給二郡
48    오랜 시간에 걸쳐 고조선이 붕괴한 후 고조선의 유민들이 여기저기 흩어지는 과정에서 일본에도 도달한 것으로 보인다. 필자는 그 흔적을 찾기 위하여 몇 년 동안 일본 내 각 지역의 현지 전문가들과 답사도 하고 토론도 하였다. 그러면서 생각지도 않았던 많은 것을 알게 되었고 확인도 하였다. 그 중에 가장 중요한 것은 일본에서도 특히 규슈지역은 한국의 남부지역과는 불가분의 관계를 가지고 있었고, 한국 남부지역의 문물이 규슈지역에 큰 영향을 준다는 점이다. 지금도 규슈지역 사람들은 동경보다 서울이 더 가깝다는 생각을 하고 있다. 이런 결과들을 모아서 시론적인 책을 출판하였다 (복기대, 『한국에서 본 이끼섬(壱岐島)의 역사와 문화』, 우리영토, 2024).

우어간성입언천황 때에 임나국에서 아뢰기를, "신의 나라에는 동북으로 삼파문이라는 땅이 있습니다. 상파문·중파문·하파문의 땅이 사방 3백리로, 토지와 백성이 또한 부유하고 비옥합니다. 신라국과 서로 다투고 있어 피차가 다스릴 수 없고 군사가 서로 토벌하여 백성들이 편안히 살아가지 못합니다. 신은 장군에게 이 땅을 다스리게 할 것을 청하오니, 그러면 곧바로 귀국의 부가 될 것입니다."라고 하였다.

중요한 기록은 상파문, 중파문, 하파문의 3백리 땅의 소유권을 신라와 다투고 있다는 기록이다. 이 기록은 '삼한전'에 변한과 진한이 땅을 서로 소유하는 내용들이 있는데 이 기록과 비슷한 내용으로 볼 수 있는 것이다.

또 다른 중요한 기록을 보면 임나와 신라가 동시에 등장을 한다. 즉 계림의 서남쪽에 임나가 있다고 한 것이다. 계림은 사로를 말하는 것으로 수도는 지금의 경주에 있었다. 그렇다면 여기서 서남쪽은 어딘가 하는 것이다. 경주에서 서쪽으로 가면 현재 지리산을 지나 전라도 땅에 이른다. 그 남쪽에 임나가 있었다는 것이다.[50] 이 내용은 매우 중요하다고 볼 수 있다.

### 『일본서기』 6 수인천황 2년 계사(기원전 28)

이 해에 임나 사람인 소나갈질지가 나라로 돌아가고 싶다고 청하였다. 아마도 선황 때에 조공하러 왔다가 아직 돌아가지 못한 듯하다. 따라서 소나갈질지에게 융숭하게 상을 주고서 붉은 비단 1백 필을 주어 임나왕에게 하사하였다. 그러나 신라 사람이 길을 막고 그것을 빼앗아버렸다. 그 두 나라의 원한이 이때 처음으로 생겨났다. 어떤 책에서 이르기를, "어간성 천황 때에 이마에 뿔이 있는 사람이 있어

---

[50] 혹자는 이 기록을 해석하는 데 계림의 서남쪽이라 하니까 이것을 지금의 경상남도 남쪽으로 생각하고 그곳에는 가야가 있었기 때문에 그곳을 임나라 보기도 한다. 그러나 다른 기록에는 신라, 가야, 임나가 같은 시기에 기록되는 것으로 봐서 가야와 임나는 서로 다른 나라이다.

배를 타고 와서 월국의 사반포에 정박하였으므로, 그곳을 각록이라 이름 하였다. 그에게 묻기를, '어느 나라 사람입니까?'라고 하자, 대답하기를, '의부가라국왕의 아들로 이름은 도노아아라사등인데, 또한 우사기아리질지간기라고도 합니다. 일본국에 성황이 있다는 말을 전해 듣고 귀화하였습니다.——— 길을 알지 못하여 섬과 포구에 계속 머물다가 북해로부터 돌아와 출운국을 거쳐 여기에 이르렀습니다.'라고 하였다. 이때 마침 천황이 죽었다. 그대로 머물러 활목 천황을 섬겨 3년이 경과하였다. 천황이 도노아아라사등에게 묻기를, '너의 나라로 돌아가고 싶은가?'라고 하자, 그러고 싶다고 물음에 대답하였다. 천황이 아라사등에게 조서를 내려 이르기를, '네가 길을 헤매지 않고 빨리 왔더라면 선황을 만나 섬겼을 것이다. 그러니 너의 본국의 이름을 고쳐서 어간성 천황의 이름을 따라 즉시 너의 국명으로 삼도록 하라.'라고 하고서 붉은 비단을 아라사등에게 주어 본국으로 돌아가게 하였다. 따라서 그 국호를 미마나국이라 이른 것은 이것이 그 연유이다. 이에 아라사등이 받은 붉은 비단을 자기 세 나라의 군부에 보관해 두었는데, 신라 사람이 그것을 듣고 군사를 일으켜 그곳에 이르러 그 붉은 비단을 모두 빼앗아 버렸다. 이것이 두 나라가 서로 원망하게 된 시초이다."라고 하였다.

이 기록은 앞의 기록과 거의 같은 내용이다. 이런 기록들을 볼 때 한국의 남부지역에는 신라, 가야, 임나가 공존했던 것으로 보인다. 이 시기는 기원후 시기이므로 이미 삼한은 서서히 막을 내리고 있었다. 그런 흔적은 백제가 마한에게 덤벼들고, 신라도 마한에게 대거리를 하는 것을 보면 알 수 있는 것이다.[51] 그러므로 그 시대는 아래 지도와 같은 모습으로 큰 윤곽이 그려질 것으로 본다 (그림 12).

---

51 『삼국사기』 「신라본기」 '시조 혁거세거서간' 조와 「백제본기」 '온조왕' 조 참고.

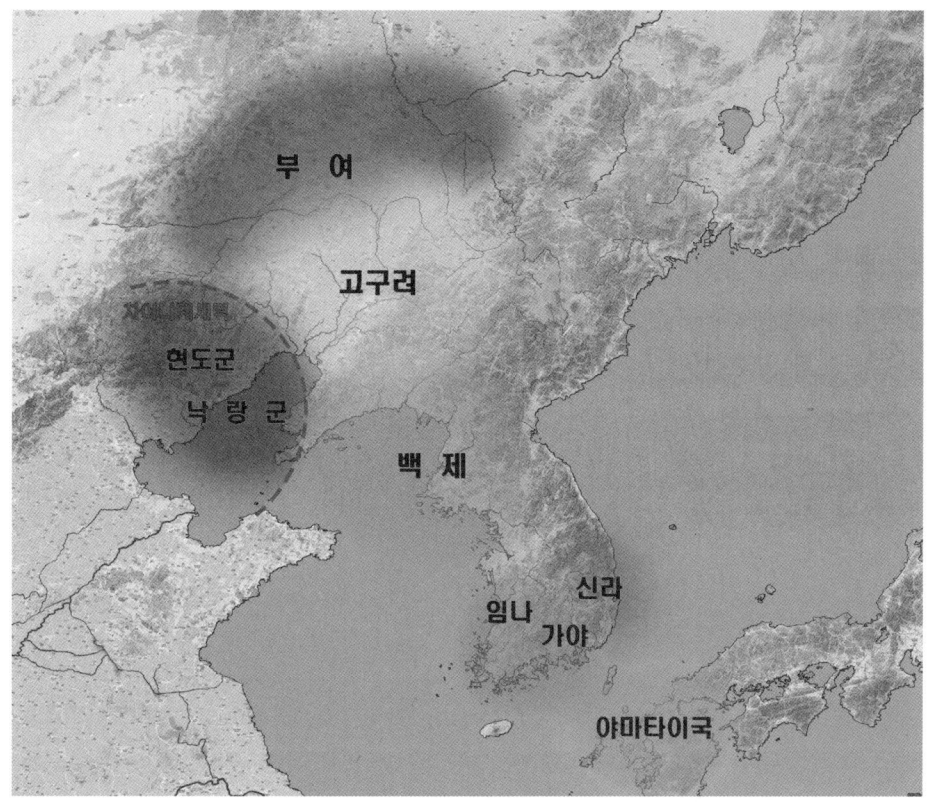

〈그림 12〉 삼한 이후의 여러 나라

# Ⅵ. 맺음말

앞에서 삼한의 시작과 그들이 붕괴되는 과정을 찾아 분석해보았다. 이 과정에서 그동안 우리가 알지 못했던, 아니 알고자 하지 않았던 여러 사실들을 알게 되었다. 그것을 정리한다면 첫째, 삼한의 시작은 늦어도 기원전 3세기부터는 존재했다는 것을 알 수 있었다. 둘째로 지역적으로 삼한의 위치는 현재 중국 요녕성 중남부 지역부터 한국을 아우르는 넓은 지역에 자리하고 있었다. 셋째로, 삼한의 맹주는 마한이었다. 그리고 이 삼한이 붕괴하면서 많은 나라들이 형성되었다는 것이다. 이렇게 간단하게 정리를 할 수 있지만 몇 가지는 해결해야 할 문제들이다.

간혹 주장이 제기되기도 하는 문제인데 한국 역사에도 봉건제가 존재하는가 하는 점이다. 필자는 이 글을 쓰면서 한국사에도 봉건제가 있었다는 생각을 갖게 되었다. 그것은 마한 54개국에 마한왕이 존재하고, 각 지역에 반독립적인 정권들이 존재하는데 이들은 마한왕의 통제를 받는다는 부분이다. 이런 사실은 진한이 6국에서 12개국으로 늘어나는 것과 각 나라의 왕을 마한에서 임명하는 것을 보면 알 수 있다. 이런 나라들은 삼한이 붕괴하면서 각각의 독립국으로 성장을 하는 것이다. 즉 사로, 가라, 고구려, 백제 등이 그러했다. 이렇게 나라를 세워가는 과정에서 주몽이 송양을 합병하듯이 하나의 큰 세력이 작은 세력들을 통합하는 과정이 있었다는 것이다. 이런 부분은 앞으로 더 연구를 해봐야 할 것이라 본다.

다음으로 고고학적인 분야이다. 마한의 고고학은 현재 한국의 충청남도와 전라도를 아우르는 지역을 말한다. 그러나 필자가 정리해본 바에 의하면 삼한의 위치가 달라지고 있다. 시대도 달라지고 있다. 그러므로 고고학도 이에 맞춰 정리가 되어야 할 것이다. 시대적으로 보면 기원전 4, 3세기부터 기원 1세기 무렵까지를 설정해볼 필요가 있다. 여기에 포함되는 것은 대석개묘, 세형동검, 도전(刀錢), 그리고 잔줄무늬 거울 등이 포함되지 않을까 한다. 이런 부분들은 앞으로도 더 꼼꼼한 연구가 필요한 부분이라 생각한다.

첫 걸음이지만 필자의 이 연구가 이 분야를 연구하는 연구자들에게 조금이라도 보탬이 되었으면 하는 바램이다.

# 전한(前漢)의 동역(東域)에 대하여

전한 동역( 난하)

# I. 머리말

 역사를 연구하는 과정에서 국경사 연구는 늘 갈등이 있게 마련인데, 그 이유는 국경이 시대 상황에 따라 변화하고, 상대가 있기 때문이다. 즉, 한국의 국경사는 중국과 일본, 그리고 러시아라는 상대가 있다는 것이다. 동아시아는 역사적 사실에 입각하여 국제관계를 정리하는 예가 많이 있는데, 특히 국경 문제는 더 그렇다. 이런 관점에서 볼 때 동북아시아 고대사 연구의 쟁점 중 하나는 바로 기원전 108년에 중국 전한 무제가 위만조선을 정벌하고 설치한 낙랑군, 진번군 임둔군, 그리고 기원전 107년에 설치한 현도군 등이 있는데 이를 흔히 전한의 4군이라 부른다. 진번, 임둔 2군은 얼마 가지 않고, 낙랑군[1]과 현도군만 남게 된다. 이 전한의 4군의 위치문제에 대하여 한국, 일본, 중국학계에서 많은 연구가 있었는데 아직도 결론이 나지 않고 있다. 이런 상황은 이 전한의 4군의 위치에 따라 동북아시아 고대사 및 현대사까지도 영향을 주기 때문에 사실 규명보다 각자의 이익에 따른 방향으로 가고 있기 때문이다.

 그것뿐만 아니라 현재 한국이나 중국의 국경 문제, 그리고 일본을 포함한 동북아시아 국제관계도 바로 이 전한의 4군의 위치 문제에서 시작되고 있기 때문이다.[2] 이런 쟁점에서 가장 문제가 되었던 전한의 동쪽 국경선 역할을 해주었던 지역, 바꿔 말하면 기원 전후 마한의 서쪽 국경선이 이르는 곳이 바로 낙랑군이었다. 그렇기 때문에 낙랑군의 위치 문제에 대하여 많은 논란이 있는 것이다. 그러므로 필자는 이 글에서 낙랑군의 위치를 확인해보고자 한다. 전한의 4

---

1 　이 낙랑군은 기원전 108년에 설치된 후 행정구역에서 완전히 사라지는 것은 중국의 수(隋)나라 때이다. 그러므로 약 600년 정도 존속했다고 볼 수 있다.
2 　복기대 ,「동북아시아에서 한사군의 국제정치적 의미」,『江原史學』28집, 강원사학회, 2016.

군은 전한의 행정구역이었다. 전한을 비롯한 차이나계의 사료가 많기 때문에 이를 활용하고자 한다. 참고로 이 글은 필자가 이미 발표한 글을 대부분 활용하였고 일부는 새로 보완하였음을 밝혀둔다.

# Ⅱ. 낙랑군 이해의 궤적

낙랑군의 위치 문제에 대한 논쟁은 어제 오늘의 일이 아니다. 이 논란의 핵심은 한국에서 일어났는데 그것은 조선 후기 갑자기 낙랑군이 한국의 평양에 있었다는 주장이 제기되면서 부터이다.[3] 조선 전기까지만 해도 낙랑군 문제는 한국사 그 어디에서도 제기되지 않았던 문제이다. 그 이유는 낙랑군이 한국에 없었기 때문이다. 그런데 이 문제가 조선 후기부터 일어나고 있다. 영조 때부터 조선의 역사에 대해 관심이 많은 연구자들이 등장하였다. 이런 조류에 영향을 준 사람은 17세기 한백겸, 이익이라고 할 수 있다. 이와 동시에 여러 연구자들의 많은 견해가 나왔는데 당시 논쟁의 주요 주제는 첫째, 단군과 기자의 존재와 역할, 둘째, 고구려 평양 위치 문제,[4] 셋째, 낙랑군의 위치 문제 등이 있다.[5] 당시 이런 논쟁의 큰 방향은 단군이 나라의 조종(祖宗)이고, 평양은 청(淸)나라의 땅에 있고, 낙랑은 만주 지역에 있었다는 것이 큰 흐름이었다(그림 1 참조). 그러나 일부 연구자가 그와 다

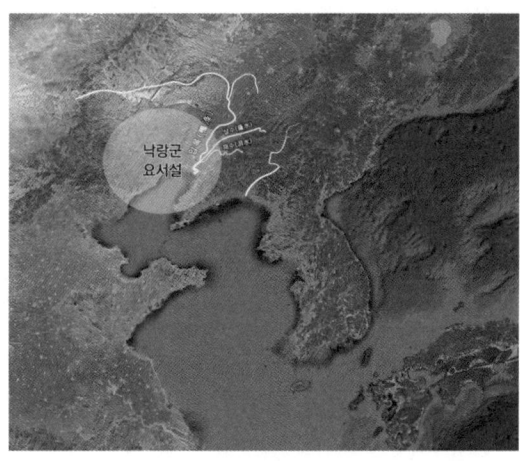

〈그림 1〉 낙랑군이 발해 북안에 있다는 견해

---

3 정약용(丁若鏞)의 1811년의 『강역고(彊域考)』, 1817년의 『경세유표(經世遺表)』를 대표적인 저작으로 볼 수 있다.
4 평양 위치 문제는 다음의 논문을 참고하면 좋을 것이다.
 복기대, 「고구려 平壤위치 관련 기록의 검토-일본학자들의 長壽王 遷都설에 대한 재검토 -」, 『日本文化』 제69집, 한국일본문화학회, 2016. 5.
5 이 문제는 지금 역사 논쟁의 대주제와 비슷하다.

른 주장을 했는데, 그들이 바로 한백겸, 이익, 정약용 등이었다. 특히 정약용은 그의 저서인 『강역고』에서 조선 역사의 최대 공로자는 기자이고, 낙랑군은 조선의 평양에 있었다는 것이 확실하다고 주장하였다. 당시 그의 주장은 일개 개인의 주장이었다. 그런데 이 견해는 1890년대부터 이른바 새로운 학문 분야인 고고학을 활용하는 일본학자들이 적극 받아들여 1910년대에 이르러 낙랑군의 '한국의 평양설'은 거의 정설로 자리 잡게 되었다.6 여기서 이해할 수가 없는 것은 일본학자들이 낙랑군의 위치 관련 기록을 거의 모두 검토했고, 관련 유물도 중국 북경에서 구입할 정도로 그 위치를 확실히 알면서도 한국의 평양이라는 주장을 고정시켜 버린 것이다(그림 2 참조). 한편, 이런 주장과는 달리 중국의 기록에 근거를 들어 낙랑군이 오늘날 중국 동북부 지역이라는 주장도 있다.7 이런 견해는 학계의 소수설이기는 하지만 점점 그 이해층이 넓어지고 있는 상황이다.

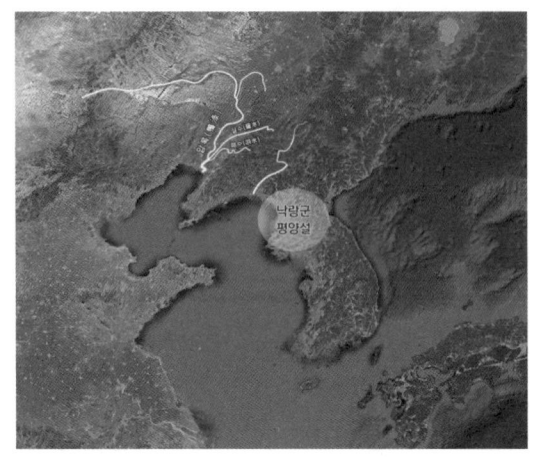

〈그림 2〉 낙랑군이 한국 평양에 있다는 견해

이런 논쟁 과정에서 조선의 일부 학자나 일본학자들은 조작에 가까울 정도의 큰 실수를 저질렀는데, 그것은 전한의 4군에 관련한 중국의 정사류(正史

---

6     일본학자들도 낙랑군의 위치를 한국의 평양으로 고증하는 것에 대해 많은 고민을 했던 것으로 보인다. 그러나 어떠한 과정을 거쳤는지 분명하지 않지만 평양으로 고착이 되었고 오늘날까지 이어지고 있다.
7     복기대, 「前漢의 東域 4군의 설치 배경과 그 위치에 관하여」, 『人文科學硏究』 52호, 江原大學校人文科學硏究所, 2017.

類) 문헌을 검토하지 않았거나 보고도 못 본 척 했다는 것이다. 중국의 정사에는 그들이 관리를 파견하고 세금을 걷어야 하고, 군대를 보내는 지역이기 때문에 자세하게 관련 기록을 적어 놓았다. 이런 사료가 있음에도 불구하고 그 사료를 고의적으로 연구하지 않았음은 큰 잘못임과 동시에 그 연구 결과는 신용할 수 없으며 후대의 역사 연구에 참고가 되어서는 안 된다. 그런데 일본학자들의 연구 내용을 토대로 한 후대의 역사 연구가 이어졌고, 이로 인해 낙랑군의 위치에 대해서 한국 역사학계는 큰 갈등에 봉착하였다. 낙랑군을 지금의 평양에 비정하면 전체 한국사를 여기에 맞춰야 한다. 그런데 최근 들어 그간의 통설과는 다른 사실들이 계속 확인되면서 이 새로운 사실들을 어떻게 처리해야 하는지에 대한 문제가 계속 불거지고 있기 때문이다. 낙랑군 문제는 조선 후기에 처음 연구될 때부터 정치적 목적 달성을 위한 목적성을 가진 연구였기에 오늘날도 정치적인 그림자는 계속 이어지고, 심지어는 오늘날 동북아시아 국제 정세에도 큰 영향을 끼치고 있는 실정이다.

위에서 본 바와 같이 낙랑군의 위치 논쟁은 3백 년 이상 지속되고 있다. 그런데 이 두 논쟁을 검토해보면 두 견해 모두 '낙랑군이 왜 설치되었나?', '어떻게 유지되었나?' 하는 전체적인 흐름을 파악하지 않고 특정 부분인 위치 문제만을 가지고 논쟁을 해왔다는 것이 특징이다. 그렇기 때문에 낙랑군의 위치 문제가 풀리지 않은 것이다. 그러므로 이 글에서는 간단하게 그 문제를 풀어 보고자 한다.

# Ⅲ. 차이나 전한(前漢) 중기의 국제정세와 대응

## 1. 전한 무제의 대(對) 흉노 정책의 변화

기원전 141년에 전한의 7대 황제인 무제가 즉위한다. 그는 기원전 141년부터 기원전 87년까지 재위하면서 전한 왕조뿐만 아니라 모든 중국사에 긍정적으로 가장 많은 영향을 끼친 황제였다. 특히 그는 넓은 영토를 확장하여 중국 역사상 최초로 '세종(世宗)'이라는 명예로운 칭호도 받았다. 그는 제위에 오르자마자 그간 전한이 고수했던 몇 가지 정책을 바꾸었다. 이제까지 근 백 년 동안 흉노에게 굴복하는 정책에서 벗어나 흉노를 공격하여 그 뿌리를 뽑자는 정책으로 전환하였다. 그의 이런 결심은 전한의 대외정책이 수세에서 공세로 바뀌는 결과를 가져왔다. 그 준비로 다음과 같은 정책을 실시하였다.

첫째, 도가 중심의 전한을 유가(儒家)로 바꾸기 시작한 것이다. 이런 대변화를 위하여 동중서 같은 유학자를 등용하여 국가의 사고방식을 바꾸도록 하였다. 둘째, 상홍양이라는 재정관을 등용하여 경제정책 전반을 아우르게 했다. 이 직책으로 오수전을 직접 주조하고, 고민령(告緡令)을[8] 반포하여 호족들의 부의 확장을 막음과 동시에 균수관(均輸官)과[9] 평준관(平準官)을[10] 두어 정부가 물자의 흐름을 장악할 수 있도록 했다. 대표적인 조치로 철과 소금, 술 등을 국가전매품으로 만드는 것이었고 국가는 이를 통해 막대한 이익을 얻었다. 이러한 조치는 지방 세력들의 성장을 막음과 동시에 흉노와의 전쟁을 위한 국가재정의 확충이라는 목적도 이룰 수 있었다. 셋째, 흉노를 제외한 서역, 남방,

---

[8] 재산세를 내지 않기 위하여 재산 신고를 하지 않거나 적게 신고하여 세금을 조금 내고자 하는 세금 기피자들을 고발하는 법령으로 오늘날 세금 파파라치와 같은 것이다.
[9] 지방에서 세금을 거두어 중앙정부에 필요한 물품을 공급하는 관리를 말한다.
[10] 물가관리를 하던 관리로 쌀 때 사들이고, 비쌀 때 팔아서 이익을 남기는 것이 책임인 관리이다.

그리고 동방의 여러 나라들과 외교관계를 밀접하게 하여 주변국들로부터 안전을 보장받게 되었다. 무제는 먼저 흉노와 연결이 되어 있는 서쪽 지역을 공략하기 시작하였는데, 그 서쪽 공략 정책의 총괄은 장건이 맡아서 진행하였다. 장건은 많은 어려움이 있었지만 서북방의 많은 세력들이 묵돌선우 세력과 갈등이 있었음을 알고 이를 교묘히 활용하여 적어도 흉노에게 동조하지 않도록 하였는데, 그런 정책이 북방의 흉노를 공격하는 데 큰 힘이 되었다. 물론 동방에도 거의 같은 정책을 썼다. 당시 동방은 전한의 연에서 도망해온 위만이 반역에 성공하여 그의 왕조를 세웠는데 이것이 바로 위만조선이었다. 나라를 세우고 주변지역과 좋은 관계를 유지하고 있었고 세력이 점점 커지고 있었다. 그러므로 전한에서는 이를 건드려서 전선을 하나 더 만들 필요가 없었다. 그렇기 때문에 먼저 외교관계를 통하여 위만조선을 공략하고자 하였다.

이런 사상적, 경제적, 그리고 주변 세력들과의 안정된 관계를 바탕으로 하여 대규모의 군비를 확충하여 누대에 걸친 골칫거리였던 흉노를 공격하기 시작하였다. 무제는 그간 역사의 경험을 볼 때 북방세력들은 직접 무력으로 제압하고 거기에 상응하는 조치를 취해야 무너진다는 것을 간파하고 여기에 대한 대책을 세우기 시작한 것이다.[11] 이렇게 내외적으로 준비를 마친 무제는 젊은 무장들인 곽거병, 위청 등을 파견하여 북방을 공격하여 비록 많은 피해를 입기는 하였지만 흉노세력들을 대거 북방으로 몰아내었다. 이에 한무제는 이를 기념하기 위하여 연호를 기원전 129년에 원삭(元朔)으로 하기도 하였다. 일시적으로 무제는 북방의 흉노를 제압하는 데 성공하였고, 초기에는 분명하게 승기를 잡았지만 초반 승기는 계속되지 않았고 일진일퇴를 반복하였다. 그런데 이 시기 흉노는 서방에서 전한의 군대에 막히자 그 방향을 동남으로 내려오는 길을 택하기

---

11  과거에도 직접 흉노세력을 군사적으로 응징하여 멀리 쫓았지만 정벌군이 철수를 하면 바로 흉노세력들이 회복되는 양상이 반복되었다. 그렇기 때문에 한 무제는 근본적인 대책을 세우고자 한 것이다.

시작했다. 그 몇 예를 확인해보면 다음과 같다.

「**자치통감**」 권18 「한기」 10

① 무제 원광6년(기원전 129년)

흉노가 상곡에 침입하여 관리와 백성들을 죽이고 노략질하였다. 그리하여 거기장군 위청을 파견해 상곡에서 부터 나아가게 하고, 기장군 공손오를 대에서 부터 나아가게 했으며, 경거장군 공손하를 운중에서 출발하게 하고, 효기장군 이광을 안문에서 출발하게 하니, 각기 1만 명의 기병을 거느리고 흉노의 관시가 있는 아래까지 공격하였다. 위청은 용성에 이르러 흉노의 머리를 베거나 포로로 잡은 것이 700명이나 되었다. 공손하는 아무런 소득도 못 가져왔고, 공손오는 흉노에게 패하여 7,000명의 기병을 잃었으며, 이광 또한 흉노에게 패한 꼴이 되었다. 흉노는 이광을 생포하여 말 두 마리 사이에 망을 쳐서 그 위에 눕혀 놓고 10여 리를 끌고 갔다. 이광은 죽은 척하다가 잠깐 사이에 벌떡 일어나 흉노의 말 위에 올라타서는 활을 빼앗고 말에 채찍을 때려 남쪽으로 도망쳐왔다. 한나라에서는 공손오와 이광을 옥리에게 내려 보내 참형으로 판결하였으나, 이들은 대속금을 내고 서인이 되었다. 오직 위청에게만 관내후의 작위를 하사했다.[12]

② 무제 원삭 원년(癸丑, 기원전 128)

가을, 흉노의 기병 2만 명이 한에 침입하여 요서의 태수를 죽이고 2,000여 명을 포로로 잡아 갔으며, 한안국이 주둔한 성벽을 포위했다. 또한 어양과 안문에도 침입하여 각각 1,000여 명을 죽이거나 포로로 잡아갔다. 한안국은 더 동쪽으

---

12 『資治通鑑』 卷18 「漢紀」 10 武帝 元光 6年-元朔 元年
匈奴入上谷, 殺略吏民° 遣車騎將軍衛青出上谷, 騎將軍公孫敖出代, 輕車將軍公孫賀出雲中, 驍騎將軍李廣出雁門, 各萬騎, 擊胡關市下° 衛青至龍城, 得胡首虜七百人;公孫賀無所得;公孫敖為胡所敗, 亡七千騎;李廣亦為胡所敗° 胡生得廣, 置兩馬間, 絡而盛臥, 行十餘里;廣佯死, 暫騰而上胡兒馬上, 奪其弓, 鞭馬南馳, 遂得脫歸° 漢下敖´廣吏, 當斬, 贖為庶人;唯青賜爵關內侯°

로 옮겨 북평에 주둔하였는데, 몇 달 후 병들어 죽었다. 천자는 이광을 다시 불러 우북평의 태수로 임명하였다. 흉노들은 그를 가리켜 '한나라의 비장군'이라 부르며 피하며, 몇 년 동안 우북평에는 감히 침입하지 못했다.[13]

이런 일련의 기록들을 볼 때 전한과 흉노의 전쟁은 초기에 전한이 생각하지 못한 양상으로 흘러갔다. 그중 하나가 전쟁 초기에는 바로 서안의 북쪽에서 전쟁을 벌였는데 이 전선이 동서 방향으로 길게 확대되기 시작한 것이다. 흉노는 그들의 중심지였던 기련산 일대를 전한의 공격으로 잃으면서 군대를 비롯한 전체적인 구도를 다시 짜야 하는 국면을 맞이했다. 이런 상황에서 서역과의 관계는 이전에 비하여 점점 나빠지고 있었기 때문에 동역에 초점을 맞추기 시작한 것이다. 이 지역은 동호 이래로 서역보다는 자연환경이 좋아 흉노의 부족한 부분을 채울 수 있는 곳이기 때문에 흉노뿐만 아니라 전한의 입장에서도 매우 중요한 지역이었다. 이로 인해 계속해서 동역인 상곡, 어양, 요동지역을 공격하게 되었다. 흉노의 이런 정책은 곧 전한의 대외정책에서 큰 영향을 주게 되었다. 그중 동쪽 전선이 형성 되면서 전한은 허를 찔리는 상황이 발생하였다. 이렇게 되자 주력부대를 동쪽으로 이동시키면서 전체적인 전쟁 양상은 새로운 국면을 맞이하게 되었다. 전쟁 초기에는 한나라의 우세였지만 시간이 갈수록 전쟁의 규모가 커졌고, 한나라에서 들이는 군비도 나날이 커져만 갔다. 흉노가 거주하는 지역의 특성상 장기적으로 전한의 군대가 방어하기에는 어려움이 많았다. 그 이유는 흉노가 끝없이 펼쳐지는 초원에 거하고 있었기 때문에 전한 군대의 공격을 받으면 잠시 초원 깊숙이 후퇴하면 그만이었기 때문이다. 흉노군은 후

---

[13] 『資治通鑑』 卷18 「漢紀」10 武帝 元朔 元年
秋, 匈奴二萬騎入漢, 殺遼西太守, 略二千餘人, 圍韓安國壁; 又入漁陽´鴈門, 各殺略千餘人 ˚安國益東徙, 屯北平;數月, 病死˚天子乃復召李廣, 拜為右北平太守˚匈奴號曰「漢之飛將軍」, 避之, 數歲不敢入右北平˚

퇴해도 늘 초원에서 생활하기 때문에 어디를 가든 지낼 수 있었다. 그러나 전한 군대는 그렇지 못하였다. 한나라 군사들은 먼저 밤낮의 심한 기온차에 시달리고 먹거리가 부족한데다가 때때로 초원 멀리에서 달려와 공격하는 흉노의 군대들에 두려움에 떨었을 것이다.14 이렇듯 장기전이 지속되자 국내 재정은 점점 피폐해졌고, 전국에서 원성이 들리자 무제는 군비확충을 위함과 동시에 흉노에게 타격을 입히기 위하여 다른 방법을 강구하기 시작하였다.

## 2. 전한의 대(對) 동역(東域) 전략의 변화

전한은 동북부 지역이 흉노로부터 공격을 받기 시작하자 동역에 대한 전면적인 정책변화가 필요했다. 전한의 동쪽에는 진(秦)나라 때 설치했던 국경선이 있었다. 그런데 전한은 그곳이 멀어 지키기 어렵다고 국경선을 남쪽으로 후퇴시켰고 그 사이는 빈 땅이 되었다.15 이곳에 위만이 자리를 잡고 점점 세력을 키워 기준의 조선까지 병합해 위만조선으로 성장하였다. 이런 위만조선과 전한은 교역을 통해 서로의 이익을 도모하면서 큰 마찰 없이 지내고 있었는데 흉노가 돌연 동쪽으로 진출하면서 새로운 국면을 맞게 된 것이다. 이런 상황이 발생하자 전한은 여기에 대한 신속한 조치를 하기 시작했다. 흉노는 그들 나름대로 많은 고충이 있었을 것이다. 그 고충은 무엇보다도 북으로 가면 갈수록 물이 부족해진다는 점이다. 많은 사람들이 거주하려면 많은 물이 필요할 텐데 물이 점점 고갈되어갔다. 과거 전쟁 전에는 '관시(關市)'라는 무역관계를 형성

---

14  또한 내지에서는 그동안 흉노로부터 값싸게 들여왔던 말, 소, 양들이 공급이 줄면서 경제적으로 어려움을 겪게 되었던 것으로 보인다. 그 이유는 초원에서는 말, 소, 양들이 방목을 하여 생산원가가 거의 들지 않는데, 중국 내지에서는 풀보다는 곡식을 먹여야 했기 때문에 많은 비용이 들어간다. 그렇기 때문에 비용으로 볼 때 짐승 값이 폭등하는 현상이 일어났을 것인데, 이는 당시 경제에 적지 않은 부담이 되었을 것이다.
15  기록에는 '빈 땅'이라고 되어 있는데 사마천의 『사기』에는 위만 이전에 기준이 있었다는 기록을 남긴 것으로 보아 빈 땅은 아니었던 것으로 보인다. 다만 한의 행정력이 미치지 못했다는 것을 말하는 것으로 보인다.

하여 그들이 필요한 물자를 공급받았는데, 악화된 외교관계로 인해 이것이 불가능해졌다. 또한, 과거에는 전한으로부터 물자를 보급 받았지만, 이제 그들과 전쟁을 하고 있기 때문에 식량이나 소금 등을 비롯한 생필품에서부터 쇠붙이 등 전쟁 무기 측면에서도 심각한 타격을 받을 수밖에 없었다. 이런 문제들은 장기간 방치할 수 있는 사안이 아니었다. 흉노 또한 닥친 어려움을 풀고자 전한과 좋지 않은 관계를 가지고 있던 주변세력들과 힘을 합쳐 재기를 도모할 가능성이 충분히 있었다. 여기서 주변 세력들이란 서역과 동방의 세력들인데, 서역은 이미 장건의 집요한 공작으로 흉노와 관계가 좋지 않게 되었고, 오히려 전한과의 관계가 좋아졌다. 그러나 동방은 꼭 그렇지만은 않았는데, 그것은 바로 전한 동쪽의 위만의 후예들 때문이었다. 이 세력들은 전한보다는 동, 서, 북의 세력들과 가까이 지내며 전한을 상대로 무역을 하여 많은 이익을 남겨 강한 나라가 되었다.[16] 더구나 이 나라의 왕조 위만은 본래 전한의 제후국이었던 연나라 왕 노관과 밀접한 관계가 있는 사람이다. 노관이 한 고조에 등을 돌리고, 흉노로 망명한 후[17] 위만은 조선으로 도망하여 들어온 것이다.

### 『사기』 권115 「조선열전」

조선의 왕 만은 원래 연나라 사람이었다. 당초 연은 전성기 때 진번과 조선을 공략하여 귀속시키고는 관리를 두고 변방 요새를 쌓았다. 진이 연을 멸망시키고 요동 바깥 경계에 귀속시켰다. 한이 일어나자 그곳이 멀어 지키기가 어려워서 다시 요동의 옛 요새를 수리하고 패수에 이르러 경계를 정하고 연에 소속시켰다. 연왕 노관이 배반하여 흉노로 들어가자 위만은 망명하여 무리 천여 명을 모아 추결(상

---

[16] 『史記』「朝鮮列傳」이 대표적이다. 한국사에서는 이를 '위만조선'이라 부른다.
[17] 『漢書』卷1「高帝記」下
盧綰與數千人居塞下候伺, 幸上疾愈, 自入謝. 夏四月甲辰, 帝崩于長樂宮. 盧綰聞之, 遂亡入匈奴.
'고조 12년, 노관(盧綰)은 수천 명과 더불어 새(塞) 아래에서 사정을 엿보며, 다행히 황제의 병이 나으면 스스로 들어가 사죄하려 했다. 여름 4월 갑진일, 황제가 장락궁(長樂宮)에서 붕어했다. 노관이 이를 듣고 마침내 달아나 흉노로 들어갔다.'

투를 틀다)을 하고 만이의 옷을 입고는 동쪽 요새를 나와 패수를 건너 진의 옛 비어 있는 지역을 점거하고, 변방을 오가며 점차 진번과 조선의 만이와 옛 연과 제의 망명자들을 복속시켜 그들의 왕이 되어 왕검을 도읍으로 삼았다.[18]

이때가 기원전 195년경이다. 이런 위만조선과 흉노가 힘을 합친다면 전한은 매우 곤혹스러워지는 상황이 된다. 노관과 위만은 다른 지역에서 각각 왕이 되었는데, 공통점은 둘 다 다시 한나라로 돌아가기는 어려운 입장이었다. 기록상으로 볼 때 위만조선과 동호는 지역적으로 가까이 있었던 것으로 보이는데 당시 세력 상으로는 조선보다 흉노 세력이 훨씬 컸을 것으로 보인다. 이런 국제정세 속에 위만은 여러 지역과 무역을 하여 나라가 점점 강해졌고, 흉노 역시 점점 세력이 커져서 기원전 160년경에는 전한도 어쩔 수 없는 세력으로 성장한 것이다.

『사기』 권115 「조선열전」
마침 효혜, 고후 때를 맞이하여 천하가 비로소 안정을 찾자 요동태수는 곧 위만이 외신이 되어 요새 밖의 만이를 보호하고 변경을 침범하지 말 것이며, 만이의 군장들이 들어와 천자를 만나고자 할 때 금지하지 않겠다는 약속을 했다. 이를 보고하니 주상이 허락했고, 이로써 위만은 군대의 위세와 재물을 얻어 가까운 작은 읍들을 침략하여 항복시키니 진번과 임둔이 모두 와서 복속하여 그 땅이 사방 수천 리에 이르렀다. 아들에게 왕위가 전해졌고 손자 우거에게 이르러 유인한 한의 망명자들이 점점 많아졌고 또 들어와 (천자를) 만나지도 않았다. 진번에서 가까운 여러 나라들이 글을 올려 천자를 만나려고 하니 또 막아서 통하지 못했다.[19]

---

18  『史記』卷115「朝鮮列傳」
    朝鮮王滿者, 故燕人也. 自始全燕時嘗略屬眞番, 朝鮮, 爲置吏, 築鄣塞. 秦滅燕, 屬遼東外徼. 漢興, 爲其遠難守, 複修遼東故塞, 至浿水爲界, 屬燕. 燕王盧綰反, 入匈奴, 滿亡命, 聚黨千餘人, 魋結蠻夷服而東走出塞, 渡浿水, 居秦故空地上下鄣, 稍役屬眞番´朝鮮蠻夷及故燕´齊亡命者王之, 都王險.

그러나 흉노는 내부적인 문제와 대외적인 문제가 겹쳐 점차 세력이 약해지고 이를 극복하기 위하여 결국 주변 세력들과 손을 잡게 된 것이다. 이때 흉노는 위만조선으로부터 철이나 소금 등을 공급받아야만 재기할 수 있는 절대 절명의 상황이었을 것이다. 또한 위만조선 역시 점점 커지는 전한의 압박에서 벗어나기 위한 방안으로 흉노와 점차 거리를 좁혀가고 있는 상황으로 보인다. 흉노의 무력으로 전한을 압박해야만이 위만조선 자신도 독자적인 생존이 가능했기 때문이다.

이런 상황 속에서 전한은 2가지 목적을 가지고 위만조선을 공격한다. 첫째는 '흉노의 왼쪽 어깨를 자른다'는 것이고,[20] 둘째는 '주변의 여러 나라들과 무역을 하겠다'는 것이다. 전한의 입장에서는 당시 재정을 담당하던 상홍양이 막대한 전쟁 비용을 감당해야 하는 것과 동시에 소금과 철의 거래를 국가에서 관리하는 전매제도를 시행하여 전한 경제의 근본이 흔들렸다.[21] 그러므로 크든 작든 국가 재정을 확보할 수 있는 원천을 찾아야 했다. 이 두 가지 목적 중에 우선은 흉노의 왼쪽 어깨를 자르는 것이었다. 이런 목표를 세운 전한은 단계적으로 위만조선을 공략하는데 먼저 시행한 것은 위만조선에 대한 분열 정책이었다.

---

19 『史記』 卷115 「朝鮮列傳」
會孝惠ˑ高后時天下初定, 遼東太守即約滿為外臣, 保塞外蠻夷, 無使盜邊;諸蠻夷君長欲入見天子, 勿得 禁 止. 以聞, 上許之, 以故滿得兵威財物侵降其旁小邑, 真番ˑ臨屯皆來服屬, 方數千里. 傳子至孫右渠, 所誘漢亡 人滋多, 又未嘗入見;真番旁眾國欲上書見天子, 又擁閼不通.

20 『漢書』 卷73 「列傳」 第43 韋賢
孝武皇帝愍中國罷勞無安寧之時 乃遣大將軍驃騎伏波樓船之屬 南滅百奧起七郡 北攘匈奴降昆邪十萬之衆置五屬國 起朔方以奪共肥饒之地 東伐朝鮮起玄菟樂浪以斷匈奴之左臂'

21 그전에는 상인들이 자신들의 이익을 위해 철이나 소금을 비싼 가격에 흉노에 공급했을 것이다. 그런데 국가에서 전매라는 제도로 이들 물자를 관리하면서 흉노로 흘러 들어가는 것이 효과적으로 차단되었을 것이다. 이런 정책이 흉노를 와해시키는 데 큰 역할을 하지 않았을까 하는 추측을 해본다.

# Ⅳ. 전한의 위만조선 분열 정책

## 1. 예군(濊君)의 전한 귀속과 창해군(滄海郡) 설치

한편 전한의 대(對) 예군 정책으로 위만조선은 더욱더 전한을 멀리하게 되었을 것이고, 반면 흉노와는 가깝게 지냈을 것이다. 결국 전한의 입장에서 보면 위만조선은 잠재적인 적으로 성장하게 되었다. 무엇보다도 위만조선에서 싸게 공급받을 수 있는 가축들을 쉽게 받을 수가 없는 상황이 된 것이다. 무제 이전에는 국경에 '관시'라는 시장을 열어 흉노와 교역을 했는데 쌍방 간에 전쟁이 나서 이 통로가 막혔다. 결국 북방에서 공급받던 값싼 물자들의 이동이 막혀 차선으로 위만조선을 통해 조달받았을 것인데, 창해군 사건으로 이마저도 어려워졌을 것이다. 위만조선 입장에서 보면 그들이 싼값에 판 말을 비롯한 짐승들이 전한에 들어가면 전쟁물자가 되어 자신들을 공격하는 데 활용되는 것을 보았기 때문에 전처럼 자유롭게 교역을 하지 못하도록 하였을 것이다. 결과적으로 위만조선 자체도 전한과의 교역을 축소 내지는 중단했겠지만 그동안 중계무역 대상 지역이었던 곳들도 역시 전한과의 교역이 매우 어려워졌을 것으로 본다. 그런 상황은 다음과 같은 기록에서 볼 수 있다.

> **『사기』 권115 「조선열전」**
> 
> 아들에게 왕위가 전해졌고 손자 우거에 이르러 유인한 한의 망명자들이 점점 많아졌고 또 들어와 천자를 만나지도 않았다. 진번에서 가까운 여러 나라들이 글을 올려 천자를 만나려고 하니 또 막아서 통하지 못했다.[22]

---

22 『史記』 卷115 「朝鮮列傳」
傳子至孫右渠, 所誘漢亡人滋多, 又未嘗入見;眞番旁衆國欲上書見天子, 又擁閼不通.

이런 기록을 보면 전한과 위만조선의 사이는 매우 좋지 않았던 것을 알 수 있다. 물론 이런 정책은 전한이나 위만조선 두 지역 모두 손해이기는 하나 더 큰 손해는 전한이 보게 된 것이다. 전한은 이런 난국을 풀기 위하여 다시 위만조선과 대화에 나선다. 이런 방식은 장건이 서역을 전한 편으로 끌어들이는 방식과 거의 비슷하다. 이때 동역의 장건 역할을 한 사람은 '섭하'였다. 무제는 섭하를 파견하여 조선을 설득하고자 하였다.

> 『사기』 권115 「조선열전」
> 
> 원봉 2년, 한은 섭하를 통하여 우거를 나무라고 깨우쳐주려고 했으나 끝내 명령을 받들지 않았다. 섭하가 떠나 국경에 이르러 패수를 앞두고는 수레를 끄는 자가 섭하를 호송하던 조선의 비왕 장을 죽였다. 그리고는 바로 (패수를) 건넌 다음 말을 달려서 요새로 들어가서는 돌아가 천자에게 "조선의 장수를 죽였습니다"라고 보고했다. 주상은 그 명분 때문에 꾸짖지 않고 섭하를 요동의 동부도위로 임명했다. 조선이 섭하를 원망해 군사를 일으켜 섭하를 습격하여 죽였다.[23]

그러나 섭하는 우거를 설득하는 데 실패하였고, 돌아가는 길에 그를 경호하던 조선의 관리를 죽이고 난 후 무제에게 자신이 조선의 장수를 죽였다고 보고한 것이다. 즉 섭하는 외교에서 실패하자 그 실패를 무마하기 위하여 엉뚱한 사람을 죽인 것이다. 이런 상황에서 무제는 섭하를 요동의 동부도위에 임명했다. 우거는 섭하의 만행을 보복하기 위해 군사를 이끌고 요동을 공격한다. 전한의 외교적 노력을 통한 위만조선과의 관계 개선은 결국 실패로 끝난 것이다. 전한은 외교를 통한 문제해결이 불가능함을 깨닫고, 위만조선과의 전쟁을

---

[23] 『史記』卷115 「朝鮮列傳」
元封二年 漢使涉何譙諭右渠 終不肯奉詔 何去至界上 臨浿水 使御刺殺送何者朝鮮裨王長 即渡 馳入塞 遂歸報天子曰 「殺朝鮮將」 上為其名美 即不詰 拜何為遼東東部都尉 朝鮮怨何 發兵襲攻殺何

준비한다. 그러나 당시 전한에는 군사가 부족했고, 이로 인해 전쟁 경험이 없는 죄수들을 불러 모았다.[24] 천자는 죄인을 모아 조선을 공격했다. 그해 가을, 누선장군 양복을 파견해 제에서 출발해 발해를 건너게 하고, 병사 5만의 좌장군 순체는 요동을 나와 우거를 공격했다. 우거는 군대를 징발하여 험한 곳에서 맞섰다.

결국 이 전쟁은 묘한 결과를 낳았는데 전한에서는 전쟁 공신이 없고, 전쟁 실패자들에 대한 책임만 있었다.[25] 그런데 어이없게도 위만조선은 무너졌고, 이 지역에 전한의 3군이 설치된 것이다. 그 이듬해 전한은 다시 북쪽으로 진격하여 맥지역으로 추정되는 지역을 점령하여 현도군을 설치하였는데 이 현도군에 고구려현이 속하도록 하였다고 한다.

### 『후한서』 권115 「동이열전」75 '고구려'

무제는 조선을 멸망시키고 고구려를 현으로 만들어서 현도에 속하게 하였으며, 북과 관악기와 악공을 하사하였다.[26]

---

24  동서고금을 막론하고 전쟁에 죄수들을 참전시키는 예는 얼마든지 볼 수 있다. 그러나 이렇게 전체 전쟁에 참여하는 대규모의 군대를 죄수로 구성하는 것은 전한 내부에 심각한 문제가 있다는 것을 말해주는 것이다. 그것은 바로 당시 전한의 능력으로는 이제 정규군을 투입할 수 없는 상황이 되었다는 것인데, 가장 큰 문제는 재정문제였을 것이다. 전한은 이미 재정적으로 내부에서 곪아 내리고 있었다. 기원전 110년 재정문제를 총괄하는 상홍양을 삶아 죽여야 한다는 보고까지 있었을 정도로 국가 재정은 점점 어려워지고 있었다. 둘째는 정규군은 이미 대흉노 전선에 투입되어 있기 때문에 부랴부랴 긁어모을 수 있는 것은 죄수들밖에 없었기 때문이 아닌가 한다. 이런 급한 사정은 무엇보다도 이미 위씨조선이 전한을 공격하였기 때문에 이를 방어해야 하는 상황이 된 것이다. 만약 전쟁이 커져서 위씨조선과 흉노가 연합하여 공격을 한다면 전한으로서는 더욱더 감당하기 어려운 상황이 되기 때문이다.
25  우리가 흔히 알고 있는 사마천의 『사기』 「조선열전」은 고조선의 역사를 기록한 것이 아니라 전한이 외교전의 실패로 인한 전쟁의 발발, 그리고 전쟁에 참여한 장수들이 황제의 말을 어기고 전쟁에서 실패한 것에 대한 징벌 기록인 것이다. 그러므로 이 기록은 한국사의 고조선 연구에 참고로 쓸 수 있을 뿐이지 골격으로 생각하면 절대 안 된다.
26  『後漢書』 卷115 「東夷列傳」75 '高句麗'
    武帝滅朝鮮, 以高句驪爲縣, 使屬玄菟, 賜鼓吹伎人.

이 기록을 보면 아마도 기원전 108년 3군을 설치할 때 이 3군 중 북부지역에 있었던 지역에 고구려현을 설치하고, 그 이듬해 현도군이 설치되자 이 고구려현을 현도군으로 이관한 것으로 보인다. 이렇게 3년 동안의 전쟁을 거쳐서 전한의 4군이 설치되면서[27] 동역을 전한의 판도 속에 넣고 다시 흉노와 전쟁을 진행하게 되었다. 전한은 위만조선을 무너뜨려 전쟁에 필요한 물자를 다시 싼값에 공급받을 수 있게 되었고, 이를 통해 전한의 경제를 안정시킬 수 있었다. 결국 전한은 위만조선을 무너뜨림으로써 흉노와의 전쟁에서 유리한 입지를 점하고, 흉노와의 관계를 자신들의 의도대로 하기 위한 발판을 마련한 것이다.

---

[27] 조법종, 「衛滿朝鮮의 崩壞時點과 王險城·樂浪郡의 位置」, 『韓國史硏究』110, 한국사연구회, 2000.

# V. 흉노의 위치와 위만조선의 위치

지금까지 우리는 전한이 왜 4군을 설치했는가에 대한 배경을 알아보았다. 그렇다면 지금부터는 전한4군의 위치를 확인해 봐야 하는데, 우리는 이러한 과정에 앞서 위만조선의 위치가 흉노와 서로 연결될 수 있어야 하는 점을 전제조건으로 삼아야 할 것이다.

## 1. 현재 학계가 인식하는 위만의 위치

현재 학계가 인식하고 있는 위만조선의 위치는 위만조선이 한국 내부에 있고, 그 서쪽에 한나라 요동군 세력이 있고, 다시 서쪽에 흉노가 자리하는 구도이다.[28] 이 구도를 지도로 표현해 보면 옆의 지도와 같다(그림 3).[29]

이 지도를 보면 위만조선과 흉노 사이에 한나라 세력이 있는데 과연 이 두 나라가 힘을 뭉칠 수 있었

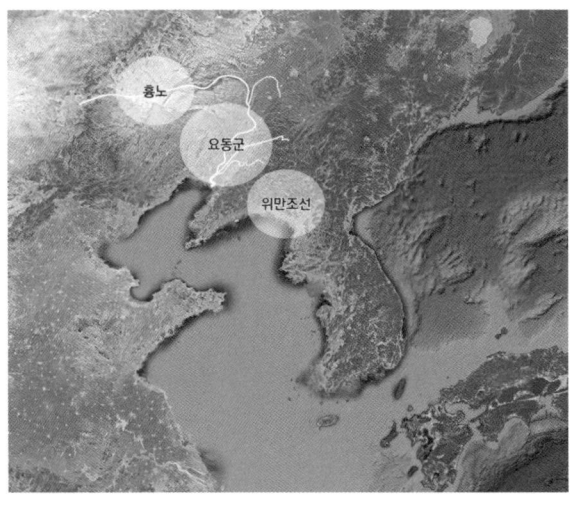

〈그림 3〉 기원전 2~1세기 동북아시아 역사 인식 지도(현행 다수설)

---

[28] 현재 한국, 일본, 중국 학계 대다수가 이런 구도로 인식하고 있기 때문에 조목조목 구체적인 설명은 하지 않는다.
[29] 그러나 이와 반대되는 견해도 있는데, 이 견해들은 대부분 현재 중국 하북성 동북부 지역과 요녕성 서부 지역으로 보고 있다.

을지 의문이 제기된다. 즉, 흉노와 위만조선이 힘을 합치고 무역을 진행하려면 자유로운 왕래가 가능해야 하는데, 중간에 전한의 요동군이 있게 된다면 이것이 불가능하기 때문이다. 위와 같은 형세에서 위만조선이 흉노의 '왼쪽 어깨'가 될 수 있을까 하는 의문이 든다. 이와 같은 관점으로 부여가 낙랑을 공격하는 기록을 함께 살펴보자.

> 『후한서』 권115, 「동이열전」 75 '부여전'
> 안제 영초 5년(서기 111)에 이르러 부여 왕이 드디어 보병과 기병 7~8천 명을 거느리고 낙랑을 치고 백성들을 살상하였다.[30]

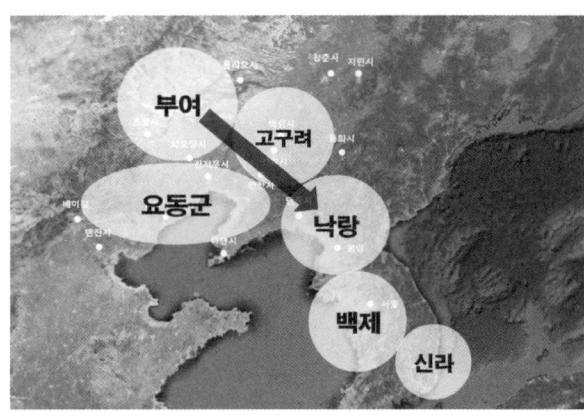

〈그림 4〉 기원전 2~1세기 동북아시아 역사 인식 지도(현행 다수설)

위 기록은 후한 때의 정황으로, 부여가 낙랑을 공격했다는 것이다. 통상적으로 우리는 부여의 남쪽에 고구려가 있는 것으로 이해하고 있다. 그렇다면 부여와 낙랑 사이의 고구려로 인해 부여와 낙랑이 직접 접촉하는 일이 없어 사이가 나쁘지 않았을 것이며, 만약 부여가 낙랑을 공격하려면 고구려를 가로질러 공격해야 한다. 과연 이러한 정황이 가능할 것인가에 대해서는 큰 의문이 든다(그림 4 참조).

---

30 　『後漢書』 卷115 「東夷列傳」 75 '夫餘傳'
　　至安帝永初 五年 夫餘王始將步騎七八千人寇鈔樂浪 殺傷吏民.

## 2. 문헌 기록상의 흉노 위치

여기서 우리는 전한이 위만조선을 공격한 이유가 흉노의 '왼쪽 어깨'가 될 것을 사전에 방지하기 위한 것임과 동시에 다른 나라와의 직접 교역을 위한 조치였음을 상기해야 한다. 즉, 흉노와 위만조선은 아주 가깝거나 혹은 붙어있어야 한다. 그래야 어깨가 되든 팔이 되든 할 것이다. 그렇다면 먼저 흉노의 위치를 확인해 봐야 한다. 왜냐하면 위만의 위치에 대해서는 이견이 있으므로 별 이견이 없는 흉노의 위치를 확인하는 것이 더 신뢰성이 크기 때문이다. 흉노의 위치에 대한 기록을 검토해 보도록 하자.

흉노의 기록은 여러 가지가 있으나 가장 이른 것은 사마천 『사기』의 「흉노열전」이다. 이 기록에는 흉노의 기원부터 시작하여 한 고조 유방이 백등산에서 포위되었던 사실, 전한과의 전쟁 기록 등이 자세히 실려 있다. 이 기록에 흉노와 동호와의 관계도 실려 있다.

『사기』 권50 「흉노열전」

그러나 이때도 묵돌은 이렇게 말했다. "남과 나라를 이웃하고 있으면서 어떻게 여자 하나를 아낄 수 있겠는가?" 그리고 드디어 총애하던 여인 한 사람을 골라 동호에게 보내주었다. 동호는 더욱 교만해져서 서쪽으로 흉노의 변경을 침범해 왔다. 당시 동호와 흉노 사이에는 1천여 리에 걸쳐 아무도 살고 있지 않는 황무지가 버려져 있었다. 쌍방은 각각 자기들의 변경의 지형에 따라서 그곳에 수비초소를 세워놓고 있었다.[31]

---

31   『史記』 卷50 「匈奴列傳」
乃使使謂冒頓, 欲得單於一閼氏. 冒頓復問左右, 左右皆怒曰:「東胡無道, 乃求閼氏請擊之.」冒頓曰:「柰何與人鄰國愛一女子乎」遂取所愛閼氏予東胡. 東胡王愈益驕, 西侵. 與匈奴閒, 中有棄地, 莫居, 千餘里, 各居其邊為甌脫.

이 기록을 보면 흉노의 중심지와 동호의 거리가 천 리라는 것이다. 이는 매우 중요한 기록이다. 흉노와 동호와의 관계는 표면적으로 동호의 우위 속에 있는 것으로 보였다. 앞서 본 바와 같이 동호는 계속하여 흉노에게 자존심 상하는 부탁을 하고 있고 동시에 흉노는 동호의 부탁을 계속 들어주고 있는 것을 볼 수 있다. 동호는 말과, 여인을 넘어서서 흉노의 땅까지 요구하는 지경에 이르렀다.

#### 『사기』 권50 「흉노열전」

동호는 또다시 사자를 보내 묵돌에게 이렇게 전했다. "흉노와 우리가 경계하고 있는 수비초소 이외의 황무지는 흉노로서는 어차피 소용없는 땅이니, 우리가 갖도록 하겠소!" 묵돌은 이 문제에 대해 좌우의 대신들에게 또다시 의견을 물었다. 그러자 몇 사람이 이렇게 말했다. "그 땅은 어차피 버려진 황무지입니다. 주어도 좋고 안 주어도 좋을 것 같습니다." 그러자 묵돌은 대노하여 이렇게 말했다. "땅은 나라의 근본이다. 어떻게 그들에게 넘겨줄 수 있단 말인가?" 그러고는 주어도 좋다고 한 자들을 모조리 참수했다. 묵돌은 그 즉시 말에 올라 나라 안에 다음과 같은 명령을 내렸다. "이번 출전에서 도망가는 자는 그 자리에 즉시 죽이겠다." 그리고 마침내 동쪽으로 동호를 습격했다. 동호는 처음부터 묵돌을 얕잡아보고 있어서 흉노에 대한 방비를 거의 하지 않았다. 묵돌이 군사를 이끌고 습격해 순식간에 동호의 군사를 격파하고 그 왕을 잡아 죽였으며 백성들과 가축을 빼앗았다. 그리고 본국으로 개선한 묵돌은 이번에는 서쪽의 월지국을 공격하여 격파시키고, 남쪽으로 누번왕, 백양하남왕 등의 영토를 병탄했다.[32]

---

32  『史記』 卷50 「匈奴列傳」
東胡使使謂冒頓曰「匈奴所與我界甌脫外棄地, 匈奴非能至也, 吾欲有之.」冒頓問群臣, 群臣或曰「此棄地, 予之亦可, 勿予亦可.」於是冒頓大怒曰「地者, 國之本也, 奈何予之」諸言予之者, 皆斬之. 冒頓上馬, 令國中有後者斬, 遂東襲擊東胡. 東胡初輕冒頓, 不爲備. 及冒頓以兵至, 擊, 大破滅東胡王, 而虜其民人及畜産. 既歸, 西擊走月氏, 南幷樓煩白羊河南王.

이 기록에서 본 바와 같이 흉노 왕은 동호를 습격하여 그 땅을 빼앗고 그 자리에 흉노 좌현왕을 두었다. 뿐만 아니라 그 여세를 몰아 서로는 월지, 남으로는 누번, 백양하까지 모두 공격하여 진 나라 때 빼앗긴 모든 땅을 되찾았다. 이 결과들은 다시 한 번 흉노를 북방의 패자로 만들었다. 여기서 중요한 것은 동호의 위치가 어딘가 하는 것이다. 이는 동호가 묵돌에게 정벌되어 흉노의 좌현이 되었으므로, 동호의 위치가 곧 흉노의 좌현이 되기 때문이다.

중국학계에서 동호의 위치에 대하여 많은 연구가 있는 것은 아니지만 과거 몇 가지 설이 있었다. 1950년대 말부터 60년대까지 흉노 또는 동호의 동변은 지금의 요녕성 서부와 길림성 중부지역까지 이른다는 견해도 있었다. 이는 순수한 고고학적인 견해였다. 그러나 그런 견해는 문헌과 고고학적인 비교연구를 통하여 근거가 없는 것으로 결론이 났다.[33] 그 뒤로 앞서 말한 길림성 지역과 요녕성 지역의 기원전 3세기 이전의 유적, 유물들은 산융이나 동호의 것이 될 수 없다는 것과 문헌 기록상 고조선 진번계라는 견해가 제기되면서 점차 정설로 굳어졌고, 현재는 조선, 진번계는 아니더라도 동이의 것이라는 견해들이 제기되고 있는 상황이다. 이런 설들을 종합해보면 현재는 요녕성 서부지역은 동호가 아니라는 결론은 거의 대다수 학자들이 동의하고 있다. 이들을 종합해 볼 때

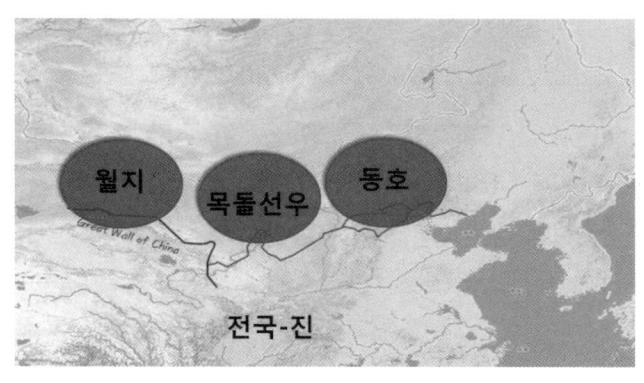

〈그림 5〉 흉노와 동쪽 지역의 관계도(전국 진 시기)

---

[33] 1960년대까지는 조양 십이대영자 무덤도 동호의 것이라는 주장이 제기되고 있었다. 그렇다면 이 지역도 흉노 지역이 되어야 하는 것이다.

동호 지역은 오늘날 내몽고 적봉 지역이라는 것이 일반적인 견해이다.[34] 또한 최근에 고고학 발굴에서 동호의 연대와 문화 특징이 나타난 유적들이 확인되었는데 이 발굴 담당자들 역시 동호로 보고 있다(그림 5 참조).[35]

그렇다면 적봉 지역에서 흉노까지의 거리에 천 리의 공터가 있다고 하였는데 여기에 대해 분석해 볼 필요가 있다. 필자는 적봉에서 서쪽으로 호화호특을 넘고 오르도스를 통과하여 감숙성과 영하 회족자치구까지 답사한 적이 있었다. 이 답사를 통해 내몽고 적봉시 극십극등기의 서쪽으로 내몽고 중부지역인 집녕까지의 사이는 반사막지대가 이어져 있으며, 주로 풀밭이고 이 지역을 흐르는 물이 없어 사람이 살기가 어려운 지역이라는 것을 알 수 있었다. 필자의 답사뿐만 아니라 내몽고에서 조사한 문물지도에도 이 구역 내에서는 고대 유적들이 아주 적게 발견되는 것을 볼 수 있다. 이 지역은 말 그대로 공지였을 가능성이 높았을 것으로 보아 『사기』의 기록과 일치한다고 볼 수 있다. 즉, 묵돌 흉노의 세력 위치가 현재 내몽고 중부지역이었을 것이라는 것도 추측이 가능해진다. 그렇다면 이 두 지역은 바로 흉노의 영역 내에 있어야 하는 것인데, 요동군의 위치가 동쪽인 것을 감안하면, 현재 내몽고 적봉시 남쪽으로 보는 것이 타당한 것이다.

앞에서 「흉노열전」에 기록된 묵돌 흉노 시기의 흉노 영역은 흉노의 경영을 위한 필요에 따라 세 곳으로 나뉘었는데, 중심 세력은 바로 중원(中原)으로 나갈 수 있는 현재 내몽고 중부지역에 위치하고, 동쪽은 동호의 옛 땅인 적봉 지역을 중심으로 하고, 서쪽은 역시 내몽고 서쪽 지역인 감숙성 북부지역에 중심을 둔 것으로 보인다. 앞서 설명했듯이 흉노의 동쪽은 과거 동호의 땅이었으

---

34  林澐. 복기대 역, 『北方考古學論叢』, 學研文化史, 2013.
35  內蒙古自治區文物考古研究所·吉林大學邊疆考古研究中心·王立新·塔拉·朱永剛, 『林西井溝子-晚期青銅器時代墓地的發掘與綜合研究』, 科學出版社, 2010.

며, 필자가 설명한대로 그 지역은 현재 내몽고 적봉 지역으로 추정이 가능하다. 이 영역을 근거로 흉노의 동쪽 관계를 확인해봐야 할 것이다. 흉노의 동쪽에 관한 기록은 다음과 같이 남아 있다.

> **『사기』 권50 「흉노열전」**
> 모든 좌방의 왕들과 장수들은 동쪽에 거주하고 상곡군에서부터 동쪽으로 예맥과 조선과 국경을 맞대고 있었다.[36]

이 고증을 토대로 조선과 흉노의 국경을 확인해 볼 필요가 있는데, 흉노는 동쪽으로 조선과 예맥과 국경을 접하고 있다고 하였다. 이 기록대로라면 흉노와 조선은 바로 붙어있어야 하고, 흉노의 동쪽이 적봉이라면 조선은 적봉과 붙어있어야 하는 지역이 되는데, 그렇다면 바로 현재 중국 요녕성 서남부지역이 되는 것이다. 동시에 예맥과 붙어있다는 기록을 남겨 놓고 있는데, 이 기록으로 볼 때 예맥은 조선의 북쪽에 위치해야 하는 것이다. 왜냐하면 동쪽으로 예맥과 조선과 같이 이어져 있기 때문이다(그림 6 참조). 또한, 흉노가 요새 안의 요동군 지역을 공격한 것으로 보면 요동군은 장성 안에 있어야 하는데, 이 요동군은 바로 현재 중국 하북성 동북부가 될 가능

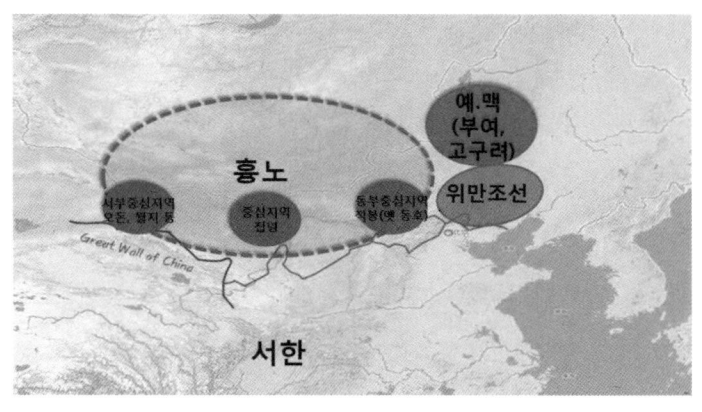

〈그림 6〉 흉노와 동쪽 지역의 관계도(전한 시기)

---

36  『史記』卷50「匈奴列傳」
   諸左方王將居東方, 直上谷以往者, 東接穢貉´朝鮮

성이 높다. 그렇다면 위만조선의 국경은 북으로는 예맥과 서쪽으로는 흉노, 그리고 남으로는 요동군이 되는 것이다. 〈그림 6〉의 내용과 같이, 위만조선의 위치는 현재 중국 요녕성 서남부지역으로 비정한 뒤에 다음의 문제를 풀어가야 한다. 앞서 설명한 바대로 전한이 위만조선을 공격한 가장 큰 이유는 흉노의 왼쪽 어깨가 될 수 있다는 위험성을 배제하기 위해서였다. 이러한 내용은 곧 흉노와 위만조선이 서로 자연스럽게 왕래할 수 있도록 서로 인접해서 위치했음을 말해준다. 또한, 흉노 동부지역의 '동호왕'이었던 노관은 위만과 마찬가지로 전한의 연나라에서 도망온 사이였으므로 여러 가지로 동질성을 느낄 수 있었을 것이며, 이를 바탕으로 철저한 연맹을 구축할 수 있었을 가능성이 있다. 뿐만 아니라 위만조선은 전한에게 받은 물자들을 흉노에게 팔아서 큰 이득을 취할 수 있고, 흉노의 물건을 전한에게 팔아서 이득을 취하는 중계 무역을 할 수 있는 위치에 있었다.

# Ⅵ. 문헌 기록상의 낙랑군 위치

위에서 한4군의 설치 배경에 대하여 구체적으로 분석을 해보았다. 그렇다면 전한4군이 설치되었을 당시 문헌 기록은 어떻게 되어 있는지 확인해 볼 필요가 있다. 〈〈표1〉〉의 기록은 전한의 4군이 설치되었을 당시의 기록인 『사기』와 『한서』의 기록이다.

〈〈표1〉〉 『사기』와 『한서』의 한4군 기록

| | 列國分野 | |
|---|---|---|
| 『史記』 | … 燕地尾´箕之分野. 召公封於燕, 後三十六世與六國俱稱王.東有漁陽´右北平´遼西´遼東; 西有上谷´代郡´鴈門;南有涿郡之易´容城´范陽;北有新成´故安´涿縣´良鄕´新昌及渤海之安次, 樂浪´玄菟亦宜屬焉. … | 연의 땅은 미성과 기성의 분야이다. 무왕이 은을 평정하고 소공을 연에 봉하였다. 그 후 36세가 되어 6국과 더불어 모두 왕을 칭하였다. 동으로 어양, 우북평, 요서, 요동이 있고, 서로는 상곡, 대군, 안문이 있으며, 남으로 탁군의 역, 용성, 범양을 얻고, 북으로 신성, 고안, 탁현, 양향, 신창 및 발해의 안차를 얻는데, 모두 연의 부분이다. 낙랑, 현토도 마땅히 속한다. |
| 『漢書』 | 卷6 「武帝紀」 第6 | |
| | 夏, 朝鮮斬其王右渠降, 以其地爲樂浪´臨屯´玄菟´眞番郡. | 여름, 조선이 그 왕 우거를 베고 항복했기에 그 땅을 낙랑, 임둔, 현토, 진번군으로 삼았다 |
| | 卷26 「天文志」 第6 | |
| | 元封中, 星孛于河戍. 占曰:「南戍爲越門, 北戍爲胡門」 其後漢兵擊拔朝鮮, 以爲樂浪´玄菟郡. 朝鮮在海中, 越之象也; 居北方, 胡之域也. | 원봉 연간에 살별이 하수에 나타났다. 점을 보니 "남으로는 월문을 지키고, 북으로는 호문을 지켜라." 하였다. 그 후 한나라 병사가 조선을 공략하여 낙랑·현토군으로 삼았다. 조선은 바다 가운데 있어서 월의 모양이며, 북방에 거하니 호의 지역이다. |

| | 卷28下「地理志」第8下 | |
|---|---|---|
| | 樂浪郡[武帝元封三年開. 莽曰樂鮮. 屬幽州]. 戶六萬二千八百一十二, 口四十萬六千七百四十八.[有雲鄣]. 縣二十五: 朝鮮, 訥邯, 浿水[水西至增地入海, 莽曰樂鮮亭], 含資[帶水西至帶方入海], 黏蟬, 遂成, 增地[莽曰增土], 帶方, 駟望, 海冥[莽曰海桓], 列口, 長岑, 屯有, 昭明[南部都尉治], 鏤方, 提奚, 渾彌, 吞列, [分黎山, 列水所出, 西至黏蟬入海, 行八百二十里], 東暆, 不而[東部都尉治], 蠶台, 華麗, 邪頭昧, 前莫, 夫租. | 낙랑군[한무제 원봉 3년에 설치하였다. 왕망은 '낙선'이라고 하였다. 유주에 속한다.] 62,812호, 46,748명이다. [운장이 있다.] 25현으로 조선, 남한, 패수[물은 서쪽으로 증의 땅에 이르러 바다로 들어간다. 왕망은 '낙선정'이라 하였다.], 함자[대수는 서쪽으로 대방에 이르러 바다로 들어간다.], 점선, 수성, 증지[왕망은 증토라 하였다.], 대방, 사망, 해명[왕망은 해환이라고하였다.], 열구, 장잠, 둔유, 소명[남부도위의 치소이다.], 누방, 제계, 혼미, 탄열[려산을 나누며, 열수가 나오는 곳이다. 서쪽으로 점선에 이르러 바다로 들어가며 820리를 흐른다.], 동이, 불이[동부도위의 치소이다.], 잠대, 화려, 사두매, 전막, 부조이다. |
| 『漢書』 | 卷28下「地理志」第8下 | |
| | 燕地, 尾´箕分野也. 武王定殷, 封召公於燕, 其後三十六世與六國俱稱王. 東有漁陽´右北平´遼西, 遼東, 西有上谷´代郡´雁門, 南得涿郡之易´容城´范陽´北新城´故安´涿縣´良郷´新昌, 及勃海之安次, 皆燕分也. 樂浪´玄菟, 亦宜屬焉. | 연의 땅은 미성과 기성의 분야이다. 무왕이 은을 평정하고 소공을 연에 봉하였다. 그 후 36세가 되어 6국과 더불어 모두 왕을 칭하였다. 동으로 어양, 우북평, 요서, 요동이 있고, 서로는 상곡, 대군, 안문이 있으며, 남으로 탁군의 역, 용성, 범양을 얻고, 북으로 신성, 고안, 탁현, 양향, 신창 및 발해의 안차를 얻는데, 모두 연의 부분이다. 낙랑, 현도도 마땅히 속한다. |
| | 卷28下「地理志」第8下 | |
| | 玄菟´樂浪, 武帝時置, 皆朝鮮´濊貉´句驪蠻夷. 樂浪海中有倭人, 分爲百餘國, 以歲時來獻見云. | 현토, 낙랑은 무제 때 설치되었는데, 모두 조선, 예맥, (고)구려의 만이이다. … 낙랑의 해중에 왜인이 있어 나뉘어 백여 국으로 때마다 와서 헌견하였다고 한다. |

| | | |
|---|---|---|
| | 卷64下「列傳」'嚴朱吾 丘主 父徐 嚴終 王賈傳 | |
| | 都內之錢貫朽而不可.乃探平城之事,錄冒頓以來數爲邊害,籍兵厲馬,因富民以攘服之,西連諸國至于安息,東過碣石以玄菟'樂浪爲郡,卻匈奴萬里,更起營塞,制南海以爲八郡. | 도회 내부의 세금이 썩어 문드러져서 불가능하니, 이에 평성의 것을 탐색하여, 제멋대로 기록하고, 정돈하여 와서, 자주 변방의 폐해가 되었다. 군사를 등록하고 말을 단련 시켰으며, 인민을 부유하게 하기 위하여 침략 정복하였다. 서쪽으로 여러나라에 연접하였고, 안식에까지 이르렀으며, 동쪽으로 갈석을 넘어, 현도·낙랑을 군으로 삼았다. 흉노를 만 리까지 물리쳤으며 다시 군영 요새를 세웠다. 남해를 제압 하여 8군으로 삼았다. |
| 『漢書』 | 卷73 韋賢傳 第43 | |
| | 孝武皇帝愍中國罷勞無安寧之時,乃遣大將軍'驃騎'伏波 樓船之屬,南滅百粤,起七郡; | 효무황제는 나라 안이 피로하여 편안할 때가 없음을 걱정하고, 이에 대장군·표기·복파·누선 등속을 파견하여, 남쪽으로 백월을 멸망시키고, 7군을 일으켰다. |
| | 卷73 韋賢傳 第43 | |
| | 北攘匈奴,降昆邪十萬之眾,置五屬國,起朔方,以奪其肥饒之地;東伐朝鮮,起玄菟'樂浪,以斷匈奴之左臂; | 북쪽으로는 흉노를 물리치고, 곤사 10만의 무리를 항복시켰으며, 다섯개의 종속국을 설치하고, 삭방을 일으켜 그 비옥한 토지를 탈취하였다. 동쪽으로는 조선을 정벌하고, 현도·낙랑을 일으켜서, 흉노의 왼쪽 팔을 단절하였다. |
| | 卷26「天文志」第6 | |
| | 元封中,星孛于河戌. 占曰:「南戌爲越門, 北戌爲胡門.」其後漢兵擊拔朝鮮, 以爲樂浪'玄菟郡. 朝鮮在海中, 越之象也;居北方, 胡之域也. | 원봉 중에, 혜성이 하술에 들어갔다. 점괘에서 말하기를, 남쪽으로 수비하여 월문으로 삼고, 북쪽으로 수비하여 호문으로 삼으라고 하였다. 그 뒤 한나라 군대가 조선을 공략하여, 낙랑·현토군으로 삼았다. 조선이 바다 가운데 존재하니, 월의 상징이고, 북방에 거처하는 것은 호의 영역이다 |

| 卷28下「地理志」第8下 | |
|---|---|
| 燕地, 尾´箕分野也. 武王定殷, 封召公於燕, 其後三十六世與六國俱稱王, 東有漁陽´右北平´遼西, 遼東, 西有上谷´代郡´雁門, 南得涿郡之易´容城´范陽´北新城´故安´涿縣´良鄉´新昌, 及勃海之安次, 皆燕分也. 樂浪´玄菟, 亦宜屬焉. | 연의 땅은 미성과 기성의 분야이다. 무왕이 은을 평정하고 소공을 연에 봉하였다. 그 후 36세가 되어 6국과 더불어 모두 왕을 정하였다. 동으로 어양, 우북평, 요서, 요동이 있고, 서로는 상곡, 대군, 안문이 있으며, 남으로 탁군의 역, 용성, 범양을 얻고, 북으로 신성, 고안, 탁현, 양향, 신창 및 발해의 안차를 얻는데, 모두 연의 부분이다. 낙랑, 현도도 마땅히 속한다. |
| 卷99中 ‘王莽傳’ | |
| 其東出者,至玄菟´樂浪´高句驪´夫餘 | 그 동쪽으로 출동한 자는 현도·낙랑·고구려·부여에 도착하였다. |

위의 기록을 볼 때 한4군의 위치는 앞에서 고증한 흉노의 서쪽과 붙어있는 것을 볼 수 있다. 그렇다면 흉노의 동쪽에 서한4군이 있다는 결론이 나오게 되는 것이다. 다음 기록은 서한4군이 통폐합되고, 낙랑군과 현도군이 남아 있을 때의 상황이다.

〈〈표2〉〉 『진서』의 낙랑군, 현토군 기록

| 『晉書』 | |
|---|---|
| 卷11「志」第1 ‘天文’上 | |
| … 尾´箕, 燕, 幽州:涼州入箕中十度,上谷入尾一度,漁陽入尾三度,右北平入尾七度, 西河´上郡´北地´遼西東入尾十度, 涿邵入尾十六度, 渤海入箕一度, 樂浪入箕三度, 玄菟入箕六度, 廣陽入箕九度. | … 미·기·연·유주 : 양주는 기 가운데 10도 들어갔고, 상곡은 미에 1도 들어갔으며, 어양은 미에 3도 들어갔고, 우북평은 미에 7도 들어갔으며, 서하·상군·북지·요서동은 미에 10도 들어갔고, 탁소는 미에 16도 들어갔으며, 발해는 기에 1도 들어갔고, 낙랑은 기에 3도 들어갔으며, 현토는 기에 3도 들어갔고, 광양은 기에 9도 들어갔다. |

卷14「志」第4 地理 上

| | |
|---|---|
| 幽州. 案禹貢冀州之域, 舜置十二牧, 則其一也. 周禮:「東北日幽州.」春秋元命包云:「箕星散爲幽州,分爲燕國.」言北方太陰故以幽冥爲號 武王定殷封召公於燕,其後與六國俱稱王. 及秦滅燕,以爲漁陽´上谷´右北平´遼西´遼東五郡, 漢高祖分上谷置涿郡. 武帝置十三州, 幽州依舊名不改. 其後開東邊, 置玄菟´樂浪等郡, 亦皆屬焉. | 유주는, 우공 기주의 강역을 경계로 한다. 순이 12목을 설치하였으니, 그 하나이다. 주례에, 동북을 유주라고 한다고 하였고, 춘추 원명포에서 이르기를, 기성은 흩어져 유주가 되고, 나누어져 연국이 된다고 하였다. 북방이 태음이므로 유명으로써 칭호를 삼았음을 말한 것이다. 무왕이 은을 정벌하고, 소공을 연에 책봉하였다. 그 뒤 6국이 더불어 함께 왕을 호칭하였다. 진이 연을 멸망시킴에 미쳐, 그것으로써 어양·상곡·우북평·요서·요동 5군으로 삼았다. 한 고조가 상곡을 분할하여 탁군을 설치하였고, 무제가 13주를 설치하였는데, 유주는 예전 명칭에 근거하여 개정하지 않았다. 그 뒤에 동쪽 변방을 개척하고, 현도·낙랑 등 군을 설치하였으며, 역시 모두 소속시켰다. |

卷14「志」第4 地理 上

| | |
|---|---|
| 平州. 案禹貢冀州之域, 於周爲幽州界, 漢屬右北平郡. 後漢末,公孫度自號平州牧. 及其子康´康子文懿並擅據遼東, 東夷九種皆服事焉. 魏置東夷校尉, 居襄平, 而分遼東´昌黎´玄菟´帶方´樂浪五郡爲平州, 後還合爲幽州. 及文懿滅後, 有護東夷校尉, 居襄平. 咸寧二年十月, 分昌黎´遼東´玄菟´帶方´樂浪等郡國五置平州. 統縣二十六, 戶一萬八千一百. | 평주는, 우공 기주의 강역을 경계로 한다. 주에서 유주 경계가 되었고, 한에서 우북평군에 소속시켰으며, 후한 말에 공손도가 스스로 평주목이라고 호칭하였다. 그 아들 강, 강의 아들 문의에 미쳐 아울러 요동을 제멋대로 점거하니, 동이 9종족이 모두 복종하고 섬겼다. 위가 동이교위를 설치하여, 양평에 처하였는데, 요동·창려·현도·대방·낙랑 5군을 분할하여 평주로 삼았다. 다시 통합하여 유주로 삼았다. 문의가 멸망한 뒤에, 호동이교위가 있었는데, 양평에 거처하였다. 함령 2년 10월에, 창려·요동·현도·대방·낙랑 등 군국 다섯을 분할하여 평주를 설치하였는데, 통할하는 현이 26이고, 호가 18,100이었다. |

卷14「志」第4 地理 上

| | |
|---|---|
| 襄平[東夷校尉所居] 汶 居就 樂就 安市 西安平 新昌 力城 樂浪郡[漢置 統縣六 戶三千七百] | 양평[동이교위가 거처하는 곳이다.]·문·거취·낙취·안시·서안평·신창·역성<br>낙랑군[한이 설치하였다. 통할 현이 6, 호가 3700이다.] |

《표3》『위서』의 낙랑군 기록

| 『魏書』 ||
|---|---|
| 卷4上「世祖紀」第4上 ||
| 詔平東將軍賀多羅攻文通帶方太守慕容玄於猴固,撫軍大將軍'永昌王健攻建德,驃騎大將軍'樂平王丕攻冀陽,皆拔之,虜獲生口,班賜將士各有差.九月乙卯,車駕西還,徙營丘'成周'遼東'樂浪'帶方'玄菟六郡民三萬家於幽州,開倉以賑之. | 조서로, 평동장군 하다라가 문통 대방태수 모용현을 후고에서 공격하게 하였고, 무군대장군 영창왕 건이 건덕을 공격하였으며, 표기대장군 낙평왕 비가 기양을 공격하여, 모두 정벌하였으며, 노획한 생구를 장사에게 나누어 주었는데, 각각 차등이 있었다. 9월 을묘에, 어가가 서쪽을 귀환하였고, 영구·성주·요동·낙랑·대방·현도 6군의 주민 30,000가를 유주로 이전시키고, 창고를 열어 진휼하였다. |
| 卷55「列傳」第43 '遊明根', '劉芳' ||
| 遊明根, 字志遠, 廣平人也. 祖, 慕容熙樂浪太守. 父幼,馮跋假廣平太守.和龍平,明根乃得歸鄉裏.遊雅稱薦之,世祖擢為中書學生.貞慎寡欲,綜習經典.及恭宗監國,與公孫叡俱為主書. | 유명근의 자는 지원이고, 광평 사람이다. 조부는 모용희 낙랑태수였다. 부친은 어려서, 풍발이 광평태수 임시직을 주었고, 화룡이 평안해졌으며, 명근이 이에 고향 마을로 돌아갈 수 있었고, 유유자적하며 단아하여 칭찬하고 추천하였다. 세조가 발탁해서 중서학생으로 삼았다. 성품이 정숙 신중하고 욕심이 적으며, 경전을 종합적으로 학습하였다. 공종이 국가를 감독함에 미쳐 공손예와 더불어 함께 주서가 되었다. |
| 卷97「列傳」第85 '島夷桓玄', '海夷馮跋', '島夷劉裕' ||
| 延和元年,世祖親討之,文通嬰城固守.文通營丘'遼東'成周'樂浪'帶方'玄菟六郡皆降,世祖徙其三萬餘戶於幽州. | 연화 원년(432년)에 세조가 친히 토벌하였는데, 문통이 성문을 굳게 닫고 고수하였지만, 문통의 영구·요동·성주·낙랑·대방·현토 6군이 모두 항복하였다. 세조가 그 3만여 호를 유주로 이전하였다. |
| 卷106上「地形志」2上 第5 ||
| 樂浪郡[天平四年置]. 領縣一 戶四十九 口二百三 | 낙랑군[천평(537년) 4년에 설치하였다.]. 거느린 현이 1, 호가 49, 구가 230 이다. |
| 卷106上「地形志」2上 第5 ||
| 樂浪郡[前漢武帝置,二漢'晉曰樂浪,後改,罷.正光末復.治連城.] 領縣二 戶二百一十九口一千八 | 낙랑군[전한 무제가 설치하였고, 양한, 진이 낙랑이라고 하였다. 뒤에 개정하였다가 혁파하였다. 정광 말에 복구하였다. 연성에서 다스렸다.]. 거느린 현이 2이고, 호가 219이며, 구가 1,008이다. |

<<표4>> 『북제서』의 낙랑군 기록

| 『北齊書』 | |
|---|---|
| 卷7「帝紀」第7 武成 世祖 | |
| (大寧四年)二月甲寅, 詔以新羅國王金真興為使持節′東夷校尉′樂浪郡公′新羅王. 壬申,以年穀不登,禁酤酒. 已卯, 詔減百官食稟各有差. | 대녕 4년 2월 갑인에, 조서로 신라국왕 김진흥을 사지절 동이교위 낙랑군공으로 삼았다. 임신에, 이해 곡식이 익지 않아서 술 매매를 금지하였다. 기묘에, 백관의 녹봉[식름]을 감소시킴에 각각 차등이 있었다. |
| 卷8「帝紀」第8 | |
| (天統三年)六月己未,太上皇帝詔封皇子仁幾為西河王, 仁約為樂浪王, 仁儉為穎川王,仁雅為安樂王,仁統為丹陽王, 仁謙為東海王. | (천통 3년, 567) 6월 기미에, 태상황제가 조서로 황제의 아들 인기를 책봉하여 서하왕으로 삼고, 인약을 낙랑왕으로 삼았으며, 인검을 영천왕으로 삼고, 인아를 안락왕으로 삼았으며, 인통을 단양왕으로 삼고, 인겸을 동해왕으로 삼았다. |

<<표5>> 『북사』의 낙랑군 기록

| 『北史』 | |
|---|---|
| 卷2「魏本紀」第2 | |
| (延和元年) 秋七月己巳, 車駕至和龍, 穿壍以守之. 是月, 築東宮. 九月乙卯, 車駕西還. 徙營丘′成周′遼東′樂浪′帶方′玄菟六郡民三萬家於幽州, 開倉以振之. | (연화 원년, 432) 가을 7월 기사에, 어가가 화룡에 도착하여 참호를 파고 수비하였다. 이달, 동궁을 건축하였다. 9월 을묘에, 어가가 서쪽으로 귀환하였다. 영구·성주·요동·낙랑·대방·현도 6군의 주민 3만 가를 유주로 이전시켰고, 창고를 열어 진휼하였다. |
| 卷12「隋本紀」下 第12 | |
| (大業) 八年 春正月辛巳, 大軍集於涿郡. 以兵部尚書段文振為左候衛大將軍. 壬午, 下詔曰: …第十一軍可沃沮道, 第十二軍可樂浪道; 右第一軍可黏蟬道, 第二軍可含資道, 第三軍可渾彌道,第四軍可臨屯道, 第五軍可候城道, 第六軍可提奚道, 第七軍可踏頓道, 第八軍可肅慎道, 第九軍可碣石道, 第十軍可東䐑道,第十一軍可帶方道, 第十二軍可襄平道. | (대업 8년, 612) 8년 봄 정월 신사에, 대군이 탁군에 집결하였고, 병부상서 단문진(段文振)을 좌후위대장군으로 삼았다. 임오에, 조서를 내려 말하기를, … 제11군은 옥저도에 합당하고, 제12군은 낙랑도에 합당하다. 우측 제1군은 점선도에 합당하고, 제2군은 함자도에 합당하며, 제3군은 혼미도에 합당하고, 제4군은 임둔도에 합당하며, 제5군은 후성도에 합당하고, 제6군은 제해도에 합당하며, 제7군은 답돈도에 합당하고, 제8군은 숙신도에 합당하며, 제9군은 갈석도에 합당하고, 제10군은 동도에 합당하며, 제11군은 대방도에 합당하고, 제12군은 양평도에 합당하다. |

| 卷34「列傳」第22 | |
|---|---|
| … 明根字志遠, 雅從祖弟也. 祖父, 慕容熙樂浪太守. 父幼, 馮跋假廣平太守. … | 명근은 자가 지원이고, 아종조의 동생이다. 조부는 모용희 낙랑태수이다. 부친은 어려서, 풍발이 광평태수 임시직을 주었고 … |
| 卷78「列傳」第66 | |
| 趙才字孝才, 張掖酒泉人也. 祖隗, 魏銀青光祿大夫´樂浪太守. 父壽, 周順政太守. … | 조재는 자가 효재이고, 장액 주천 사람이다. 조부 외는 위의 은청광록대부 낙랑태수이고, 부친 수는 주의 순정태수이다. |

〈〈표6〉〉 『수서』의 낙랑군 기록

| 『隋書』 |
|---|
| 卷30「志」第25 地理中 |

| | |
|---|---|
| … 後魏置南營州, 准營州 置五郡十一縣:龍城´廣興´定荒屬昌黎郡;石城 廣都屬 建德郡;襄平´新昌屬遼東郡;永樂屬樂浪郡;富平´帶方´永安屬營丘郡, 後齊唯留昌黎一郡, 領永樂´新昌二縣, 餘並省. … 柳城 後魏置營州於和龍城領建德 冀陽´昌黎´遼東´樂浪´營丘等郡, 龍城´大興´永樂´帶方´定荒´石城´廣都´陽武´襄平´新昌, 平剛´柳城´富平等縣 | … 후위가 남영주를 설치하였고 영주에 준하여 5군 11현을 설치하였다. 용성현·광흥현·정황현은 창려군에 속하였고, 석성현·광도현은 건덕군에 속하였고, 양평현·신창현은 요동군에 속하였고, 영락현은 낙랑군에 속하였고, 부평현·대방현·영안현은 영구군에 속하였다. 후제(북제)에서는 오직 창려군 한 개만을 남겨 놓았고, 영락현·신창현 2개 현을 다스리고 나머지는 모두 없앴다. … 유성은 후위에서 영주를 화룡성에 설치하여 건덕군·기양군·창려군·요동군·낙랑군·영구군 등을 다스렸고, 용성현·대흥현·영락현·대방현·정황현·석성현·광도현·양무현·양평현·신창현·평강현·유성현·부평현 등을 다스렸다. … |

〈〈표2〉〉에서 〈〈표6〉〉까지는 후대의 기록으로 낙랑군과 현도군이 어디에 있었나를 알 수 있는 기록들이다. 이 기록을 보면 앞에서 봤던 〈〈표1〉〉과 큰 차이가 없는 것을 확인할 수 있다. 이들로 볼 때 전한4군의 위치는 현재 중국, 일본, 한국의 학계에서 주장하는 것처럼 한국의 평양이 아니라 중국 하북성 동북

부와 중국 요녕성 서남부지역으로 보는 것이 합당하다(그림 7 참조).³⁷ 그리고 어떤 학자들은 전한의 4군이 시대에 따라 한국에서 중국 쪽으로 옮겨 다녔다고 하였으나 위의 기록을 볼 때 그런 적이 없었다는 것을 알 수 있다.³⁸

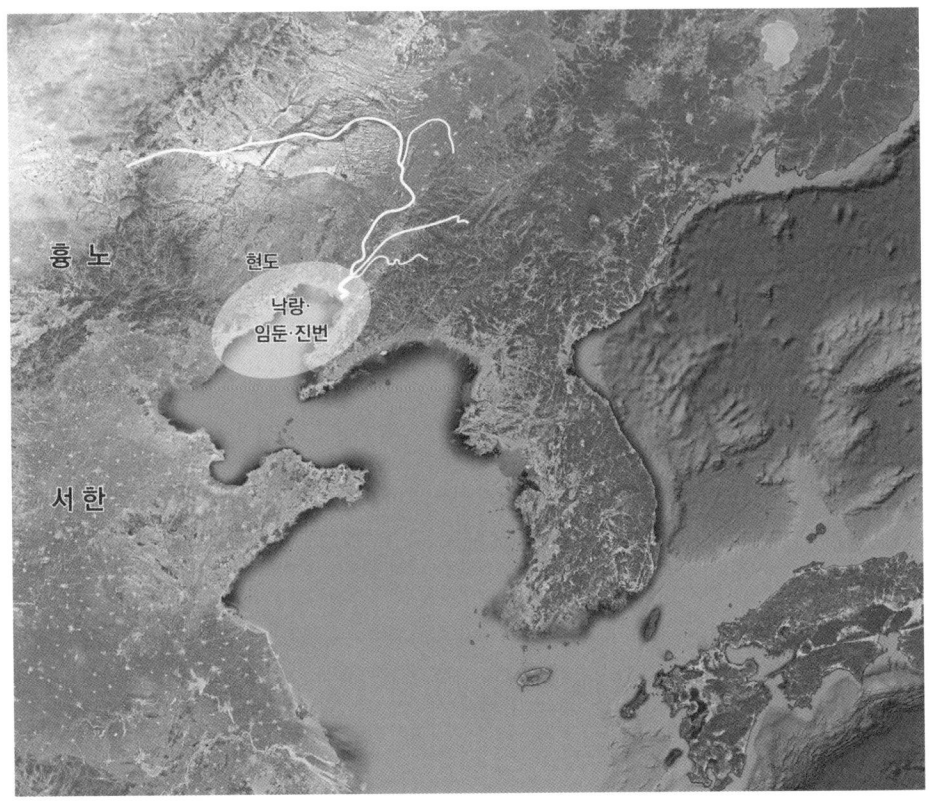

〈그림 7〉 기원전 107년 전한(서한)의 4군 설치도

---

37  복기대, 「한사군은 어떻게 碣石에서 大同江까지 왔나?-한사군인식2-」, 『仙道文化』 25, 2018.
38  복기대, 「한사군의 인식에 관한 연구1-'僑置'와 '設置'에 대한 비판적 검토를 중심으로-」, 『몽골학』 제49호, 한국몽골학회, 2017년.

# Ⅶ. 맺음말

필자는 위에서 전한4군이 설치되었을 당시 상황과 그 위치에 관해 문헌 기록을 통해 분석을 하였다. 그 결과 전한4군은 차이나계의 행정구역이었다. 즉 낙랑군 관련 자료는 낙랑군이 차이나계의 행정구역이었기 때문에 차이나계의 사료를 참고로 해야 하는 것이다. 그런 원칙에서 사료를 확인해 본 결과 각 시대별로 많은 자료가 있었고, 이 자료들을 분석해 본 결과 전한4군은 오늘날 중국 하북성 동북부와 요녕성 서남부에 있었다는 것이 확인되었다(그림 7 참조).

그렇다면 지금까지 고고학 관련 자료들을 근거로 하여 전한4군이 한국에 있었다는 주장은 매우 잘못된 것임을 알 수 있다. 필자는 여기서 한 가지를 지적해두고 싶다. 흔히들 낙랑군을 연구할 때 고고학 자료를 활용하여 한국 지역에서 낙랑유물이 나오기 때문에 그곳이 낙랑이라고 한다. 그런데 하나 중요한 것은 문헌 기록이 충분할 때 고고학은 문헌 기록을 보완해 주는 정도가 되어야 한다는 것이다.[39] 고고학이 절대적인 해석의 근거가 되는 것은 문헌 자료가 없을 때 하는 것이다. 이런 연구 방법은 전 세계의 고고학계가 모두 동의하고 그 원칙으로 역사를 연구하고 있다. 그런데 유독 이 낙랑 문제만 나오면 문헌의 중요성은 언급하지 않고, 바로 고고학으로 넘어가고 있다. 그 이유는 무엇일까? 바로 역사를 왜곡하기 위한 목적 이외에는 없다고 본다. 필자는 낙랑군 관련 몇 편의 논문을 발표하였다. 그 결과는 같았다. 이제는 낙랑군의 위치를 제자리에 갖다 놓고 동북아시아 고대사를 연구해야 할 것이다.

---

[39] 복기대,「臨屯太守章 封泥를 통해 본 한사군의 위치」,『白山學報』 61호, 白山學會, 2001. 12.

# 고구려 도읍지 위치에 관하여

요양 화표산(동명사당이 있다는 산)

# I. 머리말

고구려의 역사를 기록한 『삼국사기』에는 고구려의 도읍을 모두 8곳으로 기록하고 있다.[1] 한국 학계에서 고구려 도읍지에 관련한 연구는 고려시대부터 있어왔다. 당시는 고구려의 첫 도읍지가 고려의 경내에 없었기 때문에 요(遼)나라 영역에서 찾고 있거나 혹은 다른 도읍지가 당시의 고려 영토에 있었기 때문에 어딘가로 구체적인 기록을 남겨 놓기도 하였다. 이러한 고구려 첫 도읍지의 위치 문제는 조선시대에 이르러 다시 한번 화제가 된다. 그것은 당시 조선 땅 안에서 고구려의 도읍지였던 평양을 찾지 못했기 때문이다. 참으로 놀라운 일이었다. 당시 세종은 조선 안에서 고구려 평양성을 찾지 못하자 고구려의 기념물을 고구려 땅이었던 평양에 세우도록 하였다. 그 뒤에도 고구려 평양성에 대한 관심은 계속 있었으나 찾지 못하였다. 고구려 도읍지가 8곳이라고 기록한 『삼국사기』 내용을 정리해보면 다음과 같다(표1).

《표1》 『삼국사기』에 기록된 고구려 천도 지역 및 연도

| 차례 | 왕 | 지 역 | 연도 |
|---|---|---|---|
| 1대 | 추모왕 1년 | 졸본(卒本) | B.C. 37년 |
| 2대 | 유리왕 22년 | 국내성(國內城)으로 천도 | A.D. 3년 |
| 10대 | 산상왕 13년 | 환도(丸都) | A.D. 209년 |
| 11대 | 동천왕 21년 | 평양(平壤) 천도 | A.D. 247년 |
| 16대 | 고국원왕 12년 8월 | 환도산성(丸都山城) | A.D. 342년 |
| 16대 | 고국원왕 13년 7월 | 평양 동황성(東黃城)(고려시대 서경 목멱산) | A.D 343년 |
| 20대 | 장수왕 15년 | 평양(平壤) | A.D 427년 |
| 25대 | 평원왕 28년 | 평양 장안성(長安城) | A.D 586년 |

---

1  복기대,「고구려 도읍지 천도에 대한 재검토 – 白鳥庫吉의 고구려 도읍지에 대한 비판적 검토를 중심으로–」,『檀君學硏究』제22호, 2010.
\_\_\_\_\_,「고구려 평양 위치 관련 기록의 검토—중국 사료를 통해서 본 일본학자들 학설의 재검토—」,『日本文化學報』69호, 2016년 5월호

그런데 현재는 8곳을 3곳으로 착시하고 있는데 이런 착시현상의 시작은 일본학자들에 의해 시작되었다고 봐도 과언이 아니다. 그것은 시라토리 구라키치(白鳥庫吉)에서 시작되는데, 시라토리는 고구려의 첫 도읍지를 지금의 중국 요녕성 환인현으로 비정했다. 한 가지 중요한 사실은 시라토리가 고구려의 도읍지에 관련한 기록들을 꼼꼼히 읽었음에도 불구하고 환인을 도읍으로 비정하거나 혹은 집안이 국내성이라고 비정한 것이다.[2]

그가 환인을 고구려 첫 도읍지로 추정한 근거는 다음과 같다. 중국 전한의 낙랑군이 한국의 평양에 있었기 때문에 낙랑군의 북쪽 어딘가에 있을 현도군에서 고구려의 첫 도읍지가 있어야 했다. 둘째, 길림성 집안현의 고구려 도읍을 고구려의 국내성으로 비정하고 여기에 맞춰 그의 서쪽에 있는 곳을 고구려의 첫 도읍지로 비정한 것이다. 셋째, 지리적으로 강의 서쪽 산위에서 나라를 건국하였다는 기록을 근거로 하여 지금의 오녀산성에 유적이 있는 것을 근거로 하여 비정하였다. 뿐만 아니라 많은 학자들이 고구려 평양성이 한국에 있지 않았음을 알고 있었음에도 한국의 평양으로 비정한 것이다. 이렇게 비정된 고구려 도읍지들은 한국사 연구에 크나큰 폐해를 주었다.

최근 들어 이러한 시라토리의 연구가 거의 믿을 수 없는 것이라는 견해가 논문으로 혹은 구두로 계속 제기되고 있다.[3] 그럼에도 불구하고 그가 비정한 고구려의 첫 도읍지는 이후의 고구려 연구에 지대한 영향을 끼쳤다. 최근 필자

---

[2] 주1 논문에 상세하게 정리하였으니 참조바람.
[3] 복기대, 「고구려 '皇城' 시대에 대한 試論」, 『Asia-pacific Journal of Multimedia Services Convergent with Art, Humanities, and Sociology』Vol.6, No.1, January (2016), pp. 393-408 http://dx.doi.org/10.14257/AJMAHS.2016.01.12
\_\_\_\_\_, 「고구려 후기 평양 위치와 관련 기록의 검토」, 『고구려의 평양과 그 餘韻』, 周留城, 2017.
\_\_\_\_\_, 「고구려 평양 위치 관련 기록의 검토—중국 사료를 통해서 본 일본학자들 학설의 재검토—」, 『日本文化學報』 69호, 2016년 5월호
남의현, 「長壽王의 평양성, 그리고 鴨淥水와 鴨綠江의 위치에 대한 시론적 접근」, 『고구려의 평양과 그 餘韻』, 周留城, 2017.
임찬경, 「고구려 평양 인식오류 형성과정에 관한 검토」, 『고구려의 평양과 그 餘韻』, 周留城, 2017.

가 문헌기록을 근거로 하여 고구려 도읍지를 확인해본 결과 과거 일본학자들이 비정한 고구려 도읍지들과는 전혀 다르다는 것을 알았고, 그리하여 관련된 내용들을 계속해서 발표하였다. 그 내용들을 여기서 다시 한번 정리하고 미진했던 것을 다시 확인해보고자 한다.

## Ⅱ. 고구려 도읍지 관련 기록의 분석

### 1. 고구려 건국 도읍지 – 흘승골성(紇升骨城: 졸본(卒本)[4]

제일 먼저 알아봐야 할 것은 바로 고구려의 첫 도읍지인 흘승골성의 위치이다. 앞서 설명했듯이, 시라토리는 흘승골성을 지금의 '요녕성 환인현'으로 설명한다. 그러나 시라토리의 연구는 『삼국사기』에 기록되어있는 내용을 무시한 채 비정했다는 문제점이 있다. 『삼국사기』에는 고구려 졸본성(紇升骨城)이 요나라 동경에서 서쪽으로 2일 거리에 있다고 설명한다.

> **『삼국사기』 권제37 「잡지」 제6 '지리4 고구려'**
> 살펴보건대 『통전』에 이르기를 "주몽이 한 건소 2년(기원전37년)에 북부여로부터 동남쪽으로 나아가 보술수(普述水)를 건너 흘승골성에 이르러 터를 잡고 국호를 구려라 하고 '고'로써 성씨를 삼았다"라 하였으며, 고기(古記)에서 이르기를 "주몽이 부여로부터 난을 피해 도망하여 졸본에 이르렀다."라 하였으니, 곧 흘승골성과 졸본은 같은 한 곳이다. 『한서』 「지」에서 이르기를 "요동군은 낙양에서 3천 6백리 떨어져 있으며, 속한 현 중에 무려가 있다."고 했다. 곧 『주례』에서 보이는 북진의 의무려산이며, 대요 때 그 아래에 의주를 설치하였다. 또 "현도군은 낙양에서 동북으로 4천리 떨어져 있고, 속한 현이 셋이며, 고구려가 그중 하나이다."라 하였으니, 곧 이른바 주몽이 도읍한 곳이라고 말하는 흘승골성과 졸본은 아마도 한의 현도군의 경계이고, 대요국 동경의 서쪽이며, 『한지』에 이른바 현도의 속현인 고구려가 이것일 것이다. 옛날 대요가 멸망하지 않았을 때 요의 황제가 연

---

4   '졸본(卒本)'이라는 말은 돌궐어 계통으로 발음하면 '출본'이 되고, 현대 몽골어에서는 '출몽'으로 발음 된다. 뜻은 '금성(金城)'이다. '추모(鄒牟)'와 비슷한 발음이다.

경에 있어서, 우리의 조빙하는 사신들이 동경을 지나 요수를 건너 하루 이틀에 의주에 이르러, 연·계로 향하였음으로 고로 그렇다는 것을 알 수 있다.[5]

이 기록은 『통전』, 『한서』, 『고기』, 『주례』 등등의 기록을 근거로 하면서 동시에 당시 요나라의 상황을 근거로 구체적으로 설명하고 있다. 이러한 설명 중에서 고구려의 첫 도읍지는 현도군과 밀접한 관계가 있는데, 이 현도군의 위치를 지금의 요서 지역 동북단의 어디일 것이라고 한 부분이 중요하다. 이는 곧 고구려의 도읍지 역시 요서 지역 동북단 일대임을 알 수 있게 해준다. 이를 토대로 첫 도읍지를 찾아보기로 한다.

### 1) 문헌기록의 분석

『삼국사기』에는 고구려 도읍지가 아마도 지금의 요수(遼水)를 지나 1~2일 거리에 있는 곳일 거라고 추정했다. 이 기록을 볼 때 고구려의 첫 도읍지인 졸본성은 현재 '중국 요녕성 금주시(錦州市)' 지역에 있었다는 것이다. 다만 저자 역시 구체적으로 어디인지는 알지 못했다. 요녕성 금주시 지역은 현재 발해(渤海)와 인접해 있는데, 이 점을 고려해서 바다와 관련된 초기 고구려 기록을 확인해 볼 필요가 있다.

**『삼국사기』 권제13 「고구려본기」 제1 시조 동명성왕**
왕이 비류수 가운데로 나뭇잎이 떠내려 오는 것을 보고 다른 사람이 상류에 있

---

5 　『三國史記』卷第37「雜志」第6 '地理4 高句麗'
　　按通典云, "朱蒙以漢建昭二年, 自北扶餘東南行, 渡普述水, 至紇升骨城居焉, 號曰句麗, 以高爲氏." 古記云, "朱蒙自扶餘逃難, 至卒本." 則紇升骨城·卒本似一處也. 漢書志云, "遼東郡, 距洛陽三千六百里, 屬縣有無慮." 則周禮北鎮醫巫閭山也, 大遼於其下置醫州. "玄菟郡, 距洛陽東北四千里, 所屬三縣, 高句麗是其一焉." 則所謂朱蒙所都紇升骨城·卒本者, 蓋漢玄菟郡之界, 大遼國東京之西, 漢志所謂玄菟屬縣高句麗是歟. 昔大遼未亡時, 遼帝在燕景, 則吾人朝聘者, 過東京涉遼水, 一兩日行至醫州, 以向燕薊, 故知其然也.

는 것을 알고 사냥하며 찾아가서 비류국에 도착하였다. 그 나라 왕 송양이 나와서 보고 말하기를 "과인이 바다의 깊숙한 곳에 치우쳐 있어서 일찍이 군자를 보지 못하였는데 오늘 서로 만나니 또한 다행이 아닌가? 그러나 그대가 어디서 왔는지 알지 못하겠다."고 하였다. 답하여 말하기를 "나는 천제의 아들이고 모처에 와서 도읍하였다."라고 하였다.⁶

이 기록을 보면 송양국이 고구려의 북쪽에 있다는 것을 알 수 있는데 그럼에도 불구하고 바다를 기준으로 송양국의 위치를 설명하고 있다. 즉 송양국은 고구려의 북쪽에 있었는데 여기서 바다를 기준으로 그들의 위치를 설명하는 것으로 보아 고구려는 송양국보다 바다와 가까운 곳에 위치하고 있는 것을 볼 수 있다. 뒤에 설명하겠지만 고구려의 첫 도읍지가 현재 요녕성 금주라면 송양국의 위치는 아마도 대릉하 유역이 아닐까 한다(그림 1 참조). 그 다음으로 유

〈그림 1〉 대릉하

---

6　『三國史記』卷第13「高句麗本紀」第1 始祖 東明聖王
　　王見沸流水中有菜葉逐流下, 知有人在上流者, 因以獵往尋, 至沸流國,其國王松讓出見曰, "寡人僻在海隅, 未嘗得見君子, 今日邂逅相遇, 不亦幸乎. 然不識吾子自何而來." 答曰, "我是天帝子, 来都於某所."

리왕 때의 기록이다.

> **『삼국사기』 권제13 「고구려본기」 제1 유리왕**
> 이에 왕이 스스로 말하기를 "나라를 세운 날이 얼마 되지 않고, 백성과 병력이 약하니 형세에 부합하여 부끄러움을 참고 굴복하여 후의 성공을 도모하는 것이 합당하다." 하였다. 이에 여러 신하들과 상의하고 회답하기를 "과인은 바닷가에 치우쳐 있어서 아직 예의를 듣지 못하였는데, 지금 대왕의 가르침을 받고 보니 감히 명령을 따르지 않을 수 없습니다." 하였다.[7]

이 기록 역시 초기 고구려가 바다와 관련이 있는 것을 말해주고 있다. 여기서 말하는 바다는 현재의 발해이거나 혹은 당시 바다와 같은 지형이 형성된 것으로 추정되는 지금의 요동평야일 가능성이 있다. 이 지역의 동쪽은 의무려산이

〈그림 2〉 의무려산 전경

---

[7] 『三國史記』卷第13「高句麗本紀」第1 琉璃王
二十八年...秋八月 於是, 王自謂, "立國日淺, 民孱兵弱, 勢合忍恥屈服, 以圖後效." 乃與羣臣謀報曰, "寡人僻在海隅, 未聞禮義, 今承大王之敎, 敢不惟命之從."

가로막고 있는 지역이 된다(그림 2). 이 의무려산은 골골이 험준하지만 기본적인 농사를 지을수 있는 땅이 있는 곳이어서 유사시에 피난이 가능한 지역이다.

그러나 지금까지 우리가 알고 있는 요녕성 환인현으로 도읍을 비정하면 이 모든 기록이 맞지 않게 된다. 가장 큰 이유는 환인에서 바다로 나오려면 200~300km 정도를 이동해야 하는데, 이 정도의 먼 거리를 기준으로 지리를 설명하는 경우는 없다. 그러므로 관련 기록을 꼼꼼히 검토한다면 환인현을 고구려 도읍지로 추정하기에는 문제가 많다. 결론적으로 고구려 초기 도읍지는 김부식의 『삼국사기』에서 추정한 지역이 맞을 가능성이 높다. 그 지역을 표기해보면 다음과 같다(그림 3).

### 2) 고고학 자료의 분석

이 지역에는 매우 많은 고고학 관련 자료가 있다. 그러나 아직 분류가 되어 있지 않아 아직 본문에 쓸 수가 없다. 그러나 최근 중국 학계에서 이 지역의 고고학 자료 기초조사를 발표하였

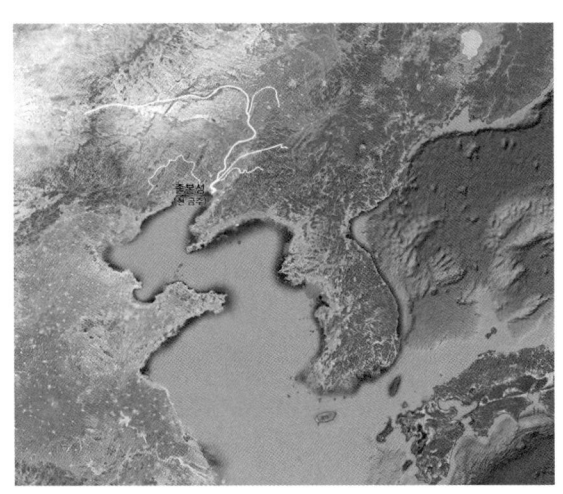

〈그림 3〉 『삼국사기』를 통해 본 졸본의 위치[8]

---

8 흔히 고구려의 첫 도읍지를 '졸본(卒本)'이라고 썼는데 이 두 글자의 한자 뜻은 '작은', 혹은 '별 가치가 없는 곳'이라는 뜻으로 해석할 수도 있다. 어떤 학자는 이 뜻을 그대로 받아들여 언짢아하기도 하는데 사실은 그렇지 않다. 이 졸본이라는 말은 현대 몽골어나 튀르키예어의 '촐몽'이라는 말과 비슷한데, '샛별(금성)'이라는 말이다. 그래서 고구려의 도읍지를 밝은 땅 혹은 샛별이라는 말을 한자로 번역하여 가장 가까운 소리인 '졸본'으로 쓴 것이다. 이는 고구려를 건국한 추모왕과도 같은 것이다. 추모(鄒牟)가 곧 촐몽, 졸본인 것이다. 이런 고구려의 말을 한자로 쓸 때 추모라 하였고 고려시대에는 졸본으로 쓴 것이다. 추모왕을 훗날 '동명성왕(東明聖王)'으로 번역한 것을 보면 같은 이치이다. 이런 현상을 보면 고구려 말이 몽골 말이나 튀르키예 말의 성립과정에 많이 들어갔다는 것을 알 수 있다.

다. 그러므로 일단은 이 자료를 참고자료로 활용해보기로 한다. 그러므로 다음 기회에 보완하기로 한다(그림 4).

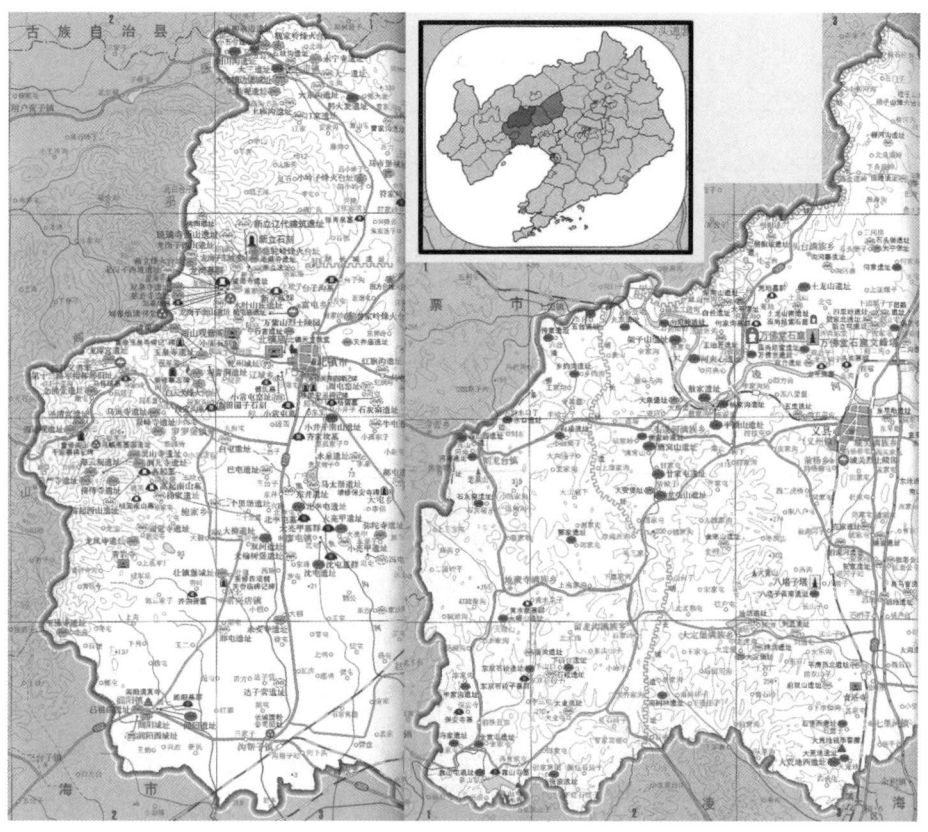

금주시 의현·북진 문물분포도

〈그림 4〉 초기 고구려 도읍지 부근 유물유적 분포지도(출처: 중국문물지도집 요녕 분책 상)[9]

---

9   지도집 원문에는 고구려 유적 분포 지역으로 추정되는 곳에 파란색 표식이 있다.

## 2. 고구려의 두 번째 도읍지 – 국내성(國內城)

고구려는 건국 후 40년 만에 도읍을 옮긴다. 그것은 유리왕 23년(기원전 3년)에 졸본에서 국내성으로 천도하는 것이다.[10] 천도 과정은 석연치 않은 점이 있는데, 그 이유는 아래의 사료에 나와 있다.

『삼국사기』 권제13 「고구려본기」 제1 '유리왕'
21년(2) 봄 3월에 하늘에 제사 지낼 돼지가 달아났으므로 왕이 희생을 담당하고 있는 설지에게 명하여 이를 찾게 하였다. 국내 위나암에 이르러 찾아내어 국내인의 집에 가두어 두고 이를 기르게 하고 돌아와 왕을 뵙고 아뢰기를 "신이 돼지를 쫓아 국내 위나암에 이르렀는데, 그 산수가 깊고 험준하며 땅이 오곡을 키우기에 알맞고, 또 순록, 사슴, 물고기, 자라가 많이 생산되는 것을 보았습니다. 왕께서 만약 도읍을 옮기시면 단지 백성의 이익이 무궁할 뿐만 아니라 전쟁의 걱정도 면할 만합니다." 하였다.[11]

이 기록을 근거로 해보면 풍수지리와 경제적인 문제를 고려하여 도읍지를 찾은 것으로 보이는데 이곳이 정확히 어딘가에 대한 의문점이 생긴다. 현재 학계의 대부분은 '중국 길림성 집안현'으로 국내성의 위치를 비정한다. 이 견해는 물론 일본의 시라토리와 세키노 다다시(関野貞)의 견해인데 이 견해에 대해 대부분 동의하고 있으나 집안현을 고구려 국내성으로 설명하기에는 문제가 있다. 위 사료에서 설지가 국내 위나암이 오곡을 키우기에 알맞다고 말하는데, 현

---

10 『三國史記』 卷第13 「高句麗本紀」 第1 琉璃王
二十三年 秋八月二十二年, 冬十月, 王遷都於國內, 築尉那巖城.
11 『三國史記』 卷第13 「高句麗本紀」 第1 琉璃王
二十一年, 春三月, 郊豕逸, 王命掌牲薛支逐之. 至國內尉那巖得之, 拘於國內人家養之, 返見王曰, "臣逐豕至國內尉那巖, 見其山水深險, 地宜五穀, 又多麋·鹿·魚·鼈之産. 王若移都, 則不唯民利之無窮, 又可免兵革之患也.

재의 집안현은 이에 해당되지 않는다. 또한, 집안현을 중심으로 사방을 둘러봐도 농사지을 들은 존재하지 않는다(그림 5).

〈그림 5〉 집안지역 지형 및 유적 분포도

이와 더불어 설지는 여러 가지 물고기, 순록, 사슴 등등이 많다고 하였다. 집안현을 흐르는 강은 압록강(鴨綠江)으로, 이곳에서 물고기는 잡을 수 있겠으나 사슴이나 순록 사냥에 대해서는 깊이 생각해 볼 필요가 있다. 집안을 둘러싸고 있는 지역은 대부분 가파른 산지이다. 이 산지에서 순록이 자생하기는 어려울 것으로 본다. 순록은 대부분이 평지에서 사는 짐승이다. 그런데 그 험준한 산지에서 순록이 많기는 어려운 것이다. 이런 자연환경을 고려해 볼 때 지금의 집안은 고구려의 국내성이 되기는 어렵다. 그렇다면 국내성의 위치는 어디일까?

고구려 국내성의 위치에 대한 지리적인 기록은 『삼국사기』, 두우의 『통전』과 가탐의 『고금군국지』에 실려 있다. 그리고 이를 보완할 자료 중에 하나가 왕적의 『요동행부지』이다. 우리는 이러한 기록 등을 통해서 국내성의 위치를 추정할 수 있다. 먼저 『삼국사기』의 기록을 보자.

### 『삼국사기』 권제37 「잡지」 제6 '지리4 고구려'
주몽이 흘승골성에 도읍을 세움으로부터 40년이 지나 유류왕 22년에 도읍을 국내성(혹은 이르길 위나암성이라고도 하고 혹은 불이성이라고도 한다)으로 옮겼다. 『한서』를 살펴보건대 낙랑군에 속한 현으로 불이가 있고, 또 총장 2년에 영국공 이적이 칙명을 받들어 고구려의 모든 성에 도독부와 주현을 설치하였는데, 목록에서 이르길, "압록 이북에서 이미 항복한 성이 열 하나인데, 그중 하나가 국내성이며, 평양으로부터 이 성에 이르기까지 17개의 역이 있었다."라 하였으니, 곧 이 성 역시 북조[12] 경내에 있었으나, 다만 그곳이 어느 곳인지를 알 수 없을 뿐이다.[13]

이 기록을 보면 유리왕이 천도한 곳이 국내성인데 어디인지를 모르고 있다. 그래서 전적으로 뒤지다 보니 낙랑군의 현 중 '불이'가 있는데 혹시 그곳이 아닐까 하는 추정을 하고 있다.[14] 더 나아가 고·당 전쟁에서 압록 이북의 항복한 성 중에 하나가 국내성이 아닐까 하는 추정으로 이어진다. 여기서 확실한 것은 압록강 이북에 국내성이 있다는 것이다.

다음으로 『통전』의 기록을 보자.

### 『통전』 권186 「변방」 2 '동이 하 고구려'

마자수는 압록수라고 하는데 동북 말갈 백산에서 발원하며 물의 빛깔이 오리머리와 같다 하여 압록수라고 한다. 요동으로 500리 가서 국내성 남쪽을 지나 다른 물과 합류하는데 이 물이 곧 염난수이다. 두 물이 합류하여 서남으로 흘러 안평성에 이르러 바다로 들어가는데 고려(고구려)에서 이 강이 가장 크고 물결이 맑다. 지나고 건너는 데는 큰 배를 사용하며 그 나라에서 이것을 천연의 요새로 믿는데

---

12 이때의 북조(北朝)는 금나라를 말한다.
13 『三國史記』卷第37「雜志」第六 '地理4 高句麗'
自朱蒙立都紇升骨城, 歷四十年, 孺留王二十二年, 移都國內城 或云尉耶巖城, 或云不而城.. 按漢書, 樂浪郡屬縣有不而, 又總章二年, 英國公李勣奉勅, 以高句麗諸城置都督府及州縣, 目錄云, "鴨綠以北,
14 이 책 103~139쪽 참조. 낙랑군은 현재 중국의 요녕성 천산산맥 동쪽에 설치된 적이 없다.

강 너비가 300보나 된다.[15]

이 기록에 의하면, 마자수는 다른 이름으로 압록수인데 물은 말갈 백산에서 [16] 시작하여 요동으로 5백리를 가서 국내성 남쪽을 지나 서쪽에서 오는 염난수와 합쳐져 서남으로 흘러 안시성에 이르러 바다로 들어간다고 한다(그림 6 참조). 여기서 중요한 기록은 압록수가 국내성 남쪽으로 흘러간다는 것인데, 이로 볼 때 국내성은 압록강의 북쪽에 위치한다는 것이다. 이 기록을 근거로 하여 지리를 고증해보면 지금의 요녕성 북부지역에서 동에서 서남으로 흐르는 강으로 청하가 있다. 이 청하는 바로 옛 개원성의 남쪽을 지나 서쪽으로 가다가 요하와 합류하여 발해로 들어가는 것이 확인된다. 그렇다면 마자수는 지금의 청하일 가능성이 매우 높다. 더구나 강의 너비가 300보라 하였는데, 300보는 어림잡아 500m 정도 된다. 현재 집안의 동쪽에 흐르는 강은 절대로 500m가 안 된다.

〈그림 6〉 동요하 발원지

다음으로 가탐의 「도리기」를 보자. 가탐의 「도리기」는 『신당서』에 실려 있는 내용이다.

---

15 『通典』卷186 「邊防」2 '東夷 下 高句麗'
馬紫水一名鴨綠水 水源出東北靺鞨白山 水色似鴨頭 故俗名之 去遼東五百里 經國內城南 又西與一水合 即鹽難水也 二水合流 西南至安平城入海 高麗之中此水最大 波瀾清澈所經鎮濟 皆貯大船 其國恃此以爲天塹 水闊三百步

16 말갈 백산은 여진족이 일어났다는 산으로 현재 중국 길림성 중부지역에 남북으로 뻗은 산맥을 말한다. 현재의 지명으로 길림성 요원시 일원으로 볼 수 있는데 이 지역은 강희제가 여진족의 본향이라 하여 다녀갔다고 한다.

『신당서』 권43하 제33하 「지리지」

　　등주에서 동북쪽으로 바다로 가서, 대사도, 귀흠도, 말도, 오호도를 지나 300리이다. ———(중략)——— 또 등주에서 진왕석교, 마전도, 고사도, 득물도를 지나 1,000리에 압록강 당은포구에 이른다. 압록강 어귀에서 배를 타고 100여리를 가고, 이내 작은 배를 타고 동북쪽으로 30리를 거슬러 올라가면 박작구에 이르는데, 발해의 경계가 된다. 다시 500리를 거슬러 올라가면 환도현성에 이르는데, 옛 고구려 왕도이다. 다시 동북쪽으로 200리를 거슬러 올라가면 신주에 이른다. 또 육지로 400리를 가면 현주에 이르는데, 천보 중에 왕이 도읍한 곳이다. 또한 정북 혹은 정동 쪽으로 600리에 발해왕성에 이른다.[17]

　이「도리기」의 특징은 뱃길로 다닌 내용을 기록했다는 것인데, 위 내용 중 주목해야 할 것은 바로 배를 타고 내륙으로 올라감에 있어 압록강을 타고 갔다는 부분이다. 이 기록은 당시 중요한 도시는 배를 타고 다녔다는 것을 간접적으로 설명해 주고 있다. 「도리기」에는 등주에서 출발하는 뱃길이 나오는데, 등주에서 신라로 가는 길과, 그리고 등주에서 바로 발해로 올라가는 뱃길이 이에 해당된다. 등주에서 천리를 가면 압록강 당은포구가 나온다.[18] 즉 여기서 다시 강으로 올라가 100리를 가면 박작구가 나온다. 여기서부터 작은 배로 갈아타고 30리를 가면 발해 국경 안으로 들어가는 것이고, 여기서 다시 500리를 올라가면 환도현성에 이르는데 옛 고구려의 왕도라고 기록되어 있다. 여기서 뱃길로 동북쪽으로 200리를 가면 신주에 이르는데, 배로는 이 신주까지만 가는

---

17　『新唐書』卷43下 第33下「地理志」
　　登州東北海行, 過大謝島′ 龜歆島′ 末島′ 烏湖島三百里° ---(中略)--- 又過秦王石橋′ 麻田島′ 古寺島′ 得物島, 千里至鴨淥江唐恩浦口° 自鴨淥江口舟行百餘里, 乃小舫泝(溯)流東北三十里至泊汋口, 得渤海之境° 又泝(溯)流五百里, 至丸都縣城, 故高麗王都° 又東北泝(溯)流二百里, 至神州° 又陸行四百里, 至顯州, 天寶中王所都° 又正北如東六百里, 至渤海王城°
18　신라의 한산주 당은현을 말한다.

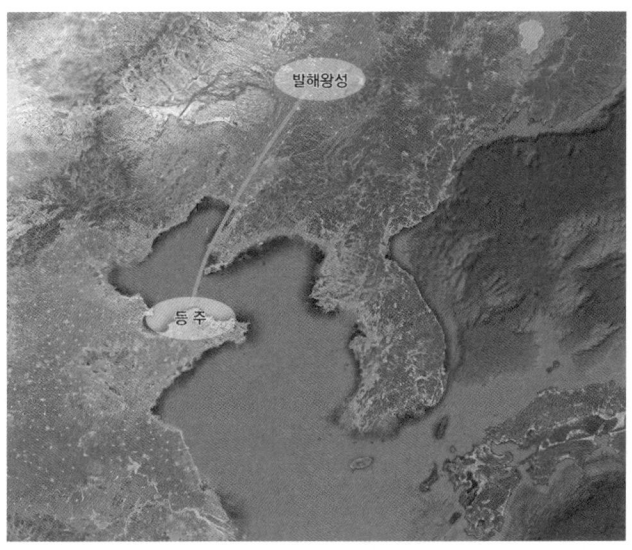

〈그림 7〉「도리기」에 기록된 발해 왕성 가는 길

것으로 되어 있다(그림 7 참조).[19]

가탐이 정리한 길은 압록강의 뱃길이기 때문에 먼저 압록강에 대한 설명부터 해야 할 것이다. 통상 압록강을 얘기하면 고대부터 지금까지 현재 한국과 중국의 국경선인 지금의 압록강을 말하는 것으로 생각한다. 그러나 압록강은 약 천 년 전부터 2개의 압록강이 존재하기 시작하였다.[20] 그 이전의 압록강은 현재의 요하였는데,[21] 현재의 요하가 고대의 압록강이었다는 것은 문헌기록에 많이 남아 있다.[22] 천 년 전의 압록강으로 추정되는 요하는 1959년 요하 수

---

[19] 여기서 이정(里程)에 관한 정의가 필요한데 당(唐)나라 때 이정(里程)은 1리(里)가 약 450~500m 정도로 보면 될 것이다. 100리라면 50km 내외로 보면 될 것이다.
[20] 윤한택, 「고려 西北國境에 대하여」, 『압록(鴨淥)과 고려의 북계』, 周留城, 2017.
[21] 고광진, 최원호, 복기대, 「試論 '長白山'과 '鴨淥水'의 위치 검토-高麗 이전을 중심으로-」, 『仙道文化』 13, 國學研究院, 2012.
[22] 남의현, 「長壽王의 平壤城, 그리고 鴨淥水와 鴨綠江의 위치에 대한 試論的 接近」, 『고구려의 평양과 그 餘韻』, 周留城, 2017.

로 공사 때 하구를 현재의 요녕성 반금시로 향하게 만들었다. 그 전까지만 해도 요하의 하구는 현재의 요녕성 영구항이었다. 영구항의 하구는 항상 물이 많아서 현재도 큰 배가 왕래한다. 현지인의 증언에 따르면, 과거 영구항에서 배를 타고 약 100km를 올라와 작은 배로 갈아타 철령 지역으로도 올라가고, 심양 동부지역으로 올라가고, 심양으로 올라가는 방향으로 얼마 더 가서 태자하를 따라 요양으로 올라가기도 했다고 한다. 1980년대까지만 하더라도 이러한 방법으로 심양과 요양을 왕래할 수 있었던 것이다. 고구려 시대의 압록강은 지금의 요하로 볼 수 있으며, 고구려는 뱃길 이용이 가능한 요하를 이용해 높은 수준의 경제력을 키울 수 있었다.

지금까지 살펴본 내용의 핵심은 고구려의 두 번째 도읍지인 국내성은 현재 비정되어 있는 집안현이 될 수 없고 고대의 압록강인 요하 유역이나 혹은 가까운 어딘가에 있어야 한다는 것이다.[23] 이런 기록을 근거로 지금까지 국내성과 관련한 문헌 기록을 확인해 보았다. 문헌 기록을 통해 확인되는 국내성의 후보지는 현재 중국 요녕성 개원, 철령, 혹은 길림성 사평시 지역 어딘가로 추정된다(그림 8 참조). 이 지역의 자연지리는 동쪽으로 야트막한 산부터 높은 산까

---

23 또 다른 방증자료로 왕적(王寂)의 『요동행부지(遼東行部志)』가 있다.
王寂, 『遼東行部志』
丁丑 次咸平 宿府治之安忠堂 咸平 禹別九州 其地則冀州之域 舜置十二州 即幽州之分 周封箕子 始教民以禮義 秦併六國 置為遼東郡 及高麗既強 侵據其地 唐高宗命李勣東征高麗 置為安東都護府 其後為渤海大氏所有 契丹時既滅大氏 卒入於遼 遂為咸州 以安東軍節度治之 本朝撫定 置咸州詳穩司 後升為咸平府 兼總管本路兵馬事 昔子運漕遼東居此者 凡二年 以是遷移區併 粗得知之 是日易傳於山下民家旁有古城甚大 問路人 云 此高麗廢城也 子駐立於頹基 極目四顧 想其當時營建 恃以為萬世之計 後不旋踵已為人所有 良可歎哉 酒作詩以弔之 句麗方竊據 唐將已專征【謂李勣也】國破千年恨 兵窮百戰平信知宗子固 不及眾心誠 試望含元殿 離離禾黍生
여기에 보면 현재 중국 요녕성 개원 지역에 금(金)나라 함주(咸州)가 있는데, 이 함주에 큰 고성이 있어 길 가는 사람에게 물으니 고구려 폐성(廢城)이라고 한다. '함원전(含元殿)'을 찾아 바라보는 시를 짓는데 이 '함원전'은 궁성(宮城)에만 쓰는 말이다. 이 지역은 근대의 철도가 부설되기 전까지만 해도 만주 지역 모든 교역의 중심지였다. 그러나 현재는 철도와 도로가 뚫리면서 과거의 명성이 사라지게 되었다.
周向永·許超, 《《鐵領的考古與歷史》》, 遼海出版社, 2010年.
國家文物國主編, 《《中國文物地圖集》》, 〈遼寧分冊〉(下), 西安地圖出版社, 2009年

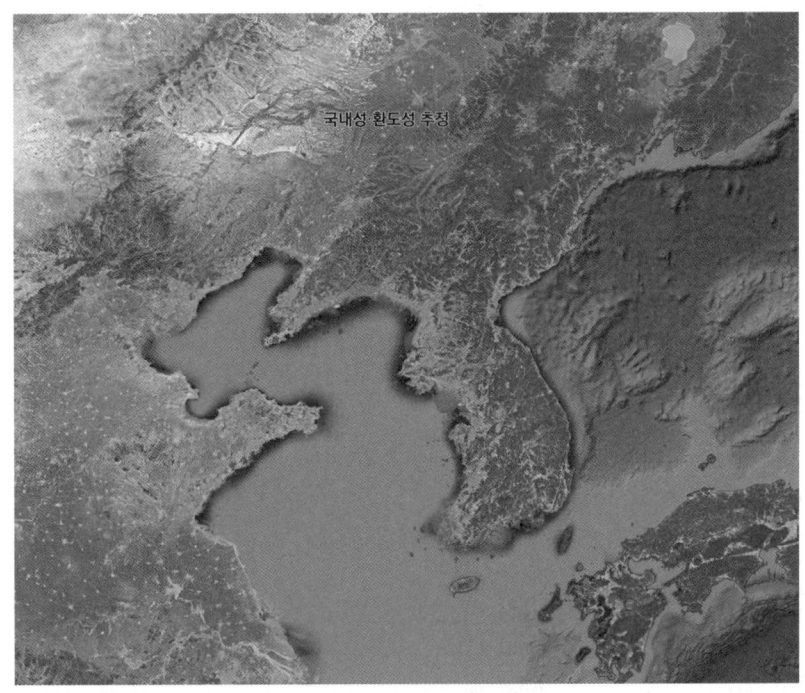

〈그림 8〉 국내성·환도성 추정도

지 골고루 분포하고, 이 산들을 따라 많은 물줄기가 발달해 있다. 이러한 지리 조건은 『삼국사기』의 내용대로 오곡이 풍성하게 자랄 수 있고 각종 물고기, 그리고 들짐승들이 모두 자랄 수 있는 곳이다. 이 지역의 지리를 보면, 수로를 이용하여 바로 바다로 들어갈 수 있고, 동으로는 육로를 통해 심양과 요양 그리고 한국으로 가는데 가장 편리한 위치이다. 또한 서남쪽으로 가면 바로 현재의 요서지역으로 진출할 수 있고 북으로 어디로든지 갈 수 있어 교통과 교역의 중심 지역이 될 수 있는 조건을 갖춘다.[24] 문헌 기록과 자연·인문지리적 조건에서 이곳에 국내성이 있었을 가능성이 높다고 볼 수 있다. 다만 현재로는

---

24   이 지역은 근대의 철도가 부설되기 전까지만 해도 만주 지역 모든 교역의 중심지였다. 그러나 현재는 철도와 도로가 뚫리면서 과거의 명성이 사라지게 되었다.

도성이 정확하게 어딘가 하는 것은 아직 확인하기 어렵다. 이는 앞으로 연구할 과제 중 하나이다.

### 2) 철령 지역의 고고학적 관련 자료에 대한 검토

국내성으로 추정되는 지역의 고고학 관련 자료는 많이 연구되지 않았다. 연구되지 않았다고 하여 고고학 관련 자료들이 없는 것은 아니다. 최근 이 지역에서 고구려시대로 보이는 성들이 많이 발견되고 있다. 그 관련 유적을 확인해 보면 다음과 같다.

철령시의 유적으로는 개원지역에 龍潭寺山城과[25] 馬家寨山城, 柴河墓群, 南溝墓群 등[26], 철령현 지역에서 확인된 유적으로는 營盤墻址, 催陳堡山城, 張樓子山城, 岑西山城, 後營盤山城, 靑山山城, 云盤溝遺址, 下裕山城 등[27], 서풍현 지역의 유적으로는 城子山山城, 缸窯山城, 周家屯山城, 西岔溝墓群 등[28]이 확인되었다. 이들 성은 산자락을 중심으로 많은 유적들이 확인되기도 하지만 평지에서도 많은 유적들이 확인되고 있다(그림 9 참조). 고고학적으로 볼 때 유력한 후보지는 현재 철령시 개원현 지역이다.

〈그림 9〉 장루자 성안의 모습

---

25    周向永·許超, 《《鐵領的考古與歷史》》, 遼海出版社, 2010年.
26    國家文物國主編, 《《中國文物地圖集》》, 〈遼寧分冊〉(下), 西安地圖出版社, 2009年
27    國家文物國主編, 《《中國文物地圖集》》, 〈遼寧分冊〉(下), 西安地圖出版社, 2009年
28    孫守道, 〈西岔溝古墓群被掘事件的敎訓〉, 《《文物參考資料》》 1957年, 第1期.
       ____, 〈匈奴西岔溝文化古墓群的發現〉, 《《文物》》, 1960年, 8,9期.

〈그림 10〉 장루자성 성벽

이 지역은 평지 정비가 잘 되어 있고 수운이 가능한 큰 성도 있다. 대표적인 성이 현재 남아 있는 개원 고성, 장자루성(그림 10) 등이다. 서풍 성자산 산성(그림 11)은 국내성이나 환도성 등에 큰 변란이 생기면 왕을 비롯한 많은 사람들이 충분히 피신할 수 있는 요새처이면서 큰 성이기도 하다.

고구려 무덤들도 개원지역에서 많이 조사되었는데, 보고서는 없지만 당시 조사하는 과정을 본 동네 사람들의 증언이 있었다. 이외에도 이 지역에 고고학 관련 자료는 아직 시대가 확인되지 않은 많은 유적들이 남아 있다. 그러나 중국학계에서는 이 유적들의 연대를 전국시대나 혹은 한나라 유적으로 분류를 하고 있다. 이 연대는 기원전 4세기 무렵부터 시작하여 기원 5세기 무렵까지로 볼 수 있는데, 이 시기에 차아나계의 세력들은 국가적으로 이 지역에 들어 온 적이 없다. 국가적인 맥락에서 볼 때는 부여나 고구려가 되어야 한다.

또한 필자가 이 지역의 자료들을 분석해 본 결과 매우 큰 오류들이 발견된

〈그림 11〉 서풍 성자산 산성(왼쪽 성자산성 입구, 오른쪽 성자산성 모형도)

다. 명나라시대 유적이라고 당당하게 말을 하고 있는데, 그 안에는 요·금의 유적이 그대로 있다는 것이다. 이런 오류는 더 많이 있다(그림 12 참조).

    그러므로 더 자세하고 정밀하게 연구 해보면 더 많은 고구려나 발해의 유적이 있을 것으로 본다. 왜냐하면 요나라 탑은 대부분 행정중심지에 세워졌는데 그들의 행정중심지는 대부분 성을 쌓았거나 이미 성이 있는 곳을 점령하여 새로 탑을 세운 것이었다. 이런 예는 많이 있다. 그렇다면 이 성도 명나라 때 세워진 것이 아니라 그보다 훨씬 이전에 세워진 것이라는 것이다. 즉 지금 보기에는 고구려 시기 유적이 많지 않고 요·금·원 시대 유적들이 많이 분포한 것으로 보이지만, 이들 유적들은 고구려나 발해의 유적들을 활용하고 있을 가능성이 많다는 것이다. 최근 이 지역을 조사한 담당자들과 얘기를 나눠본 결과 이 지역에 고구려 유적들이 매우 많이 조사되고 있다고 하였다.

〈그림 12〉 개원 노성 요탑

## 3. 고구려의 세 번째, 다섯 번째 도읍지 – 환도성(桓都城)

환도성은 산상왕이 즉위하면서 천도한 곳인데[29] 산상왕의 아들 동천왕이 평양으로 천도하기[30] 전까지 활용한 성이다. 이 성을 사용한 시기는 그렇게 길지 않다. 그러나 이 성의 위치를 알기는 어려운데 그 원인 중에 하나가 원래 오래 사용하지도 않았고 모용황의 침략 때 불에 타 쉽게 찾기 어려운 것이 아닌가 한다.

문헌 기록에서 볼 때 국내성 시기는 도성이 산을 의지하고 있었는데, 환도라는 말을 보면 넓은 들이라는 말로 해석될 수가 있다. 그러므로 산에서 들판으로 내려왔다고 볼 수 있는 것이다. 필자가 보기에는 국내성과 환도성은 멀리 떨어져 있지 않을 것으로 추정된다. 이런 가능성은 『삼국사기』에서도 말하고 있다.[31] 즉 국내성과 멀지 않은 평지에 환도성을 쌓았을 가능성이다. 『신당서』에 실린 가탐의 「도리기」에 압록강 변에 환도가 있다는 것을 기록해 놓은 것을 보아도 그 가능성이 높다. 즉 "압록강 어귀에서 배를 타고 100여리를 가고, 이내 작은 배를 타고 동북쪽으로 30리를 거슬러 올라가면 박작구에 이르는데, 발해의 경계가 된다. 다시 500리를 거슬러 올라가면 환도현성에 이르는데, 옛 고구려 왕도이다."라는 기록이다. 이런 것으로 보아 현재 요하 유역 어딘가에

---

29　『三國史記』卷第16「高句麗本紀」第4 山上王
　　十三年...冬十月, 王移都於丸都.

30　『三國史記』卷第17「高句麗本紀」第5 東川王
　　二十一年, 春二月, 王以丸都城經亂, 不可復都, 築平壤城, 移民及廟社. 平壤者, 本仙人王儉之宅也. 或云, "王之都王險."

31　『三國史記』卷第17「高句麗本紀」第5 東川王
　　括地志云, "不耐城即國内城也. 城累石爲之." 此即丸都山與國内城相接. 梁書以, "司馬懿討公孫淵, 王遣將襲西安平, 毋丘儉來侵." 通鑑以, "得來諫王, 爲王位宮時事." 誤也.
　　『괄지지(括地志)』에 이르기를 "불내성(不耐城)이 곧 국내성(國内城)이다. 성을 돌로 쌓아 만들었다."고 하였다. 이는 곧 환도산(桓都山)과 국내성이 서로 접하고 있다는 뜻이다. 『양서(梁書)』에는 "사마의(司馬懿)가 공손연을 토벌하니 왕이 장수를 보내 서안평을 습격하여 관구검(毋丘儉)이 침략해 왔다"고 하였다. 『통감(通鑑)』에는 "득래가 왕에게 시정을 건의한 것은 왕 위궁(位宮) 때의 일이다."고 하였는데, 이는 잘못이다.

있었던 것으로 추정되는데 이 성 역시 앞에서 말한 요녕성 개원, 철령 어딘가에 있었을 것이다. 여기서 하나 중요한 것은 바로 압록강 변에 있었다는 것이다. 그렇다면 이 강을 이용하여 많은 일들을 했을 가능성이 높다.

고구려의 모든 역사를 통틀어 활발한 대외활동을 한 왕 중 한 명이 바로 동천왕이다. 동천왕의 대외활동을 위해서는 여러 가지가 뒷받침되어야 하며, 만약 뒷받침이 없는 경우에도 다음 세대의 대외활동을 위해서는 이를 위한 활로를 개척해야 했다. 그러한 작업 중 하나로 압록강을 활용한 무역 활성화를 진행하거나 혹은 그 활성화를 위한 길을 개척하는 것이었을 것이다. 분명한 것은 이 환도성이 전략적으로 매우 중요한 성이라는 것은 확실하다. 환도성을 확인하는 데 하나의 기준이 되는 것은 동천왕이 천도한 평양성과의 관계이다. 동천왕이 평양성으로 천도한 까닭은 위나라와의 전쟁에서 엄청난 손실을 당했기 때문이다. 위나라의 관구검은 고구려를 무찌르고 당시 수도였던 환도성을 함락시키고 불을 질러 더 이상 도성으로의 기능을 할 수 없도록 만들었다. 이와 더불어 서남부에서 강성해진 위나라가 언제든지 고구려를 공격할 수 있는 전투 준비 태세를 갖추고 있었다.

훗날 고국원왕이 평양성에서 다시 환도로 천도하는데 이것이 다섯번째 도읍이다. 고국원왕이 이곳으로 천도하자마자 바로 모용황의 공격을 받는다. 고국원왕의 천도에 대해 모용황이 왜 그렇게 격렬하게 반응하는 지가 바로 환도성의 중요성을 말해주는 것이라 볼 수 있다. 그것은 이 환도성에서 바로 모용씨의 거점들이 집중되어 있는 현재의 요서지역을 기습적으로 공격할 수 있기 때문이다. 그렇기에 관구검이든지 모용황이든지가 환도성을 먼저 공격하여 근심거리를 덜려고 하는 것이다. 이런 상황을 볼 때 요서지역으로 가장 빨리 나아갈 수 있고, 또 적의 공격을 받았을 때 지키기 쉬운 곳에 터를 잡았을 것이다. 이상을 살펴보면 환도성은 현재의 요서지역에서 가까운 거리에 있었을 것이다. 압록강의 흐름과 요서지역과의 거리, 바다로 진출할 수 있는 조건, 그리고 현재 조사과정에서 확인된 유적들을 고려해 볼 때, 위의 조건에 가장 가까운 지역은 현재 중국 개원 지방으로 추정된다. 아마도 창도현 일대의 유적들이 집중적으로 검토되어야 할 것으로 본다. 그중에 사면성 일대가 포함되지 않을까 추측도 해본다(그림 8 참조).

## 4. 고구려의 네 번째 도읍지 : 동천왕의 평양성(平壤城)

산상왕의 아들인 동천왕은 왕으로 즉위하면서부터 사방으로 군대를 파견해 '서안평 공략' 등으로 대표되는 많은 전쟁을 치른다. 그러던 도중 위나라군의 급습으로 인해 크게 패하게 되는데, 위나라군은 당시 수도였던 환도성을 불바다로 만들고 계속해서 고구려를 위협한다. 가까스로 살아남은 동천왕은 더 이상 도읍지로서 기능을 할 수 없는 환도성을 떠나 평양으로 옮긴다.

동천왕이 천도한 평양성에 대해서, 『삼국사기』의 주에는 이곳이 바로 선인(仙人단군)왕검이 도읍한 곳이라고 표현한다. 여기에서 처음으로 '평양(平壤)'이라는 지명이 나타나기 시작한다.[32] 이 평양에 대해 현재 평양이나 혹은 중국 길림성 집안현으로 추정하는 견해들이 있다. 그러나 필자의 분석으로는, 현재 북한의 평양 혹은 중국 길림성 집안지역에 4번째 도읍지인 평양성이 있었다는 견해는 성립될 수 없다고 본다. 이 문제에 대하여 필자가 자세히 언급한 적이 있다.[33] 그렇다면 동천왕이 옮긴 도읍지 평양성은 어디에 있을까?

### 1) 문헌기록의 검토

그 실마리는 동천왕이 옮긴 도읍지로 추정할 만한 곳에 관한 『요사』 기록

---

[32] 장효정, 「『三國史記』 「高句麗本紀」 東川王 21년조 기사 검토」, 『高句麗研究』 제13집, 學研文化史, 2002년.

[33] 복기대, 「고구려 '皇城' 시대에 대한 試論」, 『Asia-pacific Journal of Multimedia Services Convergent with Art, Humanities, and Sociology』Vol.6, No.1, January (2016), pp. 393-408 http://dx.doi.org/10.14257/AJMAHS.2016.01.12

에서 찾을 수 있다.

> 「요사」 권38 「지」 제8 지리2 동경도
> 
> 환주. 고려 중기의 도성이었다. 환도, 신향, 기수 세 현이 있었으나 모두 없앴다. 고려의 왕이 이곳에 궁궐을 세웠는데, 나라 사람들이 새 나라라 하였다. 오세손 쇠에[34] 이르러 진 강제 건원 초에 모용황에게 패하고 궁실이 불탔다. 700호이다.[35]

『요사』의 기록을 보면, 동천왕은 옛 도읍을 버리고 이 환주 지역에 천도하여 도성으로 삼고, 궁궐을 세우고 새로운 마음으로 나라를 세운 듯하다. 그런데 그 5세손인 쇠에 이르러 진나라 강제 연간에 모용황과 전쟁을 하여 크게 졌고, 그로 말미암아 궁실이 모두 불에 탔다는 것이다. 여기서 '5세손 쇠'는 고구려 제16대 왕인 고국원왕을 말하고 있는데, 거꾸로 그의 아버지 미천왕으로부터 5세를 따져 올라가면 동천왕이 된다. 이 내용은 『삼국사기』 「동천왕」조와[36] 「고국원왕」조를[37] 대비해 읽어보면 맞는 것을 알 수 있다. 그러므로 동천왕이 도읍을 옮긴 곳은 평안도 평양이 아니라 요나라 시대 행정구역인 환주(桓州) 지역인 것이다. 이 환주지역이 어디인가 하는 것이다. 환주를 알기 위해서는 고국원왕이 천도한 황성과의 관계를 설명해야 한다. 뒤에서 설명하겠지만, 고국원왕이 천도한 황성은 지금의 중국 길림성 집안이다. 이곳으로 천도하면서 남겨 놓은 기록에 고려의 서경 동쪽이라 하였다. 이 고려의 서경에 대해 필자는

---

[34] 고국원왕(故國原王)을 말한다.
(참조: 한국사데이터베이스, 『삼국사기』 권18 「고구려본기」 제6 고국원왕 원년 기사 각주3번)

[35] 『遼史』 卷8 「志」 第8 地理2 東京道
桓州. 高麗中都城, 故縣三: 桓都, 神鄉, 淇水, 皆廢. 高麗王於此創立宮闕, 國人謂之新國. 五世孫釗, 晉康帝建元初為慕容皝所敗, 宮室焚蕩. 戶七百.

[36] 『三國史記』 卷第17 「高句麗本紀」 第5 東川王

[37] 『三國史記』 卷第17 「高句麗本紀」 第6 故國原王
十二年 ------ 今其主亡民散 潛伏山谷 大軍旣去 必復鳩聚 收其餘燼 猶足爲患 請載其父尸 囚其生母而歸 俟其束身自歸 然後返之 撫以恩信 策之上也 皝從之 發美川王墓 載其尸 收其府庫累世之寶虜男女五萬餘口 燒其宮室 毀丸都城而還

현재 중국 요녕성 환인지역을 포함하였을 것으로 본다(그림 13, 14). 그 근거는 이미 다른 논문에서 밝혀 놓았다.[38] 이 기록들을 근거로 분석해 본 결과 현재 환인지역에는 매우 많은 고구려 유적이 확인되고 있다(물론 이 중에는 고려의 것이 고구려의 것으로 파악되고 있는 것도 있을 것이다). 그러므로 이런 몇 가지를 확인해 본 결과 현재 환인이 요나라 때 환주 근처였을 것이고 고려가 이곳에 서경을 설치하면서 요나라는 밀려 나간 것으로 보인다.

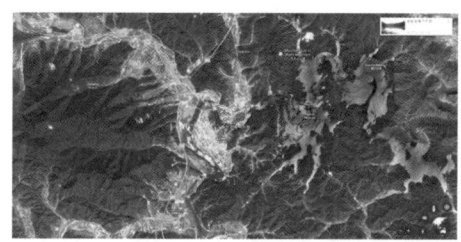 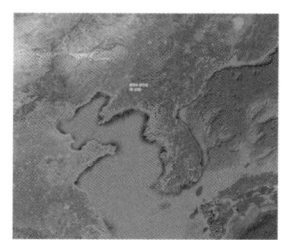

〈그림 13〉 환인 전경 〈그림 14〉 동천왕이 천도한 평양성의 위치

### 2) 고고학 자료의 검토

이 지역은 통화에서 시작하여 환인, 관전을 지나 현재의 압록강으로 들어가는 조선 중기의 압록강이 지나고 있는 지역이다. 최근 이 지역에서 신석기시대부터 금나라 유적까지 많은 유적이 발견되기도 하였다. 특히 하고자성(下古子城)을 비롯하여 오녀산성(五女山城), 그리고 고구려계 고분이 많이 모여 있다. 최근 중국 학계에서는 오녀산성과 하고자성 일부 지역을 발굴하였다. 발굴 결과 오녀산성에서 출토된 유물 중 품질이 좋거나 큰 것은 고구려 중기 것이었다(그림 15).[39]

---

38 　복기대, 「고구려 '皇城' 시대에 대한 試論」『Asia-pacific Journal of Multimedia Services Convergent with Art, Humanities, and Sociology』Vol.6, No.1, January (2016), pp. 393-408 http://dx.doi.org/10.14257/AJMAHS.2016.01.12
39 　遼寧省文物考古研究所 편저, 『五女山城』-1996~1999, 2003년 桓仁五女山城調査發掘報告-』, 文物出版社, 284-291쪽.

〈그림 15〉 오녀산성 출토 유물

뿐만 아니라 과거에 발굴된 무덤들에 대한 연대도 고구려 중기 것으로 확인되었다.[40] 이는 고구려 중기에 이곳에 집중적으로 사람이 살았다는 것이기도 하다. 그 후 고구려 중기 이후로 보이는 유적들은 매우 적은 수가 발견되고 있는 것으로 보아 이는 어느 시기에 쇠락한 것으로 볼 수 있다. 환인 시내와 오녀산성이 연결되는 곳에 현재 길림성 통화시의 백산 마루에서 시작하여 현재의 압록강으로 들어가는 물을 막아 댐을 만들었다(그림 16, 17 참조). 이 댐이 환인 댐인데 댐의 수량이 적어지면 물속에 잠겼던 많은 적석 무덤들이 드러나곤 한다.

〈그림 16〉 환인댐　　　　〈그림 17〉 환인에서 현재 압록강으로 들어가는 물길

---

40　陣大爲,「桓仁縣考古調査發掘簡報」,『考古』, 1964년 10期 참조.
　　이곳의 많은 유적이 댐 공사로 수몰되었는데, 댐에 물이 줄면 다시 그 모습을 드러낸다고 한다. 만약 추모왕이 이곳에 도읍을 하였다면 유리왕이 도읍을 옮길 때까지 그다지 길지 않은 시간 동안 그 많은 무덤과 성터가 존재했을까 하는 의구심이 든다.

이 무덤들이 고구려 무덤이라는 것이 학계의 의견이다.

현재 조사된 무덤 유적 중에는 미창구 지역의 고분이 있다. 이 고분은 오래 전에 도굴되었지만 그 후에도 공식, 비공식으로 무덤문을 열고 들어가 몇 번의 조사가 있었다. 현재는 이 무덤을 왕릉급으로 보고 있다. 이 무덤의 주변 환경을 보면 하천과 들판, 그리고 사방에 높고 낮은 산이 어우러져 있어 매우 아름다운 곳에 지어진 무덤이다(그림 18~21).

〈그림 18〉 미창구 무덤 주변 전경

〈그림 19〉 미창구 무덤 벽화

〈그림 20〉 미창구 무덤 출토 항아리

〈그림 21〉 미창구 무덤 출토 부뚜막

이런 고고학 관련 자료들을 볼 때 『요사』나 『삼국사기』에 기록되는 것과 어느 정도 일치하는 것을 볼 수 있다. 그렇다면 이곳이 바로 동천왕 → 중천왕 → 서천왕 → 봉상왕 → 미천왕 → 고국원왕 때의 도읍지였던 평양지역이었을 것으로 본다.[41] 그러므로 글쓴이는 이곳이 고구려의 첫 도읍지가 아니고 네 번째 도읍지인 동천왕의 평양으로 추측한다.

## 5. 고구려 여섯 번째 도읍지
  – 고국원왕(故國原王)의 황성(黃城) 천도

고구려 11대 동천왕 때 위나라의 공격으로 환도성이 폐허가 되자 환도성을 버리고 평양으로 다시 도읍을 옮겼다. 이 평양에서 몇 대를 거치면서 힘을 기른 고구려는 16대 고국원왕 때 이르러 동천왕 때 약해진 국력을 완전히 회복하였고 다시 서쪽으로 진출하고자 하였다. 이를 위해 먼저 과거의 도읍이었던 국내성과 환도성을 수리하고 다시 환도성으로 천도하였다. 이러한 조치는 고국원왕의 복합된 계산에 의해서 진행된 것으로 보이는데, 그가 환도성으로 천도를 하자마자 이에 민감하게 반응한 것은 모용황의 전연(前燕)이었다. 전연의 입장에서는 15대 미천왕이 진나라 지역을 정벌하여 현도군과[42] 낙랑군에[43] 큰 타격을 입혔던 기억도 있는 터이다.[44] 그런데 고국원왕이 미천왕 때까지 도읍을 한 평양성을 떠나 환도성으로 도읍을 옮긴 것이다. 이런 형세가 만들어지자 당시

---

41  『삼국사기』 '고국원왕 4년' 조 기록을 보면 '평양' 성을 증축하는 기록이 있다. 이것은 고국원왕이 도성을 수리하는 것으로 볼 수 있을 것이다. 여기서 평양은 동천왕 때 옮긴 평양을 말하는 것으로 곧 현대의 환인지역을 말하는 것으로 봐야 할 것이다.
42  『三國史記』 卷第17 「高句麗本紀」 第5 美川王
    三年, 秋九月, 王率兵三萬, 侵玄菟郡, 虜獲八千人, 移之平壤.
43  『三國史記』 卷第17 「高句麗本紀」 第五 美川王
    十四年, 冬十月, 侵樂浪郡, 虜獲男女二千餘口.
44  복기대, 「漢四郡의 인식에 관한 연구1– '設置'와 '僑置'설에 대한 비판적 검토를 중심으로–」, 『몽골학』, 제49호, 한국몽골학회, 2017.

고구려와 국경을 맞대고 있었던 전연의 입장에서 보면 강성해진 고구려가 그 중심지를 서쪽으로 다시 옮기는 것은 필연적으로 그들과 충돌을 피할 수 없다는 것으로 추측했을 것이다.[45]

### 1) 문헌기록의 검토

이런 상황에 이르자 전연은 먼저 고구려를 공격하기로 한다. 이 때 전연이 고구려를 공격하는 내용은 『삼국사기』에 다음과 같이 기록되어 있다.

> **『삼국사기』 권제18 「고구려본기」 제6 고국원왕**
> 
> 12년(342) 봄 2월에 환도성을 수리하고, 또 국내성을 쌓았다. 가을 8월에 왕은 환도성으로 옮겨서 거처하였다. 겨울 10월에 연나라 왕 모용황이 용성으로 천도하였다. 건위장군 모용한이 먼저 고구려를 빼앗고 후에 우문씨를 멸망시키고 그 후에 중원을 차지하자고 건의하였다. 고구려에는 두 길이 있는데 북도는 평탄하고 넓은데 남도는 험하고 좁으므로 많은 사람들이 북도로 가려고 하였다. 모용한이 말하였다. "적은 상식으로 헤아려 반드시 대군이 북도로 올 것이라 여겨서, 당연히 북쪽을 중히 여기고 남쪽은 소홀히 할 것입니다. 왕께서는 마땅히 정예군을 거느리고 남도로 가 그들을 쳐서, 그들이 생각하지 못한 때에 나가야 할 것입니다. 환도는 족히 취할 것도 못됩니다. 따로 적은 군사를 북도로 보내면 비록 차질이 있다 하더라도, 그의 몸체가 이미 무너지면 사지는 쓸 수 없는 것입니다." 모용황이 그 말을 따랐다. 11월에 모용황이 스스로 날랜 군사 4만을 거느리고 남도로 나와서, 모용한과 모용패를 선봉으로 삼고, 따로 장사왕 등을 보내 군사 1만 5천 명을 거느리고 북도로 나와서 침략해 왔다. 왕은 아우 고무를 보내 정예군 5만 명을 거느리고 북도를 막게 하고, 자신은 약한 군사들을 거느리고 남도를 막

---

**45** 이런 상황을 보면 동천왕이 환도성에서 평양으로 도읍을 옮긴 것은 서쪽에서 동쪽으로 옮긴 것으로 봐야 하는데 그렇다면 환도성의 위치는 동천왕이 옮긴 평양성의 서쪽에 있어야 하는 것이다.

았다. 모용한 등이 먼저 와서 싸우고 모용황이 대군을 이끌고 뒤이어 오니 우리 군대가 크게 패하였다. 좌장사 한수가 우리 장수 아불화도가의 머리를 베니 여러 군사들이 승기를 타고 마침내 환도로 들어왔다. 왕은 말 한 필을 몰고 도망가 단웅곡으로 들어갔다. 연나라 장군 모용여가 쫓아가 왕의 어머니 주씨와 왕비를 사로잡아 돌아갔다. 이때 왕우 등이 북도에서 싸우다가 모두 패하여 죽었다. 이로 인해 모용황이 다시 끝까지 쫓지 못하고 사신을 보내 왕을 불렀으나 왕은 나가지 않았다.[46]

이 기록을 보면 전연은 고전적인 전쟁 방법에서 벗어나 고구려의 약점을 그대로 활용하여 환도성을 함락시키고 고국원왕의 어머니와 부인, 그리고 평양지역에 있었던 고국원왕의 아버지 무덤까지 파헤쳐 시신까지 가지고 돌아갔다. 이 전쟁에서 환도성, 평양성까지 함락된 것이다. 이에 고국원왕은 바로 환도성과 평양성을 버리고 다시 천도한다. 『삼국사기』 기록을 보면 다음과 같다.

### 『삼국사기』 권제18 「고구려본기」 제6 고국원왕

13년(343) 봄 2월에 왕은 그의 아우를 연나라에 보내 신하를 칭하며 조회하고, 진기한 물건 천여 점을 바쳤다. 연나라 왕 모용황이 이에 따라 그 아버지의 시신을 돌려주었으나, 그 어머니는 여전히 남겨두어 인질로 삼았다. 가을 7월에 왕은 평양의 동쪽 황성으로 거처를 옮겼다. 이 성은 지금 서경 동쪽 목멱산 가운데에

---

[46] 『三國史記』卷第18「高句麗本紀」第6 故國原王
十二年 春二月 修葺丸都城 又築國內城 秋八月 移居丸都城 冬十月 燕王遷都龍城 立威將軍翰請先取高句麗 後滅宇文 然後中原可圖 高句麗有二道 其北道平闊 南道險狹 衆欲從北道 翰曰 "虜以常情料之必謂大軍從北道 當重北而輕南 王宜帥銳兵 從南道擊之 出其不意 丸都不足取也 別遣偏師 出北道 縱有蹉跌 其腹心已潰 四支無能爲也" 從之 十一月 自將勁兵四萬 出南道 以慕容翰·慕容覇爲前鋒 別遣長史王寓 將兵萬五千 出北道以來侵 王遣弟武 帥精兵五萬 拒北道 自帥羸兵 以備南道 慕容翰等先至戰以大衆繼之 我兵大敗 左長史韓壽斬我將阿佛和度加 諸軍乘勝 遂入丸都 王單騎走入斷熊谷 將軍慕容興 追獲王母周氏及王妃而歸 會王寓等戰於北道 皆敗沒 由是 不復窮追 遣使招王 王不出

있다.**47**

    이 기록 가운데 '평양의 동쪽 황성으로 도읍을 옮겼다'는 기록이 있다. 그리고 그 다음 구절에 '성은 지금의 서경 동쪽 목멱산 중에 있다'는 기록이 있다. 이와 관련한 기록의 앞뒤를 다시 살펴보면, 결국 고국원왕은 환도성에서 다시 평양의 동쪽 목멱산 중에 있는 황성으로 천도를 하게 되는 것이다. 그렇다면 황성의 위치를 확인해 봐야 하는데, 앞에서 고국원왕이 천도한 황성은 평양의 동쪽이라는 사실을 알 수 있다. 기록대로라면 동천왕이 천도한 평양은 고려시대 서경이었고, 서경의 동쪽에 고국원왕이 천도를 한 것이다.**48** 앞서도 말한 것처럼 고국원왕이 도읍을 옮긴 후 20대왕인 장수왕까지는 도읍을 옮긴 기록이 없다. 그렇다면 고국원왕부터 장수왕까지는 한 곳에 도읍을 한 것인데 이곳이 어딘가 하는 것이다. 그곳은 바로 오늘날 집안현이다. 그 이유는 장수왕의 아버지인 광개토태왕 관련 유적이 남아있기 때문이다. 호태왕은 그곳에서 왕위에 올랐고, 그곳에 죽어 무덤을 남긴 것이다. 그렇다면 그곳이 바로 고국원왕이 옮긴 황성인 것이다. 즉 현재 길림성 집안시가 고국원왕이 옮긴 황성이고 20대 장수왕이 이곳을 떠나 평양으로 도읍을 옮기기 전까지 고구려의 '황성시대'가 되는 것이다(그림 22).

---

| | |
|---|---|
| 47 | 『三國史記』卷第18 「高句麗本紀」第6 故國原王<br>十三年 春二月 王遣其弟 稱臣入朝於燕 貢珍異以千數 燕王乃還其父尸 猶留其母爲質 秋七月 移居平壤東黃城 城在今西京東木覓山中 |
| 48 | 한 가지 더 확인해봐야 하는 것은 고려시대에 바로 이곳을 알고 있었다는 뜻도 된다는 점이다. 왜냐하면 고려 '서경(西京)의 동쪽 목멱산(木覓山) 중에 있다'고 기록하고 있기 때문이다. 즉 고려의 서경은 고구려 황성의 서쪽이 되어야 하고 오늘날 집안을 둘러싼 산들은 곧 목멱산이 되는 것이다. 이 기록은 한국사를 연구하는 데 매우 어려운 문제를 제기하고 있다. 왜냐하면 '서경' 관련 기록이 나오기 때문이다. 『삼국사기』의 이 기록대로라면 고려시대 서경은 오늘날 한국에 없는 것으로 봐야 하기 때문이다. 매우 복잡한 문제를 잉태하고 있다. 그러나 이 글은 그 문제를 다루기 위한 것이 아니기 때문에 이 부분에 대해서는 언급하지 않겠다. |

## 2) 고고학 자료의 확인

여기서 고려해야 하는 또 다른 문제로, 고국원왕의 황성시대를 몇 년간으로 봐야 하는가 하는 것이 제기된다. 황성은 고국원왕 13년(343)에 처음으로 도읍지로 선정되어 거주하기 시작해 소수림왕, 고국양왕, 광개토왕, 장수왕 27년(439)에 이르기까지 총 96년 간 도읍지로서의 역할을 했다. 그 근거로 현재 집안에는 광개토왕 비(碑)를 비롯하여 황성터와 많은 무덤들이 발견되었다(그림 23~26 참조).

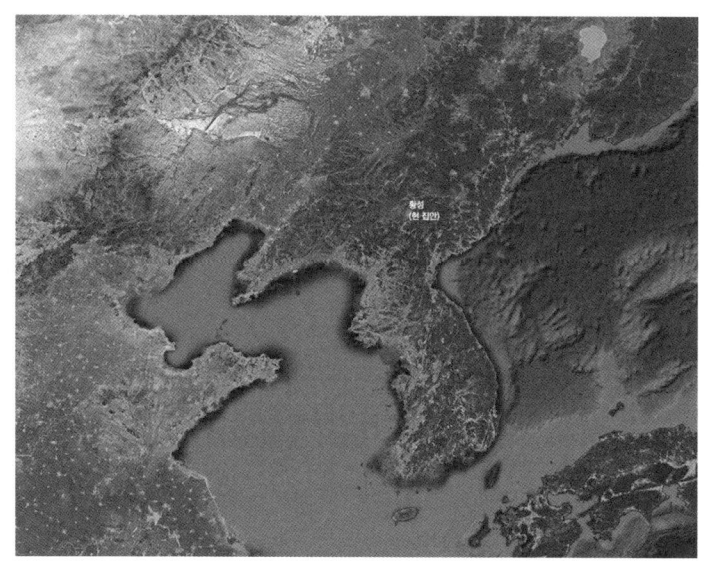

〈그림 22〉 고국원왕 황성(黃城)의 위치

〈그림 23〉 집안 시내 성벽

〈그림 24〉 광개토태왕 능비(陵碑)

〈그림 25〉 광개토태왕릉

〈그림 26〉 왕릉[49]

## 6. 고구려 일곱 번째 도읍지
### – 장수왕(長壽王)의 평양성(平壤城)

장수왕은 아버지인 광개토태왕의 처절한 노력으로 매우 넓은 땅을 갖게 되었다. 그는 아버지의 뜻을 이어받아 여러 가지 일을 하는데, 그중 하나가 좁은 집안의 황성을 떠나 물산이 풍부하며 교통이 발달한 곳으로 도읍을 옮기는 것이다. 장수왕은 그의 재위 15년에 고국원왕이 피치 못할 사정으로 도읍을 정했던 목멱산 중의 황성에서 넓은 들판인 평양으로 천도를 한다. 이 일에 대하여 『삼국사기』에는 단지 '평양(平壤)'이라고만 기록하고 있다. 한국 학계에서는 장수왕이 옮긴 이 평양을 오늘날의 평안도 평양으로 확신하고 있다. 그 이유는 현재의 '평양'이라는 지명을 근거로 장수왕 시절에 옮긴 평양이 그대로 이어져 오고 있다고 생각하는 것이다. 이 점에 대해서 한 가지 의문이 생긴다. 조선이 건국되고 난 후 세종(世宗) 때 이르러 조선의 영역 안에 각 왕조별 기념적

---

[49] 『東國輿地勝覽』 '江界都護府'
삼기현(三岐峴), 황성평(皇城坪) 만포(滿浦)에서 30리의 거리가 되는 곳으로 금(金)나라가 도읍했던 곳이다. 황제묘(皇帝墓)가 황성평(皇城坪)에 있으니, 세상에서 전해 내려온 말로는 금나라 황제묘라 하는데 돌을 갈아 만들었다. 높이가 가히 10장이고 안에는 침상(寢牀)이 셋이 있다. 또 황후묘와 왕자묘가 있다.

인 것을 만들려고 각 시대별 도읍지를 찾고 있었다. 이 과정에서 신라와 백제의 도읍지는 찾을 수 있는데 고구려는 찾을 수 없었다는 기록이 남아있다.

**『조선왕조실록』「세종실록」 35권 세종 9년 3월 13일**

예조판서 신상이 아뢰기를, "삼국의 시조의 묘를 세우는데 마땅히 그 도읍한 데에 세울 것이니, 신라는 경주이겠고, 백제는 전주이겠으나, 고구려는 그 도읍한 곳을 알지 못하겠습니다." 하였다. 임금이 말하기를, "상고해 보면 알기가 어렵지 않을 것이다. 비록 도읍한 데에 세우지는 못하더라도 각기 그 나라에 세운다면 될 것이다." 하였다. 이조 판서 허조가 아뢰기를, "제사 지내는 것은 공을 보답하는 것입니다. 우리 왕조의 전장·문물은 신라의 제도를 증감하였으니, 다만 신라 시조에게 제사 지내는 것이 어떻겠습니까." 하니, 임금이 말하기를, "삼국이 정립 대치하여 서로 막상막하하였으니, 이것을 버리고 저것만 취할 수는 없다." 하였다.50

이 기록을 보면 당시 고구려의 평양성이 어디인지 모르고 있었다는 것을 알 수 있다.51 그런데도 불구하고 고구려 평양성이 북한 평양이라는 것은 많은 문제가 있는 것이다. 그러므로 이를 간단하게 확인해 보도록 한다.

### 1) 문헌기록의 분석

평양성 위치에 관한 가장 이른 기록은 역도원의 『수경주(水經註)』이다. 이 『수경주』에는 고구려의 평양성이 패수의 북쪽에 위치하고 있다고 기록되어 있

---

50  『朝鮮王朝實錄』「世宗實錄」 35卷 世宗9年3月13日
   辛丑/視事°禮曹判書申商啓曰: "三國始祖立廟, 須於其所都° 新羅則慶州, 百濟則全州, 高句麗則未知其所都也°" 上曰: "考之則不難知也° 雖不立於所都, 各於其國則可也°" 吏曹判書許稠啓曰: "祭者, 報功也° 我朝典章文物, 增損新羅之制, 只祀新羅始祖, 何如?" 上曰: "三國鼎峙, 不相上下, 不可捨此而取彼也°"

51  이 기록의 전후를 생각해 보면 당시 조선땅 안에서는 고려의 서경도 확인을 못하고 있었던 것으로 보인다.

〈그림 27〉 요양 시내를 흐르는 태자하(太子河) (고대 浿水)

다. 그리고 이 패수는 동에서 시작하여 서쪽으로 흘러간다고 되어 있다. 이 기록을 근거로 하여 패수의 위치를 확인해 본 결과 『요사』에 나오는 패수에 대한 기록과 같은데 이 기록에서 패수는 현재 요양시를 관통하여 흐르는 태자하를 말하고 있다(그림 27). 그리고 이 부근에 바로 고구려 평양성이 있다는 기록을 남겨 놓았다. 『원사』「지리지」동경도에는 다음과 같은 기록이 있다.

### 『요사』 권38 「지」 제8 지리2 동경도

동경 요양부는 본래 조선의 땅이다. (중략) (요양부는) 후한 때에는 청주와 유주 2주, 요동과 현도 2군 사이를 왔다갔다 했으므로, 연혁이 일정하지 않다. 한나라 말에 공손탁의 근거지가 되었으며, 그의 아들 강, 손자 연에게 전해졌다. (공손씨는) 연왕이라 자칭했으며, 연호를 소한이라 하였는데, 위나라가 이를 멸했다. (요양부는) 진나라 때는 고려에 의해 점령되었고, 다음에는 모용수에게 귀속되었다. 모용수의 아들 보가 구려왕 안으로 평주목을 삼고 살게 했다. 원위 태무제가 사신을 보내 그들이 거처하는 평양성에 이르게 했으니, 요나라 동경이 본래 이곳이

다. 당나라 고종이 고려를 평정하고 이곳에 안동도호부를 두었고, 후에 발해 대씨
의 소유가 되었다.[52]

이 기록에 "위나라 태무제 때 사신을 보내어 구려왕이 평양성에 거주한다는
것을 알렸는데, 이곳이 바로 요나라 동경성이고, 당 고종이 고구려를 평정하여
이곳에 안동도호부를 설치하였다."고 하였다. 여기서 위 태무제 때의 고구려왕
은 바로 장수왕이다. 이 기록에는 장수왕이라는 말이 나오지 않지만, 25사 중
의 하나인 『원사』「지리지」'동녕로'에는 이 시대의 고구려왕이 구체적으로 언
급되어 있는데 그 기록을 보면 다음과 같다.

『원사』 권59 「지」 제11 지리2 동경로

본래 고구려 평양성 또는 장안성이라고 한다. 한나라가 조선을 멸하고 낙랑과
현도군을 두었는데, 이곳은 낙랑 땅이다. 진나라 이후 그 왕 고련이 처음 평양성
에 살았다. 당나라가 고려를 쳐서 평양을 점령하자 그 나라는 동쪽으로 옮겼는데,
압록수의 동남으로 천여 리이다. 예전의 평양이 아니다. 왕건에 이르러 평양으로
서경(西京)을 삼았다. 원(元)나라 지원 6년에 이연령, 최탄, 현원렬 등이 부·주·현·진
60성을 들고 내귀했다. 8년(1271년) 서경을 고쳐 동녕부로 삼았다. 13년 동녕로총
관부로 승격하였고, 녹사사를 두었으며 정주, 의주, 인주, 위원진을 나누어 파사
부에 속하게 하였다. 본로영사가 1명이고, 나머지 성은 거의 인폐하여 사를 설치하
지 못하니 지금 옛 이름만 있을 뿐이다.[53]

---

52  『遼史』 卷38 「志」 第8 地理2 東京道
　　東京遼陽府, 本朝鮮之地°(中略) 遼東, 玄菟二郡, 沿革不常° 漢末 爲公孫度所據, 傳康；孫淵, 自稱燕王,
　　建元紹漢, 魏滅之° 晉陷高麗, 後歸慕容垂；子寶, 以勾麗王安爲平州牧居之° 元魏太武遺使至其所居平
　　壤城, 遼東京本此° 唐高宗平高麗, 於此置安東都護府；後爲渤海大氏所有°
53  『元史』 卷59 「志」 第11 地理2 東寧路
　　本高句驪平壤城, 亦曰長安城° 漢滅朝鮮, 置樂浪, 玄菟郡, 此樂浪地也° 晉義熙後, 其王高璉始居平壤城°
　　唐征高麗, 拔平壤, 其國東徙, 在鴨綠水之東南千餘里, 非平壤之舊° 至王建, 以平壤爲西京° 元至元六

이 기록은 명나라 때 편찬된 『원사』에 있는 내용이다. 명나라 사관들은 이 지역, 즉 원나라 동녕로에 관해 잘 알고 있었을 것이다. 이 길은 고려 말 고려와 명나라가 전쟁을 할 뻔했던 루트이기 때문이다. 그런데 여기서 명나라 사관들은 평양을 둘로 나누어 생각하고 있다. 즉 장수왕이 옮긴 곳과 명나라 당시의 평양으로 구분하고 있는 것이다.

『원사』의 동녕로 기록과 『요사』의 동경도에 나타난 평양 관련 기록은 거의 같은 내용이다. 두 기록 모두 고구려가 처음 이곳에 거주하기 시작한 내용을 담고 있으며, 같은 시기를 표현하고 있고, 『원사』에서는 그 시기의 고구려왕을 장수왕이라고 말하고 있다. 그렇다면 장수왕이 도읍을 옮긴 곳은 바로 요양(遼陽)이 된다. 『요사』와 『원사』의 기록은 구체적인 사건에서는 약간의 차이를 보이지만 큰 틀에서는 서로 내용이 맞아떨어진다. 조선시대의 자료들을 보면 이 요양을 평양으로 보고 있는 것들이 있다.[54] 이렇게 볼 때 장수왕이 옮긴 도읍 평양은 오늘날 평양이 아니고, 중국 요녕성 요양시라고 할 수 있다(그림 28 참조). 기록상으로는 장수왕 → 문자명왕 → 안장왕 → 안원왕 → 양원왕이 이곳을 도읍으로 삼았다.

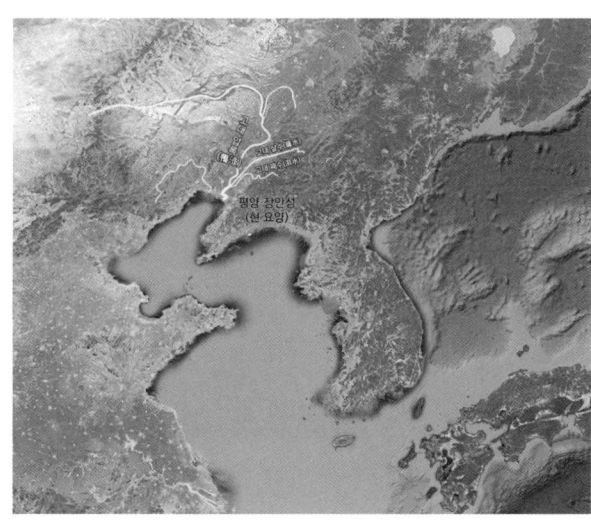

〈그림 28〉 장수왕 평양성의 위치

---

[54] 年, 李延齡, 崔坦, 玄元烈等以府州縣鎭六十城來歸° 八年, 改西京爲東寧府° 十三年, 升東寧路總管府, 設錄事司, 割靜州, 義州, 麟州, 威遠鎭隸婆娑府° 本路領司一餘城堙廢 不設司存 今姑存舊名°
복기대의 논문 참조(최부의 『표해록』, 박지원의 『열하일기』 등등에 기록된 자료들이 있음).

## 2) 고고학 자료의 확인

요양 지역의 고고학 자료는 매우 많지만, 대부분 중국계 유물로 해석되고 있다. 고구려가 요양 지역을 점령했다고 생각하지 않기 때문이다. 이는 논리적으로 맞지 않는다. 왜냐하면 설사 장수왕이 요양으로 도읍을 옮기지 않았다고 하더라도 요양지역은 오랫동안 고구려 세력 판도에 있었던 것은 주지의 사실이다. 그런데 고구려의 유적 유물이 없다는 것은 연구자들이 제대로 연구를 하지 않은 결과라 할 것이다. 그러므로 요양지역의 고고학적 연구는 전면적인 재검토가 필요한 것이다. 그렇게 된다면 아주 많은 고구려 유적을 확인할 수 있을 것이다(그림 29~33).[55] 요양지역의 유적 중에 가장 많이 남아 있는 것이 무덤들인데 여기에는 돌로 지은 무덤과 벽돌로 지은 무덤들이 있다. 이 중 돌로 지은 무덤들이 고구려계일 것으로 추정된다. 그러므로 이 무덤들의 분포를 확인해 볼 필요가 있다(그림 30). 그런데 이 무덤들은 대부분 도굴되었다.

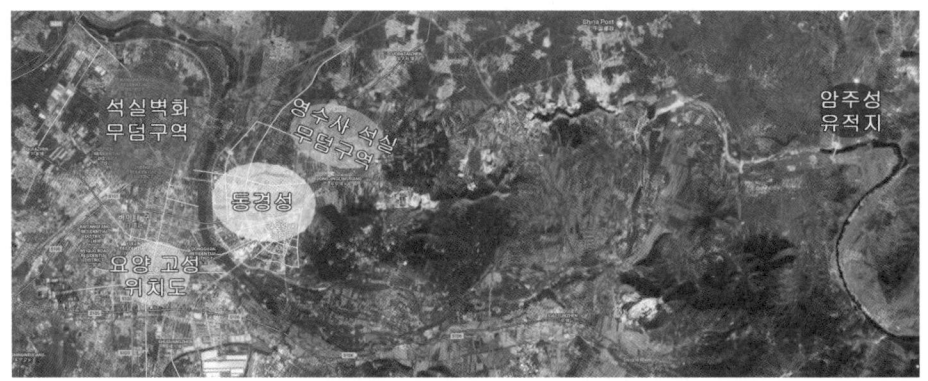

〈그림 29〉 요양지역 고구려 관련 중요 유적 분포도

---

[55] 중국 학계에서도 요양지역에 대한 연구는 심도 있게 진행되지 않고 있다. 대부분이 전국시대 연나라와 한나라 시기의 벽화 고분, 그리고 공손씨의 흔적들로 이해하고 있는 것이 현실이다. 그러나 매우 많은 유적이 연나라나 한나라 계열과는 다르다. 이런 유적이나 유물에 대한 분석을 다시 한다면 고구려, 발해 유적들도 많이 찾을 수 있을 것으로 생각한다.

요양지역의 유적들은 이미 원나라의 동녕로 시절에 거의 파괴된 것으로 보인다. 그것은 『고려사절요』 충렬왕 6년(1279년) 조에 실린 다음과 같은 내용으로 알 수 있다.

『고려사절요』 권20 충렬왕2 6년(1280.4.19.)
중랑장 지선을 동녕부에 파견하여 선대 군왕의 능묘를 발굴한 사안을 질문하였다.[56]

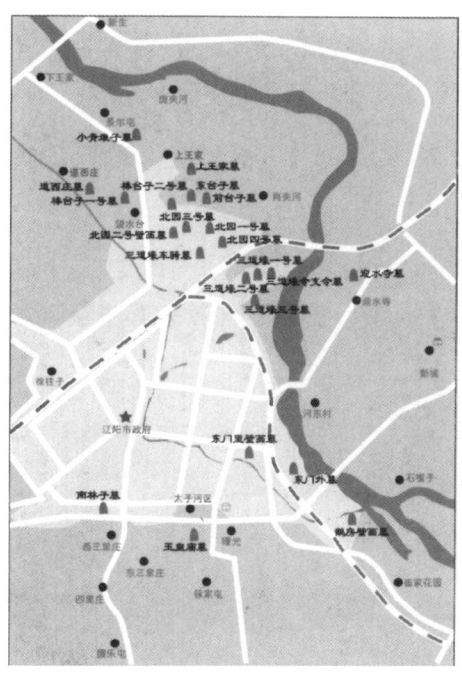

〈그림 30〉 요양지역 석실 벽화무덤 분포도

봉태자1호무덤

〈그림 31〉 봉태자무덤 및 내부구조

---

56 『高麗史節要』 卷20 忠烈王2 6年(1280.4.19)
遣中郞將池瑄于東寧府 問發掘先代君王陵墓事

〈그림 32〉 북원1호무덤 봉황누각도

〈그림 33〉 북원1호무덤 출행도

이 기록은 고려가 원나라에게 고구려 왕릉을 발굴한 건에 대한 질문을 하고있는 것이다. 이 내용을 볼 때 고려시대에도 고구려의 평양성이 오늘날 요양지역에 있었던 것을 알 수 있다. 뿐만 아니라 이미 무덤들이 도굴되었다는 것을 알 수 있는 내용이다. 이는 매우 중요한 기록이다.

그 후에도 요양지역의 고대 유적들은 많은 파괴가 있었던 것으로 확인되었는데 공권력이 파괴한 것도 있고 도굴 또는 민가에서 건축자재를 얻기 위하여 파괴한 것도 있다. 최근에 새로운 것들이 많이 발견되고 있어 이 지역의 역사 연구에 큰 도움을 주고 있다(그림 34, 35 참조).

〈그림 34〉 암주성(岩州城)57 전경

〈그림 35〉 암주성 관측대

## 7. 고구려 여덟 번째 도읍지
### - 평원왕(平原王)의 장안성(長安城)

장수왕이 평양으로 천도한 지 125년 만에 평원왕은 장안성으로 천도한다. 장안성의 위치에 대해서는 문헌 기록에 따라 다른데, 현재는 한반도 평양지역

---

57   이 성의 원래 이름은 암주성(岩州城)이었다. 그러던 것이 '암(岩)' 자와 '연(燕)' 자의 중국어 발음이 비슷하고 연나라 태자(太子) 단(丹)의 전설과 관련하여 '연주성(燕州城)'으로 바뀐 것이다.
(참조: 馮永謙,李濤,趙中文, 『灯塔市歷史與文化』 第1卷, '歷史考古文物卷', 遼寧人民出版社, 2011年).

으로 보는 것이 보편적이다. 이렇게 위치 비정을 하는 데에는 많은 문제가 따른다. 먼저 고구려 말 수·당과의 전쟁 과정을 살펴보면 현재 중국 요녕성 요양 일대나 그 부근의 멀지 않은 지역에서 전쟁이 벌어지고 있음을 확인할 수 있다. 즉, 장수왕의 평양성과 평원왕의 장안성은 그리 멀지 않았던 것으로 보이며, 당대를 기록한 『당서』에서는 평양성과 장안성을 같은 곳으로 보고 있다.[58] 그러나 『삼국사기』에서는 장안성과 평양성은 별개로 보고 있는데 다만 한 구역에서 한 묶음으로 움직이는 모습을 볼 수 있다. 그 이유는 장안성을 축조하는 기록에서 확인이 된다.[59]

### 1) 문헌기록의 검토

이 시기는 이미 장수왕이 평양으로 옮긴지 130년이 지난 시기였다. 그리고 약 30년이 지나 장안성으로 천도를 한 것이다.[60] 사실 『삼국사기』 저자들은 평양성과 장안성이 같은 곳에 있는 것인지 아니면 다른 곳에 있는 것인지 정확하게 모를 수 있다는 가능성을 언급하였다.

> **『삼국사기』 권제37 「잡지」 제6 '지리4 고구려'**
> 국내로 도읍하여 425년이 지나 장수왕 15년(427)에 평양으로 도읍을 옮겼다. 156년이 지나 평원왕 28년에 장안성으로 도읍을 옮겼으며, 83년이 지나 보장왕 27년에 멸망하였다. 옛 사람들의 기록에 시조 주몽왕으로부터 보장왕에 이르기까지의 역년은 틀림이 없고 상세한 것이 이와 같다. 그러나 혹은 이르기를 "고국원

---

58 　『三國史記』 卷第37 「雜志」 第6 '地理4 高句麗'
　　『唐書』 云: "「平壤城」亦謂「長安」." 而古記云: "自「平壤」移「長安」." 則二城同異遠近, 則不可知矣. 「高句麗」始居「中國」北地, 則漸東遷于「浿水」之側.
59 　『三國史記』 卷第19 「高句麗本紀」 第7 陽原王
　　八年, 築長安城.
60 　『三國史記』 卷第19 「高句麗本紀」 第7 平原王
　　二十八年, 移都長安城.

왕 13년에 (왕이) 평양의 동쪽 황성으로 이거하였는데, 성은 지금[고려] 서경의 동쪽 목멱산 가운데 있다"라 하니, 옳고 틀림을 알 수 없다.[61]

여기서 『삼국사기』 편찬자들은 「본기」의 기록과는 전혀 다른 혼란을 일으키고 있다. 그 대표적인 것이 '국내성으로 옮긴지 425년'이란 기록이다. 그러나 「본기」에서는 각 천도별로 정확하게 기록해 놓고 있다. 즉 「본기」의 내용과 「지리지」의 내용이 전혀 다른 것이다. 필자의 생각은, 평원왕이 장안으로 천도한 것은 분명히 맞는데 평양성과 장안성의 차이는 한 구역 안에 2개의 성이 따로 존재한다는 것이다. 즉 평양성에서 몇 십리 떨어진 곳에 장안성이 있을 가능성이 있는 것이다. 그렇기 때문에 『당서』에는 평양성과 장안성을 하나로 묶은 것이 아닌가 한다. 충분히 그럴 수 있는 것이다.

이를 보충할 수 있는 기사를 확인해 보자. 고구려 말, 고구려는 수나라와 큰 전쟁을 벌인다. 그 전쟁터가 살수 유역인데 이 살수는 고구려 평양성과는 불과 30리 밖에 떨어지지 않은 강이었다. 그렇기 때문에 살수의 위치를 알면 평양성의 위치도 알 수 있다. 살수는 현재 지금의 평안도 청천강으로 비정해서 고증하고 있다. 『홍재전서』에[62] 의하면 정조가 당시 학자들이 중구난방으로 제기하는 고구려사에 의구심을 갖는 것이 나타난다. 특히 청천강이 살수라는 것

---

| 61 | 『三國史記』卷第37「雜志」第6 '地理4' '高句麗' 平壤城과 長安城<br>都国内歷四百二十五年, 長壽王十五年, 移都平壤. 歷一百五十六年, 平原王二十八年, 移都長安城, 歷八十三年, 寶臧王二十七年而滅 古人記録, 自始祖朱蒙王寶臧王, 歷年丁寧纖悉若此. 而或云, "故國原王十三年, 移居平壤東黃城, 城在今西京東木覓山中." 不可知其然否.. 平壤城似今西京, 而浿水則大同江是也. 何以知之. 唐書云, "平壤城, 漢樂浪郡也, 隨山屈繚爲郭, 南涯浿水." 又志云, "登州東北海行,南傍海壖過浿江口椒島, 得新羅西北." 又隋煬帝東征詔曰, "滄海道軍, 舟艦千里, 高帆電逝, 巨艦雲飛,橫絶浿江, 遙造平壤." 以此言之, 今大同江爲浿水明矣, 則西京之爲平壤, 亦可知矣. 唐書云, "平壤城亦謂長安." 而古記云, "自平壤移長安." 則二城同異遠近, 則不可知矣. |
| 62 | 『홍재전서(弘齋全書)』는 조선 후기 제22대 왕 정조의 시가와 산문을 엮어 1799년(1차), 1800년(2차)에 간행한 시문집이다. 권110~119는 강목(綱目)의 강의와 관학유생(館學儒生)들과 함께 문답한 내용 등인데, 이 부분은 정조의 학예사상과 아울러 당시의 유학사·사상사의 연구에 중요한 자료이다(출처: 한국민족문화대백과). |

에 대해 큰 의구심을 보인다. 그래서 이에 대해 구체적으로 묻는다. 이에 이만응(李晩膺)이라는 사람이 답을 하고 있다.

『홍재전서』 권116 「경사강의」53 강목7
[유학 이만응이 대답하였다.]
고구려가 작은 나라임에도 불구하고 을지문덕이 수나라 군사 30여만 대군을 청천강에서 격파하고 마치 고목나무 가지 꺾듯이 적장 신세웅을 죽였으니, 어쩌면 그리도 장쾌합니까. 『맹자』에 지리가 인화만 못하다고 하였는데, 이것은 참으로 옳은 말입니다. 다만 증거할 만한 문헌이 없어 그 군사 전략에 대하여 알 수 없는 것이 안타까울 따름입니다. 낙랑은 지금의 평양이며, 현도는 지금의 덕원과 문천에 해당됩니다. 그리고 양평과 남소는 모두 요동에 위치해 있으며 지금은 봉천부에 속해 있습니다. 안시성 역시 요동의 속현인데, 후인들이 망녕되이 압록강의 동쪽에서 이를 찾고자 하였으니, 참으로 잘못된 일입니다. 살수는 곧 청천강의 다른 이름으로, 을지문덕이 군사를 몰래 감추어 놓고 항복을 요청한 것과 우문술의 군사가 물속에서 궤멸된 것은 모두 이 강에서 일어난 일입니다. 그런데 지금은 조그마한 나루에 불과하니, 옛날에 큰 강이었던 것이 지금은 혹 물줄기가 막혀 작아진 것이 아닌가 싶습니다. 아니면 옛날에 수나라 군사가 강을 건넌 것은 하류의 광활한 곳이었을 것입니다. 산천의 변화란 무상하게 진행되는 것이어서 신의 좁은 식견으로는 감히 확실하게 말씀드리지 못하겠습니다.[63]

---

63   『弘齋全書』 卷116 「經史講義」53 綱目7
高句麗以蕞爾小邦° 敵隋煬天下之兵° 而終使隋軍敗績° 煬帝僅以身免° 其戰守之策° 雖不可攷° 而至於樂浪玄菟° 今爲何郡° 襄平南蘇° 今屬何道歟° 安市城或日在遼東° 或日在鴨江東° 又有安市卽今安州之說° 果是安州° 則安是野中孤城° 四面受敵之地° 其所以獨守不下° 以禦百萬北來之師者° 果用何計歟° 薩水或日今爲淸川江° 乙支文德之潛師請降° 宇文述之中流兵潰° 未知果在此江° 而淸川卽一衣帶水也° 尙何能倚爲天塹° 恃險出奇歟° 綱目所載° 旣失其詳° 東史所錄° 亦多贗傳° 或於野乘佚史有可以考據者歟°

이만응의 대답은 신통치 않았다. 이만응 뿐만 아니라 다른 사람들도 모두 신통치 않은 대답을 하고 있다. 실제 당시 기록을 보면 당시 분위기가 조선의 역사를 연구하기는 해야겠는데 뭔가 제대로 진행이 되고 있지 않은 것을 알 수 있다. 그런데 이보다 앞서 명나라 초기에 편찬된 『대명일통지』에 살수에 대한 기록이 전해지고 있다.

이 기록은 단순하게 살수 하나만을 기록하는 게 아니라 살수와 관련된 기록, 즉 평양, 압록강, 기자사당 등 이른바 한국 고대사와 관련 있는 사항들이 함께 기록되어 있기 때문에 매우 신빙성이 있는 것이다. 이 기록에 의하면 살수는 지금의 요녕성·무순·심양의 동부지역을 흐르고 있는 혼하를 말하고 있다. 이 기록과 고대 압록강에 대한 기록, 평양에 대한 기록 등등을 비교 검토해 보면 신빙성이 매우 높은 것을 알 수 있다. 살수대첩이 일어난 시기가 612년으로, 이때는 고구려의 마지막 도읍 장안성 시대였기 때문에 지금의 혼하가 살수라면 장안성은 당연히 지금의 혼하 동쪽에 있어야 한다. 그 이유는 '살수에서 평양성까지 30리'라고 했기 때문이다(그림 36, 37 참조)

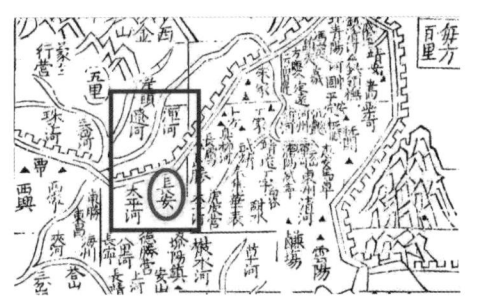
〈그림 36〉 '장안' (요하와 혼하 부근)(*명대(明代) 병서 『등단필구(登壇必究)』의 요동 지도)

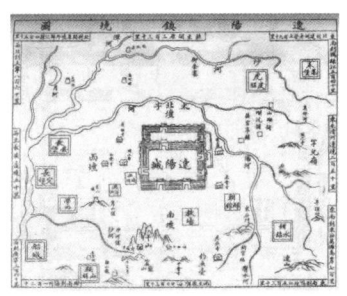
〈그림 37〉 요양성 서쪽에 '장안보(長安堡)'라는 지명이 보인다.

다음으로 확인할 수 있는 것은 연남생(淵男生)의 묘지명(墓誌銘)이다. 이 묘지명은 연개소문의 아들인 연남생이 고구려를 배신하고 당나라에 항복한 이후 작위를 받고 안동도호부가 된 평양에서 죽자 낙양에서 장례를 치러주면서 남겨준 것이다. 이 기록은 남생의 사망 연도인 679년의 기록으로 봐도 무방하다. 묘지명에는 남생의 출신지를 '요동군 평양성'으로 기록하고 있다(그림 38 참조).64 그렇다면 구체적인 평양성의 위치가 나온 셈이다. 즉, 당나라의 요동군을 확인하면 되는데 주지하다시피 당나라 요동군은 오늘날 요녕성 요서지역과 요동 평원 일부를 가리킨다.

〈그림 38〉 연남생 묘지명 탁본

위와 같은 기록을 종합해 볼 때 고구려의 마지막 수도 장안성은 장수왕이 천도한 평양성에서 멀지 않은 곳이었을 것으로 추정된다(그림 39 참조). 다만 이 장안성의 위치는 도성으로는 평양성을 활용하였어도 궁성은 장안 쪽으로 옮겼을 가능성도 있다는 것이다. 그러므로 앞으로는 이 문제에 대한 연구가 진행되어야 할 것이다.

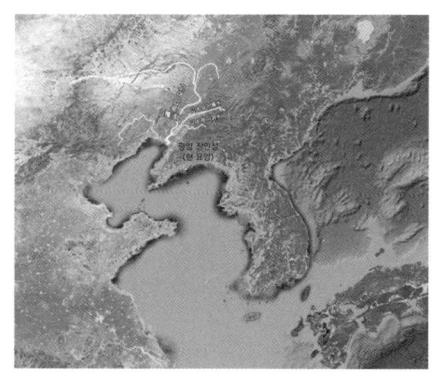

〈그림 39〉 평원왕 시절 장안성의 위치

### 2) 고고학 자료의 확인

고고학 관련 자료가 많이 남아 있을 것이나 아직 구체적으로 구분되어 있지 않기 때문에 이 곳에 인용하기에는 어려움이 있어 일단 보류해 둔다.

---

64 「泉男生墓誌銘」
公姓泉諱男生字元德 遼東郡平壤城人也 原夫遠系 本出於泉 旣託神以隤祉 遂因生以命族

# Ⅲ. 맺음말

앞에서 고구려 도읍 8곳에 대한 개략적인 설명을 진행하였다. 이 과정에서 어느 곳은 구체적으로, 또 어느 곳은 어렴풋이 도읍지를 알 수 있었다. 그 위치를 정리해 보면 아래 표와 같다.

이렇게 위치를 알 수 있었던 것은 『삼국사기』를 기본사료로 하고, 중국계 사료를 보완하며, 후대의 사료들을 비교 검토하며 얻은 결론이다. 그리고 수계(水系) 자료와 천문(天文) 자료 및 고고학 관련 조사보고서, 현지인들과의 대화 속에서 많은 것을 확인할 수 있었다. 여기서 특징적인 것은 그동안 학계에서 아무런 의심을 하지 않은 채 비정한 고구려의 가장 오랜 도읍지가 국내성이며, 그 위치가 현재 중국 길림성 집안현이라는 것이다. 그러나 이것은 아주 잘못된 것이었다. 비록 이와 관련한 기사가 『삼국사기』에 없는 것은 아니지만 이 기록 이전의 각론을 보면 그 기록이 잘못되었음을 알 수 있었다. 그럼에도 불구하고 대부분 그 기록 하나만을 근거로 고구려 도성 관련을 비정하고 있었다.

|  | 왕 | 三國史記 지명 | 현재 지명(추정) | 연 도 |
|---|---|---|---|---|
| 1대 | 동명왕 1년 | 卒本 | 중국 요녕성 금주시 | B.C 37년 |
| 2대 | 유리왕 22년 | 國內城 | 중국 요녕성 철령시 일대 | A.D 3년 |
| 10대 | 산상왕 13년 | 丸都 | 중국 요녕성 철령시 일대 | A.D 209년 |
| 11대 | 동천왕 21년 | 平壤 | 중국 요녕성 환인 | A.D 247년 |
| 16대 | 고국원왕 12년 8월 | 丸都 | 중국 요녕성 철령시 일대 | A.D 342년 |
| 16대 | 고국원왕 13년 7월 | 皇城 | 중국 길림성 집안 | A.D 343년 |
| 20대 | 장수왕 15년 | 平壤 | 중국 요녕성 요양 | A.D 427년 |
| 25대 | 평원왕 28년 | 平壤 長安城 | 중국 요녕성 요양 일대 | A.D 586년 |

필자가 사료를 조사한 바로는 조선시대에도 많은 학자가 고구려의 지리 관계를 고증하고자 노력하였다. 조선 전기의 학자들은 대부분이 고구려의 사적을 한국 안으로 비정하고자 노력하였다. 그러나 이런 노력은 대부분 인정이 되지 않고, 이른바 실학시대에 이르러 다시 고증이 되었던 것이다. 다시 고증되는 과정에서 많은 논란이 있었으나 결론을 맺지 못하고, 대일항쟁기를 거치면서 일본 학자들에 의해 확정이 되고, 그것이 오늘날까지 이어져 내려왔다. 그러면서 많은 혼란이 일어난 것이다. 이런 문제는 단순히 고구려 도읍지 문제만은 아니다. 고구려 도읍지와 관련이 있는 압록강에 대해서도 마찬가지이다. 이 압록강 관련도 이와 비슷한 맥락이다. 압록강 관련도 철저한 분석연구가 필요했다. 이 압록강 문제와 고구려 도읍지 문제를 결부시켜 연구를 진행한 결과 많은 자료를 확인할 수 있었다. 동시에 요하 수계에 대한 연구도 함께 진행했는데 여기에서 아주 중요한 결과를 얻을 수 있었다. 그것은 현재 심양 서부 일대의 요하 유역의 경제적 가치는 근대에 들어와 인정받기 시작하였다는 점이다. 근대 이전에 이 지역 땅은 거의 쓸모가 없었다는 것이다. 그때는 지금보다 해수면이 높아 만조 때 해안선이 육지로 깊이 들어오면서 짠물이 유입되어 농토로는 적합하지 않은 것이 큰 이유 중 하나였다. 다음으로 주기적으로 일어나는 대홍수로 인한 범람으로 사용 불가한 땅이었다. 그러므로 고대의 교통로는 요양에서 출발하여 심양의 동쪽으로 올라가서 무순을 지나 신빈시 북변, 철령시 남변을 통해 의무려산 동록, 혹은 의무려산 서록으로 가는 길이 되었다. 이런 길은 문헌 기록과 고고학 자료가 일치하는 결과도 도출되었다(그림 40).

　고구려의 도읍지 이동 관련은 하나의 기본 틀이 있었다. 그것은 고대의 압록강(鴨淥江)을[65] 활용하고자 한 것이다. 유리왕이 국내성으로 옮긴 여러 가지 이유 중에 하나가 압록강을 활용하고자 한 것으로 추측된다. 그것은 국내

---

[65] 여기서 말하는 압록강은 앞서 설명한 천 년 이전의 압록강인, 지금의 요하를 말한다.

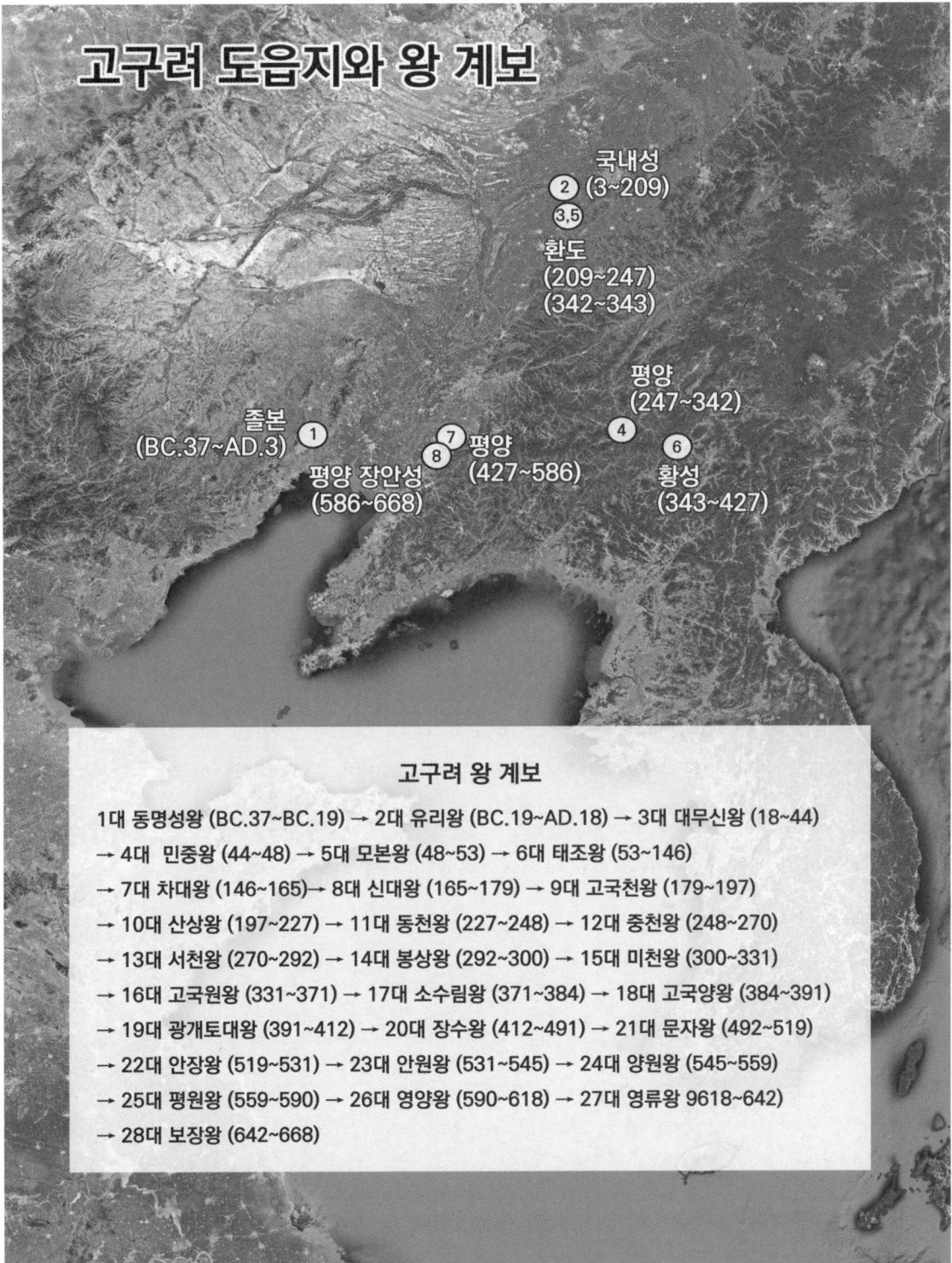

〈그림 40〉 고구려 도읍지 위치도

성 지역의 자연 지리의 이점을 인문 지리적으로 활용하고자 한 것으로 볼 수 있다. 유리왕이 천도한 지역으로 추정되는 지역은 놀랍게도 1900년대 철도가 부설되기 전까지만 해도 북방에서 가장 큰 도시였다는 것만으로도 알 수 있다. 산상왕 역시 압록강 유역으로 진출하였다. 그러다가 동천왕 때 어쩔 수 없이 지금의 환인으로 천도를 하였는데 이 환인의 수계는 고대 압록강 수계가 아니고 지금의 압록강과 연결되어 있다. 그러므로 경제적으로 매우 어려움을 겪었을 것이다. 그렇기 때문에 고국원왕은 요하유역인 환도로 다시 천도하였고 이 과정에서 모용황과 큰 전쟁을 치루었다. 이 전쟁에서 패해 결국 그 험준한 목멱산의 산중으로 들어가게 된 것이다. 이곳에서 재기를 위하여 몸부림치던 고구려는 계속하여 요동지역, 즉 압록강 유역 탈환을 위한 엄청난 노력을 하였고, 마침내 광개토태왕에 이르러 그 목표가 달성되면서 장수왕 때 다시 요양지역으로 천도하게 된 것이다. 장수왕이 요양으로 나오면서 굳건한 고구려가 건설되었고, 그것이 오늘날 자랑스러운 고구려의 모습이 된 것으로 보인다. 즉 고구려의 명운과 압록강은 일체가 되었던 것이다.

연구를 진행하면서 확인된 것인데 앞으로 이 연구도 보완이 되어야겠지만, 이와 관계된 선후 시대의 연구도 계속 진행이 되어야 할 것이다. 자료를 찾는 과정에서 너무 많은 자료를 확인할 수 있었다. 그러므로 차근차근 더 연구를 진행하면 전체 한국 북방사 연구에 큰 도움이 되리라 생각한다.

# 압록강(鴨淥江)과 고구려 평양성

고대 압록강 합류지점

# I. 압록강 연구의 중요성

## 1. 한국 고대사와 압록강

옛 고구려 중심지역이었던 만주지역, 현재의 중국 동북 3성에는 많은 강들이 있다. 대표적인 강이 '요하', '송화강', '대릉하', '소릉하', '혼하', '흑룡강' 등이다. 이런 이름은 지금의 행정명이지만 근대 이전에는 같은 강임에도 불구하고 이름들이 다른 경우도 있었다. 그 이유는 여러 가지가 있겠지만 무엇보다도 강 이름을 부르는 사람들이 늘 바뀌었던 것이 가장 큰 이유라 하겠다. 예를 들면 요하를 '요수'라고 하기도 하고, '거류하'라고 하기도 하고, '구려하'라기도 하는 것과 같은 것이다. 더구나 아주 오래전부터 이어져 내려오는 이름까지 더해지면 더욱더 복잡해진다. 이런 혼란은 자칫하면 압록강에 대한 잘못된 고증을 할 수 있는 근거가 되어 전체 역사 연구에 큰 착오를 일으키게 하기도 한다. 그 한 예가 바로 고구려의 압록강 관련이다. 한국 사람에게는 압록강은 매우 인상이 깊은 강이다. 가장 큰 이유는 아마도 국경선이라는 생각 때문일 텐데, 고구려 때는 심리적으로 고구려 최후의 방어선으로 생각했고, 고려 때는 서희의 노력으로 압록강에 다다를 수가 있었고, 조선이나 근대에도 명·청과의 국경선으로 인식되는 이유가 가장 크다고 할 수 있다. 뿐만 아니라 이 압록강이 지금도 한국과 중국의 국경선을 이루고 있다. 한국 사람에게 이런 압록강은 쉽게 건너기 어려운 선이라는 인식이 자연스럽게 강하게 생겨 있는 것이 현실이다. 그래서인지 압록강에 관련한 기록의 확인이나 혹은 연구 없이 현재의 압록강이 고대의 압록강과 같은 강이라고 생각하고 모든 역사지리를 맞춰 놓은 것이다. 그러다보니 자연스럽게 지금의 한국 역사지리의 기본 틀이 짜여지게 된 것이다. 그러나 문헌기록들을 확인해 본 결과 지금의 압록강이 고대의 압록강이 아닐 수 있다는 것이 확인되었다. 만약 지금의 압록강이 고대의 압록강이 아니라면 전체 한국사의 역사지리가 바뀌게 되는 것이고, 역사적 사실도 달라지기 때문이다. 그러므로 압록강을 전면적으로 다시 분석하여 연구해 보고자 하는 것이다.

## 2. 문헌에 기록된 압록강

한국이 자랑스럽게 생각하는 살수대첩을 비롯한 고수·고당 전쟁이 평양성을 중심으로 이루어졌는데, 그 평양성이 바로 압록강의 동남쪽에 있다는 기록에서 출발을 한다.

> ① 『신당서』 권226 「열전」 제145, '동이', '고려'
> 고려는 원래 부여의 별종이다… 그 왕은 평양성에 살았는데, 또한 장안성이라고 한다. 한나라 낙랑군의 땅이며…마자수가 있는데, 말갈의 백산에서 발원한다. 빛깔이 오리 대가리 같아서 압록수(鴨淥水)라고 부른다. 압록수는 국내성 서쪽으로 흐르다가 염난수와 합쳐진다. 다시 서남으로 흐르다가 안시에 이르고 바다로 들어간다. 그리고 평양성은 압록의 동남에 있으며, 큰 배로 사람들을 건네주며 이 강이 넓기 때문에 (고구려는) 이 강을 성을 지키는 해자로 의존한다.[1]

이 기록을 보면 압록강의 발원지부터 그 물색이며 등등을 자세히 기록하고 있고, 위치 설명을 보면 압록강의 동남쪽에 평양성이 있다고 기록되어 있다. 지

---

[1] 필자는 글을 쓰면서 한국사 관련 자료는 한국 사료를 기본으로 활용하기 때문에 대부분이 먼저 한국 사료를 쓰는데, 압록강 관련은 차이나계의 사료가 자세하게 쓰여 있어 먼저 『신당서』를 활용한다.
『新唐書』卷226 「列傳」第145 '東夷', '高麗'
高麗, 本扶餘別種也.---其君居平壤城, 亦謂長安城, 漢樂浪郡也, --- 有馬訾水出靺鞨之白山, 色若鴨頭, 號鴨淥水, 歷國內城西, 與鹽難水合, 又西南至安市, 入于海. 而平壤在鴨淥東南, 以巨艫濟人, 因恃以爲塹.

금의 평양을 고구려 평양성으로 보게 된 가장 큰 근거가 된 기록이 바로 이 기록이다. 그런데 이 기록에서는 평양이 압록강의 동남쪽이라 하였는데, 실제 지도상의 위치는 지금의 압록강 남쪽에 평양이 있는데 전해지는 기록과 방향이 전혀 다르다. 그럼에도 불구하고 고구려 평양의 위치를 비정한 것이다.[2] 더구나 다른 기록을 보면 압록강은 고구려에서 가장 큰 강이고, 이 강에는 수천 척의 배가 드나들었다고 한다. 그런데 지금의 압록강은 강이 좁을 뿐만 아니라 강바닥이 얕고 바위, 자갈, 모래톱 등이 쌓여 있어 배가 다니기 어렵다. 더구나 물살이 빨라 동력선이 아니면 아래에서 위로 올라갈 수 없는 물길이기 때문에 수천 척의 배가 오르내렸다는 기록은 증명이 안 된다. 옛 기록을 보면 지금 우리가 알고 있는 압록강이 고구려의 압록강이 아닐 가능성이 있다. 그 대표적인 기록을 보면 다음과 같다.

② 『삼국유사』 권제3 제3 흥법, '순도조려'

고구려 때의 도읍은 안시성, 일명 안정홀로서 요수의 북쪽에 위치해 있었고, 요수는 일명 '압록(鴨淥)'으로 지금은 안민강이라고 한다.[3]

이 기록에 의하면 지금의 중국 요하를 고구려 때는 압록강, 거란에서는 요수, 고려에서는 안민강으로 부르고 있다는 것이다. 즉 시대별로 다르게 부르고 있는 것이다. 고려 때 '안민강(安民江)'이라 한 것은 강의 자연적인 모습을 그린 것이 아니라 정치적인 용어로 쓰인 것이다.

---

2   오늘날 평양이 고구려의 평양으로 비정되는 가장 큰 이유가 바로 이 압록강을 근거로 하고 있기 때문이다.
3   『三國遺事』卷第3 第3 興法 '順道肇麗'
    按麗時都安市城, 一名安丁忽在遼水之北, 遼水一名鴨淥今云安民江.

### ③ 『삼국유사』 권제3 제4 탑상, '요동성 육왕탑'

서한과 삼국의 지리지를 살펴보면, 요동성은 압록강 밖에 있고 한의 유주에 속한다.[4]

이 기록은 『삼국유사』 탑상에 기록된 요동성의 위치에 관한 기록이다. 고구려 요동성은 압록강 밖에 있고, 한나라 때 유주에 속하였다는 것이다.

이런 류의 기록이, 고대의 압록강을 현대의 압록강으로 보면서 고구려 때 요동성이 현재 중국 요녕성 요양시가 된 것이고, 차이나계 역사의 한나라 유주가 오늘날 한국 땅까지 들어왔다는 문헌적인 근거가 된 것이다. 그런데 중요

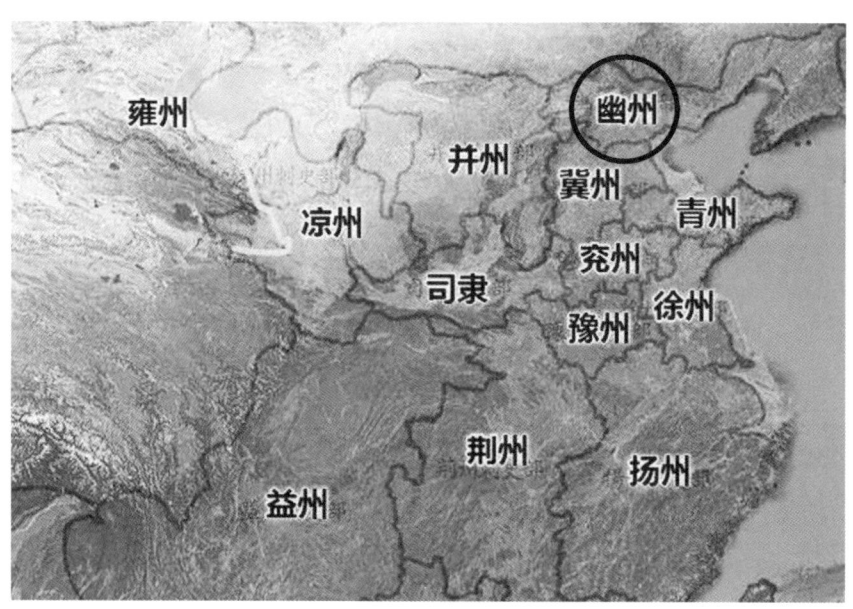

〈그림 1〉 유주 고지도

---

4 　『三國遺事』 卷第3 第4 塔像, '遼東城育王塔'
　　按西漢與三國地理志, 遼東城在鴨綠之外屬漢 幽州.

한 것은 한의 유주는 현재 중국 하북성과 그 주변에 있었다는 것이다(그림 1). 그러므로 고구려의 요동성이 한의 유주 지역에 있었다면 고구려 요동성은 현재 중국 하북성이나 그 언저리 지역으로 가야 하는 것이다. 즉 요녕성 요양이 될 수는 없는 것이다.

이렇게 되면 압록강도 옮겨져야 한다. 왜냐하면 지금의 압록강에서 하북성까지 가는 길에는 지금의 압록강보다 훨씬 큰 강이 몇 개가 있는데, 그런 큰 강을 놔두고 조그만 강을 건너는 얘기를 하지는 않을 것이기 때문이다.

다음으로 압록강, 살수, 평양성이 다 같이 기록된 내용이다.

### ④ 『수서』 권61 「열전」 제26 '우문술전'

고구려를 정벌하게 되었을 때 우문술은 부여도군(扶餘道軍)을 지휘하게 되었다. ―――우문술이 9군과 함께 압록수에 도착하였을 때는 이미 군량이 바닥 난 상태였다. 참모들과 철수 문제를 의논했으나 각자 의견이 달랐다. 우문술은 또 수양제의 의중을 알 수 없었다. 그러던 중 을지문덕이 우문술의 진영에 찾아왔다. 우문술은 앞서 우중문과 함께 수양제에게 고구려왕 고원이나 을지문덕을 생포하라는 밀지를 받은 바가 있어서 유인하여 사로잡으려고 했으나 을지문덕은 그것을 눈치 채고 적당한 틈을 타 달아나버렸다. 우문술은 하루 일곱 번을 싸워 모두 이겼기에 이 여세를 몰아가면 승리할 수 있다고 믿었다. 또, 안에서는 여러 사람들의 논의에 압력을 받았다. 그래서 동쪽으로 진군하여 살수를 건넜다. 평양성 밖 30리 떨어진 곳에 산을 의지해 진영을 구축하자 을지문덕은 다시 사자를 보내 거짓으로 항복하였다. 우문술이 말하였다. "만약 우리 군대를 돌려 보내려면 고구려왕 고원이 행재소에 가서 수양제를 만나봐라." 군사들이 피폐해진 것을 본 우문술은 다시 싸우기 어렵다고 판단하였다. 또, 평양은 험준하고 성이 견고하여 무작정 공격을 퍼붓기가 어려웠다. 그래서 항복이 거짓이라는 것을 알고도 돌아갈 수밖에 없었다. 대군이 반 정도 강(살수)을 건넜을 때 적들이 후군을 추격하였다. 이에 크게 무너진 군세는 통제할 수 없었고, 9군은 완패하였다. 하루 낮 하룻 밤에 압록수로 돌아가 강을 건너 450리나 행군하였다. 처음 요동을 지나간 9군은 305,000명이었는데 요동성으로 돌아간 사람은 겨우 2,700명뿐이었다.[5]

이 기록은 『수서』에 실려 있는 고구려와 수나라의 전쟁 관련 기록이다. 우리가 아는 유명한 살수대첩 관련 내용이다. 압록강, 살수, 평양의 방향을 알 수 있는 내용이 적혀 있다. 즉 압록강이 가장 서쪽에 있고 그 다음으로 살수, 가장 동쪽에 평양성이 있는 것이다. 여기서 고려해봐야 할 것은 살수에서 압록수까지 군대가 철수를 할 때 꼬박 하루가 걸렸다는 것이다. 우리는 이 살수를 지금의 북한 평안도 청천강으로 보고 있는데, 이 청천강에서 압록강까지 직선거리가 125km 정도 된다. 이 거리는 하루 밤낮에 행군한다는 것이 가능하지 않은 거리이다. 더구나 비가 오는 날이었다(혼하에서 요하까지는 직선거리가 40km 정도 된다). 또 하나 살필 것은 살수에 대한 기록이다. 이 문제는 뒤에서 다시 검토를 하겠다.

이런 기록을 볼 때 현재 우리가 알고 있는 압록강과 평양의 위치는 뭔가 잘못된 것임을 알 수 있다. 그렇다면 압록강 위치 문제는 다시 분석을 해봐야 하는 것이다.

## 3. '압록(鴨淥)'의 의미 – 압록(鴨綠)과 압록(鴨淥)의 차이

땅이름이나 강, 산 이름은 어떤 의미를 담고 있다. 그러므로 먼저 우리가 쓰

---

[5] 『隋書』卷61「列傳」第26 '宇文述傳'
及征高麗,述爲扶餘道軍將。--述與九軍至鴨綠水,糧盡,議欲班師。諸將多異同,述又不測帝意。會乙支文德來詣其營,述先與于仲文俱奉密旨,令誘執文德。既而緩縱,文德逃歸,語在《仲文傳》。述內不自安,遂與諸將渡水追之。時文德見述軍中多饑色,欲疲述眾,每鬥便北。述一日之中七戰皆捷,既恃驟勝,又內逼群議,於是遂進。東濟薩水,去平壤城三十裡,因山為營。文德複遣使偽降,請述曰:「若旋師者,當奉高元朝行在所。」述見士卒疲敝,不可複戰,又平壤險固,卒難致力,遂因其詐而還。眾半濟,賊擊後軍,於是大潰,不可禁止,九軍敗績,一日一夜,還至鴨綠水,行四百五十裡。初,渡遼九軍三十萬五千人,及還至遼東城,唯二千七百人。

고 있는 압록에 대한 언어학적 분석을 통해 압록강이 어떠한 의미를 담고 있는지 살펴보겠다.

압록강 관련 기록을 찾아보면 한글로 읽기에는 같은 압록이지만 한자로 쓸 때는 다른 글자, 즉 '압록(鴨淥)'과 '압록(鴨綠)'으로 쓰인 것을 발견할 수 있다. 이렇게 달리 기록이 되어있는 것을 발견한 이는 윤한택이다.[6] 이 발견은 그동안 압록강 관련한 기록들을 검토할 때 미궁에 빠졌던 것을 벗어나게 해주는 큰 발견이었다. 윤한택의 지적을 근거로 하여 많은 자료들을 분석해 본 결과 압록(鴨綠)은 꼭 강이 아닐 수도 있었다. 또 하나는 대부분 지금의 압록강을 부를 때 이 압록을 사용한다는 것이다. 이와 반대로 압록(鴨淥)은 물을 뜻하는 것으로 강을 말하고 있었다. 또한 이 압록은 고대의 사서들이 대부분 그대로 활용하거나 혹은 의미를 아는 사람들이 강으로 표기할 때 이 압록을 사용하고 있었다. 이와 관련된 내용은 아래의 표를 참조할 수 있다.

압록강(鴨綠江)

| 문자 | 뜻 | 한국식 발음 | 중국식 발음 | 만주어 |
|---|---|---|---|---|
| 鴨 | 오리 | 압 | ya(1성) | 'Ya |
| 綠 | 초록빛 | 록 | lu(4성) | 'lu |
| 江 | 강 | 강 | jiang(1성) | |

압록강(鴨淥江)

| 문자 | 뜻 | 한국식 발음 | 중국식 발음 | 만주어 |
|---|---|---|---|---|
| 鴨 | 오리 | 압 | ya(1성) | 'Ya |
| 淥 | 맑다 | 록 | lue(4성) | 'lue |
| 江 | 강 | 강 | jiang(1성) | |

---

6 윤한택, 「고려 서북국경에 대하여」, 『압록(鴨淥)과 고려의 북계』, 주류성, 2017.
　　　, 『고려 국경에서 평화 시대를 묻는다』, 더플랜, 2018.
고광진, 최원호, 복기대, 「시론 '장백산'과 '압록수'의 위치 검토-고려 이전을 중심으로-」, 『선도문화』 13, 2012.

위의 표에서 한자적인 의미를 빼고 순수한 발음으로 만주어 '야루'는 어떤 뜻일까? 원문 'Ya Lu'는 '땅의 경계', 혹은 '어느 지역'이라는 말로도 해석이 가능할 것이다. 보완설명을 하자면 어느 지역은 늘 경계 안을 의미하는 것이기 때문이다. 즉, 만주어의 야루는 우리말로 어느 지역을 말하는 것으로 볼 수 있다. 그렇다면 압록의 의미는 『통전』과 『신당서』에 기록된 오리머리 색이라는 뜻보다는 어느 지역을 말하는 것으로 해석하는 것이 더 타당할 것이다. 압록을 어느 지역으로 해석하여 사서에 나오는 압록을 확인해 보면 좀 더 설득력 있는 추론이 가능하다. 압록 및 압록원, 압록곡이라는 마을, 압록책은 압록이라는 마을의 경계 등으로 해석이 가능할 것이다. 발해의 5경 중 하나인 서경 압록부라는 말은 발해의 서경이 압록부에 있다는 것을 말하는 것으로, 이 역시 지명을 말하는 것이다. 따라서 지금처럼 압록이라는 단어를 무조건 『통전』의 해석대로 오리머리 색으로 보지 말고 토착민의 언어로 의미를 해석한다면 오히려 합리적인 설명이 가능할 것이다.

다음으로 '야뤼'에 대한 의미이다. 이는 순수하게 '물, 강'이라는 뜻이다. 좀 더 강조하여 표현한다면 '맑은 물'이라는 뜻을 가지고 있다. 이 강물을 언제 봤느냐에 따라서 다르겠지만 대부분 물의 온도가 낮을 때는 물이 매우 맑다. 그러나 전체적으로 물이나 혹은 강을 뜻하는 말이기 때문에 전체적인 뜻을 알아보는 데는 큰 문제가 없다고 볼 수 있다.

앞에서 본 바와 같이 한자의 의미를 보면 두 글자는 전혀 다른 뜻이라는 것을 알 수 있었다. 그러므로 구별을 해서 써야 하고, 여러 명칭에 나오는 '압록'을 구분 없이 현재의 압록강과 연관 지어 해석하는 것은 잘못된 것이다. 반드시 주의해야 할 것은 현재 사용하고 있는 대부분의 사서는 최근에 다시 개수되거나 주석본으로 다시 출판된 것으로 그 과정에서 글씨 '압록(鴨淥)'을 이 '압록(鴨綠)'으로 바꿔 쓴 것이다. 이렇게 바뀌는 과정에서 압록강 연구가 큰 혼란이 온 것이다. 이 점을 분명하게 확인하고 압록강을 알아야 한다. 그렇지 않으면 큰 오류가 일어나는 것이다.

## Ⅱ. 압록강에 대한 기록의 확인

문헌 기록을 찾아보면 '압록(鴨淥)'에 관한 기록들이 많이 남아 있다. 그러나 이 글에서 모든 기록을 다 찾을 수는 없고, 시대별로 대표적인 것을 찾아보기로 한다.[7]

### 1. 삼국시대

① 『삼국유사』 권제3 제3 흥법, '순도조려'
고구려 때의 도읍은 안시성, 일명 안정홀로서 요수의 북쪽에 위치해 있었고, 요수는 일명 '압록(鴨淥)'으로 지금은 안민강이라고 한다.[8]

② 『삼국유사』 권제3 제4 탑상, '요동성육왕탑'
서한과 삼국의 지리지를 살펴보면, 요동성은 압록강 밖에 있고 한의 유주에 속한다.[9]

③ 『삼국사기』 권제20 「고구려본기」 제8, 영양왕
〔23년(612) 6월에〕 좌익위대장군 우문술은 부여도로 나아가고, 우익대장군 우중문은 낙랑도로 나아가고, 좌효위대장군 형원항은 요동도로 나아가고, 우익위대장군 설세웅은 옥저도로 나아가고, 우둔위장군 신세웅은 현토도로 나아가

---

7 앞의 본 글에서 말한 것처럼 원래는 '압록(鴨淥)'으로 썼다가 후대에 압록(鴨綠)으로 바뀐 것으로 보여도 분명하게 강으로 쓰여진 것들은 넣도록 하겠다.
8 『三國遺事』 卷第3 第3 興法, '順道肇麗'
  按麗時都安市城, 一名安丁忽在遼水之北, 遼水一名鴨淥今云安民江. 豈有松京之興國寺名.
9 『三國遺事』 卷第3 第4 塔像, '遼東城育王塔'
  按西漢與三國地理志, 遼東城在鴨綠之外屬漢 幽州.

고, 우어위장군 장근은 양평도로 나아가고, 우무후장군 조효재는 갈석도로 나아가고, 탁군태수 검교좌무위장군 최홍승은 수성도로 나아가고, 검교우어위호분랑장 위문승은 증지도로 나아가서 모두 압록수 서쪽에 모였다. 〔우문〕술 등의 군사는 노하·회원 두 진에서 사람과 말 모두 100일치 양식을 보급받았고, 또 방패·갑옷·창·옷감·무기·화막을 지급 받았는데, 사람마다 〔짊어져야 할 무게가〕 석 섬 이상으로 무거워 운반할 수 없었다. 군중에 영(令)을 내려 말하기를, "쌀과 조를 버리는 자는 참할 것이다."라고 하였지만, 사졸들은 모두 장막 아래에 땅을 파고 그것을 묻었다. 겨우 행군이 중간 지점에 이르렀는데, 양식은 다 떨어지려고 하였다.[10]

### ④ 『삼국사기』 권제20 「고구려본기」 제8 영양왕

〔23년(612) 6월에〕 왕이 대신 을지문덕을 보내 그 진영에 가서 거짓으로 항복하게 하였는데, 실제로는 그 허와 실을 살피고자 한 것이었다. 우중문은 앞서 은밀히 조서를 받들었는데, "만약 왕과 문덕이 와서 만나게 된다면 반드시 그들을 사로잡아라."라고 하였다. 중문은 그를 잡으려 하였으나, 위무사인 상서우승 류사룡이 굳게 그만두라고 하니, 중문이 마침내 받아들여 문덕이 돌아갔다. 이윽고 후회하여 사람을 보내 문덕에게 속여 말하기를, "다시 하고 싶은 말이 있으니 되돌아오시오."라고 하였으나, 문덕은 돌아보지 않고 압록수(鴨淥水)를 건너갔다.[11]

---

10    『三國史記』 卷第20 「高句麗本紀」 第8, 嬰陽王
左翊衛大將軍宇文述出扶餘道, 右翊衛大將軍于仲文出樂浪道, 左驍衛大將軍荊元恒出遼東道, 右翊衛大將軍薛世雄出沃沮道, 右屯衛將軍辛世雄出玄菟道, 右禦衛將軍張瑾出襄平道, 右武候將軍趙孝才出碣石道, 涿郡太守·檢校左武衛將軍崔弘昇出遂城道, 檢校右禦衛虎賁郎將衛文昇出增地道, 皆會於鴨淥水西. 述等兵自瀘河·懷遠二鎭, 人馬皆給百日糧, 又給排甲·槍稍幷衣資·戎具·火幕, 人別三石已上, 重莫能勝致. 下令軍中, "遺弃米粟者斬." 士卒皆於幕下, 掘坑埋之. 纔行及中路, 糧已將盡.
11    『三國史記』 卷第20 「高句麗本紀」 第8, 嬰陽王
王遣大臣乙支文德, 詣其營詐降, 實欲觀虛實. 子仲文先奉密旨, "若遇王及文德來者, 必擒之." 仲文將執之, 尙書右丞劉士龍爲慰撫使, 固止之, 仲文遂聽, 文德還. 旣而悔之, 遣人紿文德曰, "更欲有言, 可復來." 文德不顧, 濟鴨淥水而去.

이 내용들은 앞에서도 확인했던 삼국시대 압록강에 관한 기록이다. ①의 기록은 지금 중국의 요하를 고구려 때는 압록강이라 한 것이다. 『삼국유사』 기록에서 압록강의 위치를 알 수 있다. ②의 기록은 같은 『삼국유사』 「탑상」에 기록된 요동성의 위치에 관한 기록이다. 고구려 요동성은 압록강 밖에 있고, 이 땅은 원래 한의 유주에 속한다고 한 것이다. 만약 지금의 요하가 고구려 때도 요하였다면 전한의 유주가 지금의 압록강과 요하 사이 요동에 있었다고 해석해야 할 것이다. 그런데 전한의 유주는 지금의 중국 하북성과 그 언저리라는 것이 주지의 사실이기 때문에 지금의 압록강을 기준으로 하여 고구려 요동성을 비정하는 것은 합리적이지 않다. 왜냐하면 지금의 압록강보다 큰 강이 많이 있기 때문에 요동성에 가까운 큰 강으로 비정을 했을 것이기 때문이다.

③의 기록은 수나라의 모든 군사의 최종 집결지가 압록강 서쪽이라는 것이다. 이 기록대로라면 압록강은 남북 방향으로 있어야 하는 것이다. 다른 기록들과 비교하면 여기에서 살수로 가는 것이고, 살수에서 평양성으로 가는 것이다.

④의 기록은 『삼국사기』에 전하는 내용으로 내용상 『수서』의 내용과 비슷한 부분이 있다. 고구려의 장군 을지문덕이 압록강 서쪽에 모인 수나라 진영에 가서 얘기를 나누고 돌아오는 내용을 기록한 것으로 압록강을 건너서 왔다갔다 하는 내용이다. 이 내용에서는 '압록(鴨綠)'이라 쓰지 않고 '압록(鴨淥)'으로 기록한 것을 볼 수 있다. 이런 것을 보아 한국 사서에서도 원래는 압록(鴨淥)이라 썼던 것을 후대에 들어 압록(鴨綠)이라 한 것이 아닌가 한다.

## 2. 수·당의 압록강 관련 기록

고구려는 수, 당과 70년 가까운 세월 동안 전쟁을 치루었다. 세계 전쟁사에서도 보기 드물게 긴 기간 동안 전쟁을 한 것이다. 차이나계의 역사서에는 이런 전쟁 과정을 자세히 기록해 놓았는데, 대표적인 것이 사마광의 『자치통감』이다. 이는 중국 역사 기록의 목적이 정치의 기본을 알기 위한 것이기 때문일 것이다. 그래서인지 사마광의 『자치통감』에서 가장 많은 부분을 기록한 것이 이 고구려의 전쟁 기록이다. 그런 기록 중에 대표적인 것 몇 개를 확인해 보고자 한다.

### ① 『수서』 권61 「열전」 제26 '우문술전'

고구려를 정벌하게 되었을 때 우문술은 부여도군을 지휘하게 되었다. 우문술이 9군과 함께 압록수에 도착하였을 때는 이미 군량이 바닥 난 상태였다. 참모들과 철수 문제를 의논했으나 각자 의견이 달랐다. 우문술은 또 수양제의 의중을 알 수 없었다. 그러던 중 을지문덕이 우문술의 진영에 찾아왔다. 우문술은 앞서 우중문과 함께 수양제에게 고구려왕 고원이나 을지문덕을 생포하라는 밀지를 받은 바가 있어서 유인하여 사로잡으려고 했으나 을지문덕은 그것을 눈치채고 적당한 틈을 타 달아나버렸다. 우문술은 하루 일곱 번을 싸워 모두 이겼기에 이 여세를 몰아가면 승리할 수 있다고 믿었다. 또, 안에서는 여러 사람들의 논의에 압력을 받았다. 그래서 동쪽으로 진군하여 살수를 건넜다. 평양성 밖 30리 떨어진 곳에 산을 의지해 진영을 구축하자 을지문덕은 다시 사자를 보내 거짓으로 항복하였다. 우문술이 말하였다. "만약 우리 군대를 돌려 보내려면 고구려왕 고원이 행재소에 가서 수양제를 만나봐라." 군사들이 피폐해진 것을 본 우문술은 다시 싸우기 어렵다고 판단하였다. 또, 평양은 험준하고 성이 견고하여 무작정 공격을 퍼붓기가 어려웠다. 그래서 항복이 거짓이라는 것을 알고도 돌아갈 수밖에 없었다. 대군이 반 정도 강을 건넜을 때 적들이 후군을 추격하였다. 이에 크게 무너진 군세는 통제할 수 없었고, 9군은 완패하였다. 하루낮, 밤에 압록수로 돌아가 강을 건너 450리나 행군하였다. 처음 요동을 지나간 9군은 305,000명이었는데 요동성으로 돌아간 사람은 겨우 2,700명뿐이었다.[12]

---

12 『隋書』卷61「列傳」第26 '宇文述傳'
 及征高麗,述為扶餘道軍將。--述與九軍至鴨綠水,糧盡,議欲班師。諸將多異同,述又不測帝意。會乙支

이 기록은 『수서』에 실려 있는 고구려와 수나라의 전쟁 관련 기록이다. 수나라 별동대를 이끌었던 우문술이 패전하게 된 내용을 상세하게 기록한 것인데 여기에는 그 유명한 살수대첩의 내용이 나온다. 이 기록을 분석하여 정리를 해보면 압록강, 살수, 평양성이라는 위치가 규명된다. 고구려의 기록을 참고해 보면 압록강이 서쪽, 살수가 중간, 평양은 살수의 동쪽으로 봐야 하는 기록이다(그림 2 참조). 그러므로 이 점은 『삼국사기』의 기록을 활용하여 보완 설명을 해야 한다. 한가지 풀어야 할 내용이 하루 낮밤에 450리를 도망갔다는 내용인데, 이게 가능한 일인지 풀어봐야 하는 것이다. 이 살수에 대한 기록은 몇 군데에서 나오는데 『삼국사기』에 의하면 살수를 고구려와 후한의 경계로 인식을 하고 있다.[13] 대부분 이 살수를 지금의 청천강이라고 알고 있다.[14] 그런데 살수대첩 등등을 분석해 보면 지금의 청천강이 살수가 되기는 어렵다. 그렇다면 이 살수가 어딘가 하는 것이다. 명나라의 지리서인 『대명일통지』에는 이 살수를 고구려와 수나라가 큰 전쟁을 벌인 곳이라 하면서 이 전쟁에서 수나라 장군 신세웅이 전사를 하였다고 기록하고 있다.[15] 그렇게 자세하게 기록을 하

---

文德來詣其營, 述先與于仲文俱奉密旨, 令誘執文德. 既而緩縱, 文德逃歸, 語在《仲文傳》, 述內不自安, 遂與諸將渡水追之. 時文德見述軍中多饑色, 欲疲述衆, 每鬥便北. 述一日之中七戰皆捷, 既恃驟勝, 又內逼群議, 於是遂進. 東濟薩水, 去平壤城三十裡, 因山爲營. 文德複遣使僞降, 請述曰:「若旋師者, 當奉高元朝行在所」. 述見士卒疲敝, 不可複戰, 又平壤險固, 卒難致力, 遂因其詐而還. 眾半濟, 賊擊後軍, 於是大潰, 不可禁止, 九軍敗績, 一日一夜, 還至鴨綠水, 行四百五十裡. 初, 渡遼九軍三十萬五千人, 及還至遼東城, 唯二千七百人.

13　『三國史記』卷第14「高句麗本紀」第2, 大武神王
　　二十七年, 秋九月, 漢光武帝遣兵渡海伐樂浪, 取其地爲郡·縣, 薩水已南屬漢.
　　이와 거의 같은 내용이 『삼국유사』에도 기록되어 있다.
14　『弘齋全書』卷百十六
　　"살수(薩水)는 곧 청천강의 다른 이름으로, 을지문덕(乙支文德)이 군사를 몰래 감추어 놓고 항복을 요청한 것과 우문술(宇文述)의 군사가 물속에서 궤멸된 것은 모두 이 강에서 일어난 일입니다. 그런데 지금은 조그마한 나루에 불과하니, 옛날에 큰 강이었던 것이 지금은 혹 물줄기가 막혀 작아진 것이 아닌가 싶습니다. 아니면 옛날에 수 나라 군사가 강을 건넌 것은 하류의 광활한 곳이었을 것입니다. 산천의 변화란 무상하게 진행되는 것이어서 신의 좁은 식견으로는 감히 확실하게 말씀드리지 못하겠습니다."
15　『大明一統志』卷25 遼東都指揮使司
　　遼東都指揮使司. 薩水在鴨淥江, 平壤城西. 隋將辛世雄死於此.

면서 이 살수가 명나라 때 '혼하(渾河)'라고 기록을 해놓았다. 이 혼하는 지금 중국 요녕성 무순지역에서 시작하여 심양을 거쳐 요하의 동쪽, 요양의 서쪽으로 흘러 영구로 들어가는 강이다.

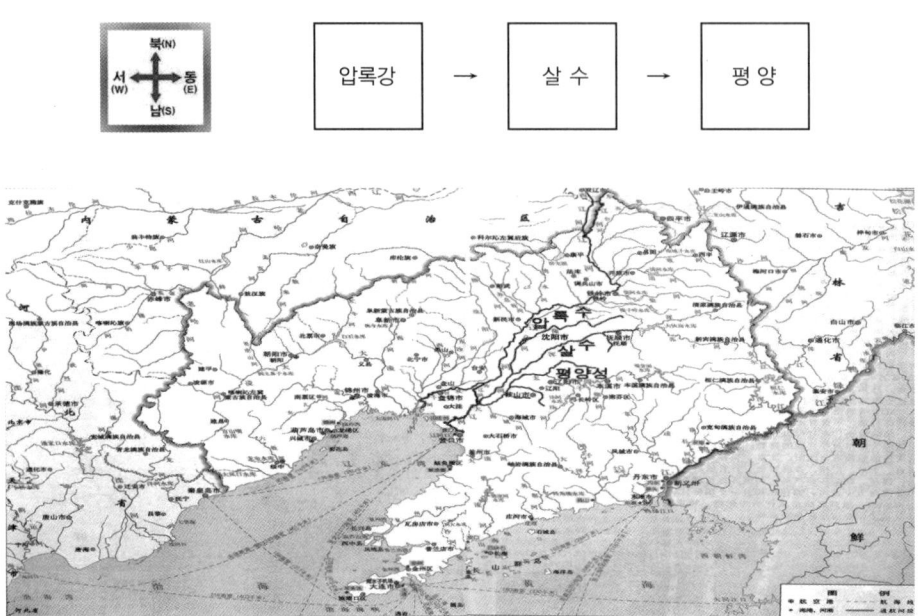

〈그림 2〉 압록수(鴨淥水)·살수·평양성 위치도

위의 그림은 『삼국사기』의 기록과 『수서』 등에 기록된 고·수 전쟁 상황을 명대에 기록된 혼하가 살수라는 기록을 참고하여 정리해 본 것인데, 매우 믿을 수 있는 상황이 설명되는 것이다.

② 『통전』 권186 「변방」2 동이 하, 고구려
　　마자수는 압록수라고 하는데 동북 말갈의 백산에서 발원하고, 물의 빛깔이 오리 머리와 같다 하여 압록수라고 한다. 요동으로 500리 가서 국내성 남쪽을 지나 다른 물과 합류하는데 이 물이 곧 염난수이다. 두 물이 합류하여 서남으로 흘러

안평성에 이르러 바다로 들어가며 고려에서 이 강이 가장 크고 물결이 맑다. 지나고 건너는 데는 큰 배를 사용하며 그 나라에서 이 강을 천연의 요새로 활용하는데 강 너비가 300보나 된다.[16]

### ③ 『신당서』 권220 「열전」 제145 동이, 고려

고려는 본래 부여의 별종이다. 국토는 동으로는 바다를 건너 신라에 이르고, 남으로는 역시 바다를 건너 백제에 이른다. 서북으로는 요수를 건너 영주와 접하고, 북은 말갈과 접한다. 그 나라의 임금이 살고 있는 곳은 평양성으로 장안성이라고도 부르는데, 한대의 낙랑군으로 장안에서 5천리 밖에 있다. 산의 굴곡을 따라 외성을 쌓았으며, 남쪽은 패수와 연해 있다. 왕은 그 좌측에 궁궐을 지어 놓았다. 또 국내성과 한성이 있는데 별도라 부른다. 물은 대요와 소요가 있다. 대요는 말갈의 서남쪽 산에서 흘러나와 남으로 안시성을 거쳐 흐른다. 소요는 요산의 서쪽에서 흘러나와 역시 남으로 흐르는데, 량수가 새외에서 나와 서쪽으로 흘러 이와 합류한다. 마자수가 있어 말갈의 백산에서 흘러 나오는데, 물빛이 오리대가리와 같아서 압록수(鴨淥水)로 불리운다. 국내성의 서쪽을 거쳐 염난수와 합류한 다음, 다시 서남으로 안시에 이르러서 바다로 들어간다. 평양은 압록강(鴨淥江)의 동남쪽에 있는데, 큰 배로 사람이 건너다니므로, 이를 해자로 여긴다.[17]

---

16　『通典』卷186「邊防」2 東夷下 高句麗
馬紫水一名鴨綠水 水源出東北靺鞨白山 水色似鴨頭 故俗名之 去遼東五百里 經國內城南 又西與一水合 卽鹽難水也, 二水合流 西南至安平城入海 高麗之中此水最大 波瀾淸澈所經鎭濟 皆貯大船 其國恃此以爲天塹 水闊三百步

17　『新唐書』卷220「列傳」第145 東夷, 高麗
高麗, 本扶餘別種也. 地東跨海距新羅, 南亦跨海距百濟, 西北度遼水與營州接, 北靺鞨. 其君居平壤城,亦謂長安城,漢樂浪郡也.去京師五千里而贏,隨山屈繚爲郛,南涯浿水,王築宮其左.又有國內城·漢城, 號別都.水有大遼·少遼.大遼出靺鞨西南山,南歷安市城,少遼出遼山西,亦南流, 有梁水出塞外, 西行與之合. 有馬訾水出靺鞨之白山, 色若鴨頭,號鴨淥水,歷國內城西,與鹽難水合,又西南至安市, 入于海. 而平壤在鴨淥東南, 以巨艫濟人, 因恃以爲塹.

위의 두 기록은 다 당나라 때 기록인데, ②의 기록은 두우라는 관리가 쓴 글로 아마도 훗날 다시 개수되지는 않은 것으로 보인다. 이 기록에 보면 압록강에 큰 배들이 다닌다고 설명하고 있는데, 강의 너비가 300보 정도라는 기록도 남겨 놓았다. 훗날 『봉천통지』에 만주지역의 물자들이 이 요하를 통해 운송이 되었다는 기록이 있는데, 이는 근대뿐만 아니라 고구려 때도 그랬을 것이라는 추측을 가능하게 한다.

③은 『당서』를 송나라 때 다시 정리하여 만든 것으로 사료의 현실감은 『구당서』보다 떨어지지만 내용은 『구당서』보다 정밀하다. 압록강의 시작은 말갈의 백산에서 시작하고, 요동으로 가서 국내성을 지나 서쪽에서 흘러오는 염난수와 만나서 지금의 발해로 들어가는 내용이다. 이 설명을 보면 그러면서 강의 너비와 큰 배들이 다닌다는 것, 그리고 고구려에서는 해자 격으로 사용하였다는 내용 등을 담아 비교적 자세히 기록해놓았다. 그러면서 고구려의 평양성이 이 압록강의 동남쪽에 있다고 기록을 해놓았다. 지금 우리가 알고 있는 고구려 평양성은 어떤 강이 압록강이라 하더라도 동남쪽에 있지 않을뿐더러 거리상 애초에 압록강과 연결시키기 어려운 지역에 자리한다. 예를 들어 현재 한국 서울에서 충남 논산을 가는데 한강을 건너서 간다는 말을 하지 않는다. 그 사이에는 금강도 있기 때문에 서울에서 출발하여 금강을 건너서 논산에 도착을 한다고 설명하는 것이다. 그게 합리적인 설명인 것이다. 즉 가까운 곳의 자연 지형지물을 근거로 하는 것이지, 몇 백리 떨어진 곳을 근거로 삼지 않는다는 것이다.

또 하나 중요한 내용은 고구려의 서북에 요수가 있다는 것이다. 즉 요수와 압록강은 전혀 다른 강임을 알 수 있다. 그러므로 압록강의 위치가 밝혀지면 이 압록강을 근거로 서북에 있는 요수와 영주의 위치가 확인되는 것이다.

다음으로 구체적으로 압록강의 수계를 알 수 있는 기록이다.

④ 『신당서』 권43하 「지」 제33하 지리지, '도리기'

등주에서 동북쪽 바다로 가면, 대사도, 귀흠도, 말도, 오호도까지 300리이다.
북으로 오호해를 건너 마석산 동쪽의 도리진에 이르기까지 200리이다. 동쪽 연
안 바다를 따라, 청니포, 도화포, 행화포, 석인왕, 탁타만, 오골강까지 800리를 간
다. 여기서 남쪽 해안을 따라 오목도, 패강구, 초도를 지나, 신라 서북쪽의 장구진
에 이른다. 여기서 동남쪽으로 육로로 700리를 가면 신라왕성에 이른다. 또(등주
에서) 진왕석교, 마전도, 고사도, 득물도까지 1,000리를 가면 압록강 당은포구에
이른다. 압록강 어귀에서 배를 타고 100여리를 간 후 작은 배를 타고 동북쪽으로
30리를 거슬러 올라가 박작구에 이르면 발해의 경계에 이른다. 다시 500리를 거
슬러 올라가면 환도현성에 이르는데, 옛 고구려 왕도이다. 다시 동북쪽으로 200
리를 거슬러 올라가면 신주에 이른다. 거기서 다시 육로로 400리를 가면 현주에
이르는데, 천보 연간에 왕이 도읍한 곳이다. 다시 정북에서 동쪽으로 600리를 가
면 발해 왕성에 이른다.**18**

   이 기록은 『신당서』에 실려 있는 가탐의 '도리기' 내용이다. 이 기록을 보면
산동성 등주에서 신라 왕성과 발해 왕성으로 가는 길을 설명해 놓은 기록이
다. 이 기록 중 발해 왕성을 가는 길이 매우 구체적으로 진왕석교, 마전도, 고
사도, 득물도를 거쳐 가면 압록강 당은포구에 도착하는 기록이 나온다. 이 섬
들은 명나라 때 지도에서도 나오는 것을 봐서 그 길이 매우 정확한 것으로 볼
수 있다(그림 3). 이 섬들의 북쪽 끝이 압록강 당은포구라는 것이다. 이런 것을
조합해 보면 이 가탐의 도리기 설명이 고구려, 발해 때 압록강의 위치를 설명하

---

18  『新唐書』卷43下「志」第33下 地理志, '道理記'(필자 정리본)
     登州東北海行, 過大謝島、龜歆島、末島、烏湖島三百里。北渡烏湖海, 至馬石山東之都里鎮二百里。東
     傍海壖, 過青泥浦、桃花浦、杏花浦、石人汪、橐駝灣、烏骨江八百里。乃南傍海壖, 過烏牧島、貝江口、
     椒島, 得新羅西北之長口鎮。乃東南陸行, 七百里至新羅王城。又過秦王石橋、麻田島、古寺島、得物島, 千
     里至鴨淥江口唐恩浦口。自鴨淥江口舟行百餘里, 乃小舫泝(溯)流東北三十里至泊汋口, 得渤海之境。又泝
     (溯)流五百里, 至丸都縣城, 故高麗王都。又東北泝(溯)流二百里, 至神州。又陸行四百里, 至顯州, 天寶中
     王所都。又正北如東六百里, 至渤海王城。

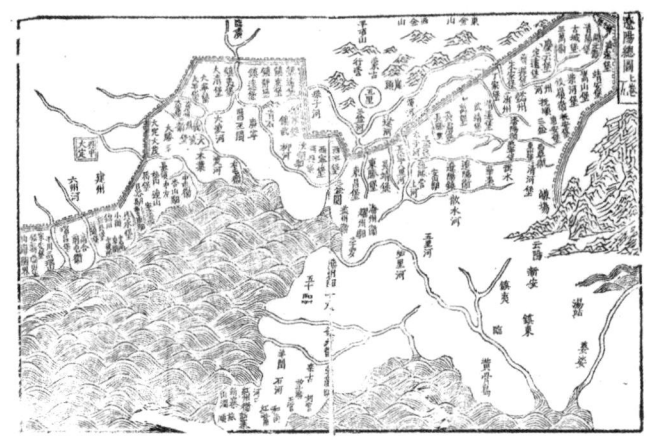

〈그림 3〉 요양총도(遼陽總圖)[19]

는 데 가장 자세한 기록으로 봐야 할 것이다. 이 기록을 지도로 그려 보면 아래 지도와 같다(그림 4).

〈그림 4〉 등주에서 압록강을 거쳐 발해왕성 가는 길

---

19    복기대, 「『신당서(新唐書)』의 가탐 「도리기」 재해석」, 인문과학연구 Vol.0 No.57, 2018. 《籌海圖編》卷7 26

도리기의 기록에서는 현재 요하를 당시의 압록강으로 기록하고 있다. 이것을 기준으로 하여 다른 압록강 관련 기록을 보면 거의 같은 맥락으로 볼 수 있는 기록들이다. 즉, 압록강 서쪽에 모인 수나라 군대, 이 압록강을 건너 살수를 건너서 평양성 3십리 밖에 진을 친 수나라 군대 등등이 그렇다. 더구나 살수의 위치를 설명하는 과정에서 『대명일통지』가 기록해 놓은 살수가 명나라 때의 혼하라는 것은 요하 압록강설을 설명하는 과정에서 살수의 위치를 가장 잘 알 수 있는 기록이다. 이런 기록을 봤을 때 고대의 압록강은 지금의 요하임을 알 수 있다. 『신당서』에는 장수왕이 천도한 고구려 평양성은 압록강의 동남쪽에 있다고 기록되어 있다. 남쪽이 아니라 동남쪽인 것이다. 즉 평양을 기준점으로 해서 서쪽은 살수, 살수의 서쪽은 압록강인 것이다. 이런 비정은 고구려의 평양성과 직접적으로 연관을 두어 해석을 하는데, 지금의 청천강은 압록강의 남쪽이고 그 남쪽에 평양이 있다. 이를 도식으로 표시하면 아래와 같다(그림 5). 매우 잘못 알고 있는 것이고, 이것이 전체 한국사를 인식하는 데 큰 오류의 근거가 되었다.

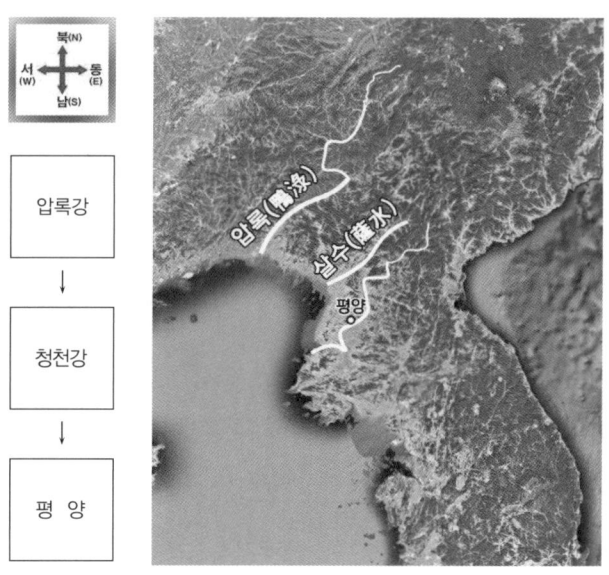

〈그림 5〉 현재 인식하고 있는 압록강-살수-평양 위치도

# Ⅲ. 중세 시대의 압록강 관련 기록

압록강이 역사의 무대에서 가장 자주, 그리고 첨예하게 등장하는 것은 한국의 고려시대부터이다. 이 시대는 이 압록강으로 국경을 마주하는 시기이기 때문에 자주 나타나고 있다. 전체적으로 많은 자료들이 있으나 지면의 한계상 몇 가지만 확인해 보도록 한다.

## 1. 한국 역사의 압록강 관련 기록

고려시대에 서북 국경선에서 가장 중요한 것은 안민강이라 불렸던 압록강이다. 이 강을 경계로 고려는 요나라, 금나라와 국경을 마주하곤 했다.

> ① 『고려사절요』 권2, 성종12년(993년) 10월(음)
> 서희가 국서를 받들고 거란의 군영으로 갔는데, 소손녕과 더불어 동등한 예로 대하면서 조금도 굽힘이 없었다. 소손녕이 마음속으로 기이하게 여기면서 서희에게 말하기를, "너희 나라는 신라의 땅에서 일어났으니, 고구려의 땅은 우리의 소유인데도 너희들이 침범하여 갉아먹고 있다. 또 우리와 더불어 영토를 맞대고 있으면서도 바다를 건너 송(宋)을 섬기고 있으니, 우리 대국이 이 때문에 토벌을 하러 온 것이다. 이제 영토를 나누어 바치고 조빙의 예를 취한다면 무사할 수 있을 것이다."라고 하였다. 서희가 말하기를, "그렇지 않다. 우리나라가 고구려의 옛 땅이니, 그렇기 때문에 국호를 고려라고 하고 평양에 도읍을 정한 것이다. 토지의 경계를 논하자고 한다면, 상국의 동경도 모두 우리의 영역에 있는 것이 되는데, 어찌 침식하였다고 할 수 있겠는가? 또 압록강(鴨綠江) 안팎도 역시 우리의 영역 안쪽인데, 지금 여진이 그 사이를 도적질하여 기거하면서 완악하고 교활하게 변덕을 부리므로 길이 막혀 통하지 못함이 바다를 건너는 것보다 더 심하니, 조빙이 통하

지 못하는 것은 여진 때문이다. 만약 여진을 쫓아내고 우리의 옛 땅을 되돌려주어 성과 보를 쌓고 길이 통하게 하여 준다면 감히 조빙의 예를 갖추지 않겠는가.[20]

② 『고려사』 권56 「지」 권제10, 지리1

우리 해동은 삼면이 바다에 막혀 있고, 한 모퉁이가 육지에 이어져 있는데, 그 폭과 둘레는 거의 10,000리나 된다. ──── 그 사방 경계는, 서북은 당 이래로 압록(鴨綠)을 한계로 삼았고, 동북은 선춘령을 경계로 삼았다. 무릇 서북은 그 이르는 곳이 고구려에 미치지 못했으나, 동북은 그것을 넘어섰다. 이제 대략 사책에 나타난 연혁에 근거하여 지리지를 짓는다.[21]

이 기록들을 보면 고려시대의 서북계는 압록강인 것을 알 수 있다. 그런데 이 압록강이 '압록(鴨綠)'으로 기록이 돼 있어 지금의 압록강으로 알게 되는 것이다. 그렇지만 다른 기록을 보면 고려와 국경선을 정하는 내용을 보면 지금의 압록강이 아니라는 것을 알 수 있다. 이 다른 기록은 주로 차이나계의 기록들이다.[22]

---

20　『高麗史節要』卷2 成宗 12年 10月
　　熙奉國書, 如丹營, 與遜寧抗禮, 不小屈. 遜寧心異之, 語熙曰, "汝國興新羅地, 高句麗之地, 我所有也, 而汝侵蝕之. 又與我連壤, 而越海事宋, 大國是以來討. 今, 割地以獻而修朝聘, 可無事矣." 熙曰, "非也. 我國卽高句麗之舊也, 故號高麗, 都平壤. 若論地界, 上國之東京, 皆在我境, 何得謂之侵蝕乎. 且鴨綠江內外, 亦我境內, 今, 女眞盜據其間, 頑黠變詐, 道途梗澁, 甚於涉海, 朝聘之不通女眞之故也. 若令逐女眞, 還我舊地, 築城堡, 通道路, 則敢不修聘."

21　『高麗史』卷56「志」卷第10 地理一
　　惟我海東, 三面阻海, 一隅連陸, 輻員之廣, 幾於萬里. ----- 其四履, 西北, 自唐以來, 以鴨綠爲限, 而東北則以先春嶺爲界. 蓋西北所至不及高句麗, 而東北過之. 今略據沿革之見於史策者, 作地理志.

22　한국의 『고려사』는 그 내용이 몇 번 바뀌는 과정에서 압록을 대부분이 압록(鴨綠)으로 기록하고 있다. 그런데 당대의 차이나 기록들은 계속하여 압록(鴨淥)으로 쓰고 있는 것을 볼 수 있다. 간혹 글자가 록(綠)자로 바뀌었어도 그 뜻은 변하지 않고 있는 것이다.

## 2. 차이나계의 압록강 관련 기록

『요사』에 많은 압록강(鴨淥江)에 관한 기록들이 나온다. 그중에 간단하게 두 건만 확인해 보면 다음과 같다.

### ① 『요사』 권1 「본기」 제1 태조 상

겨울 10월 무신일에 압록강(鴨淥江)에서 고기잡이를 하였다. 신라에서 사신을 보내 토산물을 바치고 고려에서 사신을 보내 보검을 바쳤으며 오월왕 전류가 등 언휴를 보내 조공하였다.[23]

### ② 『요사』 권15 「본기」 제15 성종6

겨울 10월 초하루 기미일에 포정의 북쪽에서 사냥했다. 야율아영 등을 송나라 황제의 생신 축하사로 보냈다. 신유일에 장박에 머물렀다. 병인일에 상온 장마류가 고려의 사정을 잘 아는 여진인을 바쳤다. 황제가 물으니 다음과 같이 말하였다.
"신은 3년 전 고려의 포로가 되어 낭관을 지냈기 때문에 고려에 대해 압니다. 개경으로부터 동쪽으로 말로 7일을 가면 큰 성체가 있는데 넓이는 개경과 같고 주변의 주에서 공물로 바치는 진귀한 물건을 모두 여기에 쌓아둡니다. 승주와 나주의 남쪽에도 2개의 큰 성체가 있는데 쌓아두는 것이 앞의 성체와 같습니다. 만약 대군이 성체의 앞길로 지나가면 갈소관여진의 북쪽을 취할 수 있고 곧바로 압록강을 건너 대하를 만나 올라가면 곽주에 이르러 큰길을 만나는데 그러면 고려를 취할 수 있을 것입니다." 황제가 그 말을 받아들였다.[24]

---

23  『遼史』 卷1 「本紀」 第1 太祖上
　　冬十月戊申, 鈎魚于鴨淥江。新羅遣使貢方物, 高麗遣使進寶劍, 吳越王錢鏐遣滕彥休來貢。
24  『遼史』 卷15 「本紀」 第15 聖宗6
　　冬十月己未朔, 畋鷹井之北。命耶律阿營等使宋賀生辰。辛酉, 駐蹕長濼。丙寅, 詳穩張馬留獻女直人知高麗事者。上問之, 曰:「臣三年前爲高麗所虜, 爲郎官, 故知之。自開京東馬行七日, 有大砦, 廣如開京, 旁州所貢珍異, 皆積于此。勝、羅等州之南, 亦有二大砦, 所積如之。若大軍行由前路, 取曷蘇館女直北, 直渡鴨

①의 것은 요나라 황제가 압록강으로 고기잡이를 하러 간 내용이다. 이 내용으로 보아서는 어디가 압록강인지 확인되지 않는다. ②의 기록은 거란 성종이 고려와의 전쟁을 준비하는 과정에서 여진 출신으로 고려에 가서 관리를 하던 사람의 말인데, 압록강을 건너서 대하를 만나서 곽주로 가는 길을 설명하고 있다. 압록강을 건너서 대하(大河)를 만난다는 것인데, 현재의 압록강을 건너면 대하가 없다. 그렇다면 지금의 압록강을 말한 것이 아닐 수 있다.

### ③ 『태평환우기』 권173 「사이」 2 동이2 '고구려국'

마자수는 일명 압록수라고 하는데, 수원은 동북 말갈의 백산에서 나온다. 물색이 거의 오리 대가리와 같아서 이런 까닭으로 속칭 압록수라고 하였다. 요동에서 오백리 거리인데 국내성 남쪽 또는 서쪽을 지나 일수와 합류하는데 곧 염난수이다. 합류된 두 물줄기는 서남으로 흐르다가 안평성에 이르러 고려의 땅으로 들어간다. 이 압록수는 큰 파도가 일고 경유하는 나루들이 모두 큰 배들로 가득 차 있다. 고려는 이 강을 천해의 요새로 삼았다. 압록수는 300보로 평양성 서북 450리, 요수 동남 480리에 있다. 고려기에 기록된 것을 살펴보면 나누어졌을 때는 한의 낙랑·현토군 땅이었다. 후한 이후 위나라 때 공손씨에게 점거되어 공손연에 이르러 서진에게 멸망하였고 영가 연간(307~313) 이후에 다시 고려의 땅으로 들어갔다.[25]

이 기록은 당나라 때 기록인 『통전』과 비슷한 내용을 담고 있는데, 『통전』

---

淥江,並大河而上,至郭州與大路會,高麗可取而有也° 」上納之°
麗事者° 上問之,日:「臣三年前爲高麗所虜,爲郞官,故知之° 自開京東馬行七日,有大岩,廣如開京,旁州所貢珍異,皆積于此° 勝´羅等州之南,亦有二大岩,所積如之° 若大軍行由前路,取曷蘇館女直北,直渡鴨淥江,並大河而上,至郭州與大路會,高麗可取而有也° 」上納之°

25 『太平寰宇記』卷173「四夷」2 東夷2 '高句麗國'
馬訾水一名鴨綠水,水源出東北靺鞨白山,水色似鴨頭,故俗名之,去遼東五百里,經國內城南又西,與一水合即鹽灘水也.二水合流西南至安平城入高麗之地.以此水最大波瀾淸折所經津濟皆貯大船其國,恃此以爲天塹.其水凡闊三百步,在平壤城西北四百五十里.遼水東南四百八十里.按高麗記云分則漢樂浪玄菟郡之地.自後漢及魏爲公孫氏所據至淵滅西晉永嘉以後復入高麗.

보다는 좀 더 구체적이다. 그런데 여기서 평양성 서북 450리와 요수 동남 480리에 있다고 하였다. 요수에서 동남으로 480리라는 말은 어쩌면 조양지역의 대릉하를 기준으로 했을 가능성도 있다. 그렇게 되면 비슷한 거리가 나온다. 방향도 진북으로 봤을 때는 가능한 거리이다. 이『태평환우기』의 기록 중에 압록강 관련 주변 여건은 맞지만 거리와 방향은 문제가 있는 것으로 보인다.26

다음의 기록은 『자치통감』의 기록이다.

④ 『자치통감』 권197 「당기」 13
『한서』에 이르기를 마자수라고 하였는데 지금은 혼동강이라고 부른다. 「이심전」에서 말하길 압록수는 거란의 동북 장백산에서 발원한다고 하였다. 옛 숙신씨의 땅이며 지금은 여진인들이 살고 있다.27

이 기록에서 중요한 것은 압록강을 혼동강이라 부른다는 것이다. 이 혼동강은 지금의 중국 요녕성과 길림성 경계 지역에 있는 강이다. 그리고 「이심전」에 기록된 압록강을 말하고 있는데, 같은 맥락의 기록으로 볼 때 혼동강과 「이심전」의 압록강은 같은 강으로 인식하고 있는 것을 볼 수 있다. 왜냐하면 다른 기록에서 보면 압록강과 마자수는 늘 같이 다니고 있는 것을 볼 수 있기 때문이다. 그러면서 압록수는 거란의 동북 장백산에서 발원한다고 하였는데 이때 장백산은 지금의 장백산이 아닐 가능성이 높다. 거란과 가까운 시기에 현재의 장백산은 신라산으로 불리기도 하였다. 그런데 금나라 때의 기록을 보면 장백산은 지금의 흑룡강 동남이나 길림성 서북지역에 있는 산으로 추정되고 있

---

26 또 다른 가능성은 요수라는 개념을 지금의 서요하로 잡아서 이정을 정리했을 수도 있다. 그렇게 되면 요수의 동남이라는 기록은 비슷하게 맞아진다.
27 『資治通鑑』卷197「唐紀」13
漢書謂之馬訾水今謂之混同江 李心傳曰鴨綠水發源契丹東北長白山鴨綠水之源 蓋古肅慎氏之地 今女真居之

는 것이다. 그러므로 『자치통감』에서는 압록수의 근원을 서요하와 연관을 시키는 것으로 볼 수 있다. 그런데 이런 견해는 잘못된 것은 아니다. 왜냐하면 서요하가 지금의 동쪽으로 흘러와 마자수와 합쳐져서 압록강이 되기 때문이다.

### ⑤ 『주자어류』 권제86 「예」3 주례 지관
여진이 일어난 곳에 압록강이 있다. 전하여 듣기로는 '천하에 세 곳의 큰 강이 있는데 황하, 장강, 더불어 압록강이 있다고 한다.[28]

이 기록은 남송 때의 기록이다. 남송 때 주희는 천하에 송나라밖에 없는 줄 알고 천하의 큰 세 강을 말하면서 그중에 압록강을 황하와 비교하고 있는 것이다. 송나라 사람들이 생각할 때 사람같지 않게 생각하던 북방 금나라 사람들에게 처절하게 당하면서 복수를 할 생각으로 그 지역을 많이 연구하였다. 주희의 천하 3대 강에 압록강이 들어가고 있는 것이다. 그는 다른 사람들에게서도 많은 이야기를 들었을 것이고, 금나라가 왜 이렇게 강해졌는지 분석하는 과정에서 압록강의 규모를 알았을 것이다. 황하, 장강과 견줄만한 강이라고 본 것인데 지금의 압록강으로는 아무리 확대 해석을 한다고 해도 황하와 장강과는 비교하기 어렵다. 이런 내용들로 보아 중세까지도 압록강은 지금의 요하를 말하고 있는 것으로 볼 수 있다.

이렇듯 국경선으로의 압록강은 고려나 요나라, 금나라가 공유할 수 있는 여건이 되었는데, 고려 후기 최탄 등등이 고려 영토인 자비령 서쪽의 70여 성을 몽골에 바칠 때 이 압록강도 바로 몽골에 귀속되고 말았다. 이 사건은 고려의 입장에서 보면 어마어마한 국력의 상실이었고, 몽골의 입장에서는 어마어마한 국력의 증가였다.

---

28　　『朱子語類』 卷第86 「禮」3 周禮 地官
　　　女真起處有鴨綠江 傳云 天下有三處大水:曰黃河 曰長江 并鴨綠是也

# Ⅳ. 조선시대 전반기의 압록강 관련 기록

## 1. 조선의 기록

조선시대에 들어오면서 압록강에 관한 인식은 매우 흔들리기 시작한다. 그 원인이 무엇인지는 아직 알 수 없다. 분명한 것은 조선 초기만 해도 압록강을 지금의 요하로 보는 기록들이 있다는 것이다. 당시 압록강을 건넜던 권근은 다음과 같은 기록을 남겼다.

〈압록강(鴨綠江)을 건너다〉
쓸쓸하다 변방 고을 나무 고목인데, 한 가닥 긴 강물 요양성 건너로세
황풍은 중화와 동이 한계가 없다미는, 지리는 어찌다 이쪽 저쪽 나뉘었나
파도에 맡기어라 작은 배 흔들리고, 반가워라 하늘 해 외딴 곳을 비추누나
바쁘고 바쁜 이 걸음 어느 뉘라 알리요, 은륜을 받들어 우리 님께 전하고자[29]

이 시는 권근이 명나라 황제가 제목을 주자 여기에 답한 시이다. 그중 지금의 요양을 지나 남경으로 가는 여정을 담은 시인데 바로 요양성 건너 한 가닥의 긴 강물이 중화와 동이를 갈랐다는 내용이다. 그런데 이 시의 제목이 바로 압록강을 건너면서 느낀 소회를 말하는 것인데 그 강이 바로 요양과 멀지 않은 곳에 있다는 것이다. 이 요양과 가까운 강에서 문화를 나눌 수 있는 강은 현재의 요하밖에 없다. 다만 이 시에서 고려시대에도 압록강(鴨淥江)으로 불리

---

29 『陽村集』第1卷「應製詩」, '渡鴨綠'
塞邑蕭條樹老蒼, 長江一帶隔遼陽, 皇風不限華夷界, 地理何分彼此疆
任見波濤掀小艇, 欣瞻天日照遐荒, 誰知此去恩恩意, 願奉恩綸報我王
이곡의 『가정집』에서도 대부분 이런 의미로 쓰여지고 있다.

던 것이 압록강(鴨綠江)으로 바뀐 것이다. 그러므로 조선 초기에도 요하를 압록강으로 본 것이다.

## 2. 명의 압록강 관련 기록

이런 흐름의 마지막은 명나라 전기의 기록인 『대명일통지』에서 확인이 되는데 다음과 같다.

### 『대명일통지』 권26 요동도지휘사사 '고적'
평양성은 압록강(鴨淥江) 동쪽에 있는데, 일명 왕검성으로 곧 기자의 옛 나라이다. 성 바깥에는 기자의 묘가 있다. 한나라 때는 낙랑군의 치소였으며 진 의희 연간 후에 그 왕 고련(장수왕)이 처음으로 이 성에 거하였다. 후에 이 평양성을 서경이라 하였다. 원나라 때 동녕로가 되었다.[30]

이 기록은 명나라가 원의 중심 세력을 북쪽으로 쫓고 나서 명나라에서 세금을 받을 곳곳의 연원을 찾아서 기록한 것이다. 이 기록 중에 변방이라 생각하는 곳은 보다 더 구체적으로 기록하고 있었던 것이다. 특히 산해관 이북의 요

---

30 『大明一統志』 卷26 遼東都指揮使司, '古蹟'
平壤城 在鴨淥江東 一名王險城卽箕子之故國 城外有箕子墓 漢爲樂浪郡治 晉義熙後其王高璉始居此城 後號西京元爲東寧路
정약용은 그의 저서 『아방강역고』 「조선고」에서 이 『대명일통지』 요동도지휘사사 '고적'조의 평양성을 인용하면서 고조선의 중심지를 설명하고 있다. 그러나 정약용은 기본적으로 『대명일통지』 요동도지휘사사 고적조의 평양성을 북한 평양으로 인식하고 있다. 당시 북한 평양은 명나라 요동도사의 범위 안에 들어가지도 않는데 요동도사 고적조의 평양성을 북한 평양으로 인식하고 있는 정약용의 역사 인식에는 문제가 있어 보인다. 이외에도 정약용은 기본적으로 고대 사료에 나타나는 장백산, 압록수(淥水) 등도 지금의 백두산과 압록강에 맞추어 사료들을 이해하고자 하였다. 그 결과 정약용이 인용하고 있는 1차 사료들의 서술과 백두산과 압록강 등 지명들의 지리적 위치가 안 맞는 경우가 발생하고 있다. 정약용은 그럴 경우 사료가 잘못되었다고 지적하는 경우가 많다. 우리나라 강 역사를 살펴볼 때 많이 이용하고 있는 『아방강역고』에 대한 면밀한 검토가 필요하다.

동도사가 관할하는 지역은 구체적으로 기록하였는데, 이 지역은 대부분의 중국사에서 확실하게 통치를 해본 적이 없었던 지역이다. 그러므로 구체적으로 역사의 연원을 찾아서 기록을 한 것이다. 더구나 명나라가 건국되면서 바로 기록을 한 것이라 큰 행정구역의 설명은 틀리기가 어려운 것이다. 그런 점에서 요동도사가 주재할 지금의 요녕성 요양시에 자리한 동녕위의 역사를 틀리게 말하기는 쉽지 않은 것이다. 『대명일통지』에서는 동녕위가 바로 고구려 평양성인데, 이 평양성은 압록강의 동쪽에 있었다는 것이다.

『대명일통지』에는 한국어 발음이 같은 두 개의 압록강이 기록되어 있다. 하나는 현재 중국 요녕성 요양 일대에 있는 압록강(鴨淥江)이고 다른 하나는 조선에 있는 압록강(鴨綠江)이다. 이 두 압록강은 한국어로 읽을 때 발음이 같지만, 중국어로 읽으면 서로 다른 두 개의 강이름이다. 이는 매우 중요한 문제이다. 두 개의 압록강이 한국어로 읽으면 하나의 강이 되는 거고, 중국어로 읽으면 두 개의 강이 되는 것이다. 즉 『대명일통지』에서는 두 개의 압록강을 말한 것인데 이 두 개의 강이 한국 사료에서는 하나로 된 것이다. 한국사에서는 모두 압록강(鴨綠江)으로 읽으며 이 압록강(鴨綠江)도 같은 강으로 알게 된 것이다. 앞서 고려가 1270년 서해도의 6성을 포함한 자비령의 서쪽 60여 성을 몽골에 빼앗긴 후 옛 압록강(鴨淥江)이 다시는 고려의 행정구역으로 돌아오지 못하였고 이후 130여 년이 흐르면서 더더욱 기억이 희미하게 된 것이다. 그러므로 조선의 많은 학자들은 오래전에 명·청의 땅이 된 요하를 고구려, 발해의 압록강(鴨淥江)이라 생각을 못 한 것이다. 그래서 압록강 관련한 역사지리 문제가 나오면 혼란을 겪었는데 대표적으로 유득공이 『발해고』에서 이리저리 혼란을 겪으면서 말하기를 '豈鳳凰城以西復有一鴨綠江?' 봉황성 서쪽에 압록강이 또 있다는 거냐 하면서 고민을 하는 장면을 볼 수 있다. 이런 착오는 조선시대에 편찬된 문헌에서 고대의 압록강을 가보지 않았거나 혹은 모르는 사람들은 모두 현재의 압록강으로 기록한 것으로 보인다. 명나라는 두 기록을 다 넣었다.

이를 명나라는 발음을 달리 하였고 조선은 아마도 둘 다 같게 읽히기 때문에 그 차이점을 몰랐던 것으로 보인다. 이런 대표적인 예가 유득공의 말인 것이다.

〈그림 6〉『대명일통지』권지 25 : 요동도지휘사사 - 34~35번째 장
【鴨淥江】 在都司城東五百六十里按唐書東夷列傳有馬訾水出鞨靺之白山色若鴨頭故名鴨淥西南流至安市入海唐太宗征高麗耀兵於鴨淥水卽此所謂白山卽今之長白山也

〈그림 7〉『대명일통지』권지 89 : 외이 조선국 - 4번째 장
【鴨綠江】 在國城西北一千四百五十里 一名馬訾水源出鞨靺之長白山水色如鴨頭故名西南流與鹽難水合南入於海闊三百步朝鮮恃爲天塹

# V. 『봉천통지』에[31] 나타난 요하

## 1. 요하의 개략

요하는 동과 서, 두 물줄기로 이루어진다. 열하성(熱河省)의 백차산(百岔山)에서 발원한 서요하와 서안현(西安縣) 상류의 혁이소하(赫爾蘇河)에서 발원한 동요하가 삼강구(三江口)에서 하나로 합쳐져 요하 본류가 된다. 그리고 발해와 만나는 영구에 이르러 바다로 들어간다. 요하는 구불구불 이어져 있는 것이 모두 3,800리이다. 그 지류는 봉천과 길림에 걸쳐 있는 평원을 관통하므로 요

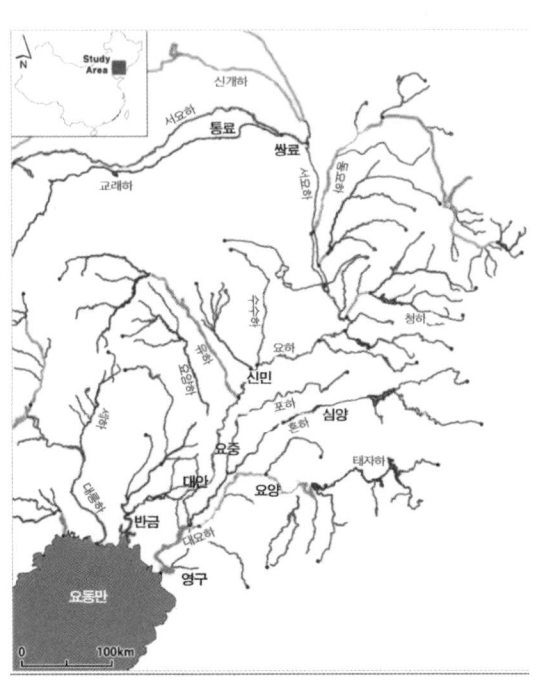

〈그림 8〉 요하 유역 하천도

하는 동북의 거대한 수리(水利)라고 할 수 있다. 요하는 북에서 남으로 일직선으로 흐르는 것이 아니라 굽이굽이 온갖 방향으로 흐르면서 결국 발해만으로 흘러 들어가다 보니 수많은 강의 지류을 가지고 있다(그림 8). 선박이 편리하

---

31 『봉천통지』는 약 6천여 쪽에 이르는 봉천에 관련된 지방지이다. 중국에서 출판된 한 지역의 지방지 중 가장 방대한 양이라고 할 수 있다. 역대 어느 지리서나 사서보다 가장 상세하게 압록강과 요하를 서술하고 있어 사료적 가치가 매우 높다고 할 수 있다.

게 통할 수 있는 곳은 영구에서 정가둔 사이의 1,428리에 해당한다. 이러한 강의 효용성 때문에 요양, 심양, 개원, 철령 같은 중요한 거점도시가 생겨날 수밖에 없었다. 이 중 통강구는 요하의 중심점이다. 요하 상류의 과이심좌익후기(科爾沁左翼後旗)에서 항행하는 부두는 통강구, 삼차하구 두 곳으로 얼었던 강이 녹으면 크고 작은 선박들의 왕래가 끊임없이 이어진다(그림 9 참조).

〈그림 9〉 현재 요하 모습

## 2. 근대 요하의 하운(河運) 현황

요하를 운송 통로로 활용한 것은 이미 고구려 때부터 확인이 가능하다. 이런 운송은 발해, 요, 고려, 금, 원, 명을 거쳐서 이어졌을 것이 분명하다. 그러나 구체적으로 어떤 것이 어떻게 운송되었나 하는 것은 알 수 없었다. 그런데 1930년대 편찬된 『봉천통지』에는 늦어도 1898년 만주철도가 깔리기 전까지의 운송 관련 기록을 남겨 놓았다. 이 기록을 토대로 요하의 운송 관련을 추정해 보고자 한다. 현재 남아 있는 것으로 볼 때 동치, 광서 연간에 해마다 강으로 쌀 40~50만 석을 실어 날랐다.

운항하던 배는 크기가 큰 것은 우선(牛船)이라고 부르는데 곡식 70~80석, 50~60석을 실을 수 있다. 작은 배는 조선(槽船)이라고 부르는데 곡식 30석가량을 실을 수 있다. 요하 유역이 번성할 때의 그 역동성은 "영구에서 위로는 통강구에 이르고 아래로는 해구에 이르렀다. 안에서는 곧 범장(帆檣)이 이어지고 바깥에서는 곧 윤박(輪舶)이 폭풍과 같이 달린다"고 표현되어 있다. 일본과 러시아의 전쟁 이전에 요하를 왕래하는 선박은 항상 매년 1만여 척에 달하였으며 1930년대에도 민선 3,000여 척이 운항할 정도였다. 광서24년(1898) 러시아인이 철로를 건설한 다음 하운이 날로 쇠퇴하였다.32

〈그림 10〉 철령지역 요하를 다니는 화물선(철령박물관)

1930년대 요하 유역을 항해했던 선박의 종류도 다양했다. 20세기 초 대략 요하 내의 크고 작은 선박의 총수는 3천 척 이상이고, 직접 발해로 들어가 복주, 금주, 천진 사이를 오가는 것은 200척 이상이었다(그림 10).

요하의 항운이 가능한 곳은 1930년대까지도 요하의 본류 영구에서 정가둔에 이르는 1,428리 사이와 지류 태자하의 한가점자에서 삼차하에 이르는 405

---

32 『奉天通志』 卷163, 交通3, 航路下.

리, 또한 혼하의 장탄에서 삼차하까지 410리에 해당하는 구간이었다. 지금의 압록강과는 달리 수많은 배들이 왕래하였다.[33] 1930년대까지 요하의 본류 연안에 배가 정박하는 부두는 총 50여 곳이었다. 그중 주요 부두의 항행 일수 및 하천의 수심 정도는 아래의 표와 같다.

《표1》 주요 부두의 항행일수 및 하천의 수심

| 항구이름 | 영구로부터의 거리 | 운행일수 | | 물깊이 | 강너비 |
|---|---|---|---|---|---|
| | | 오름길 | 내림길 | | |
| 전장태(田莊台) | 60 | 1 | 1 | 10 | 400 |
| 삼의하(三义河) | 173 | 2 | 2 | 7 | 300 |
| 사령(砂嶺) | 195 204 | 3 | 2 | 6 | |
| 탐연보자(塔連堡子) | 289 | 4 | 3 | 4, 5 | |
| 로당방(老達房) | 682 400 | 6 | 4 | 6 | |
| 마창(馬廠- 新民屯) | 475 | 8 | 5 | 4 | |
| 량병탑(涼兵塔) | 568 595 | 10 | 6 | 5, 2 | |
| 삼면선(三面船-法庫門) | 658 | 12 | 7 | 45 | |
| 길성자(吉城子) | 747 | 14 | 8 | 5 | 200 |
| 마봉구(馬蜂溝) | 828 868 | 15 | 9 | 4 | 마봉구에서 하구에 이르는 구간은 100~300 |
| 통강구(通江口) | 988 1038 | 17 | 10 | 2, 7 | 통강구에서 삼강구에 이르는 구간은 50~300 |
| 고유수(孤榆樹) | 1243 | 20 | 12 | 23 | |
| 삼강구(三江口) | 1358 1448 | 21 | 13 | 2 | |
| 정가둔(鄭家屯) | 1438 | 22 | 14 | 16 | |

---

33 『奉天通志』 卷163, 交通3, 航路下.

<<표2>> 요하 선박 운행 변화표

| 배이름 | 19세기 운행 | 20세기초 隻數 | 1930년대 이후 운행 |
|---|---|---|---|
| 삼선(杉船) | 1,000척 | 60척 | 23척 |
| 영파선(寧波船) | 1,000척 | 40척 | 30척 |
| 조선(鵰船) | 3,000척 | 60척 | 20척 |
| 등축선(登軸船) | 500척 | 210척 | 30척 |
| 연비선(燕飛船) | 300척 | 93척 | 30척 |
| 개교선(改巧船) | 250척 | 114척 | 30척 |
| 과루선(瓜樓船) | 200척 | 108척 | 30여 척 |
| 홍두선(紅頭船) | 30척 | 7척 | 3척 |
| 고두선(高頭船) | 50척 | 13척 | 13척 |
| 화혜선(花鞋船) | 30척 | 24척 | 20척 |
| 연비선(燕飛船) | 150척 | 113척 | 30척 |
| 상하선(上河船) | 8,000척 | 5,716척 | 400척 |
| 상하우(上河牛) | 5,500척 | 3,291척 | 300척 |
| 양하우(羊河牛) | 150척 | 89척 | 15척 |
| 간하조(澗河艚) | 30척 | 20척 | 20척 |
| 대소산판(大小舢板) | 無 | 6척 | 10척 |
| 발선(撥船) | 300척 | 200척 | 110여 척 |
| 발선(撥船) | 100척 | 60척 | 10여 척 |
| 소화륜(小火輪) | 없음 | 10척 | 17척 |
| 대화륜(大火輪) | 없음 | 131척 | 109척 |

# VI. 현대의 압록강

현재의 압록강은 북한과 중국의 국경선으로 백두산 남쪽 산기슭에서 발원하여 길이가 대략 1,500리에 이른다. 임강시, 백산시, 단동시 등 지역을 지나 요녕 동강시 근처에서 황해로 들어간다. 압록강 간류(幹流) 전 길이는 795km이고 유역 면적은 6.19만㎢이다. 압록강 상류에서 일부 작은 지역은 현무암 지대이고 나머지 하창은 전 캄브리아기에서 형성한 암석 구조이다. 하곡이 깊어 협곡과 비슷하며 해발 높이가 600-1200m 이다. 수류가 급하여 암초와 폭포가 많다(그림 11 참조). 집안 이하에는 연안 평원이 넓고 수자원이 많아 수풍 등 수력발전소가 건설되어 있다. 압록강 지역은 겨울에는 춥고 여름에는 따뜻한데 상하류의 자연조건 차이가 많고 12월 초-4월 중순에는 강이 얼어붙어 다닐 수가 없다. 중하류는 6-9월에 강우가 집중하여 연강수량이 충분하며 연안 침엽수와 낙엽수가 조밀하게 자란다.

기록을 분석해 보면 압록강은 하류에서 상류로 배가 쉽게 다닐 수 있는 강

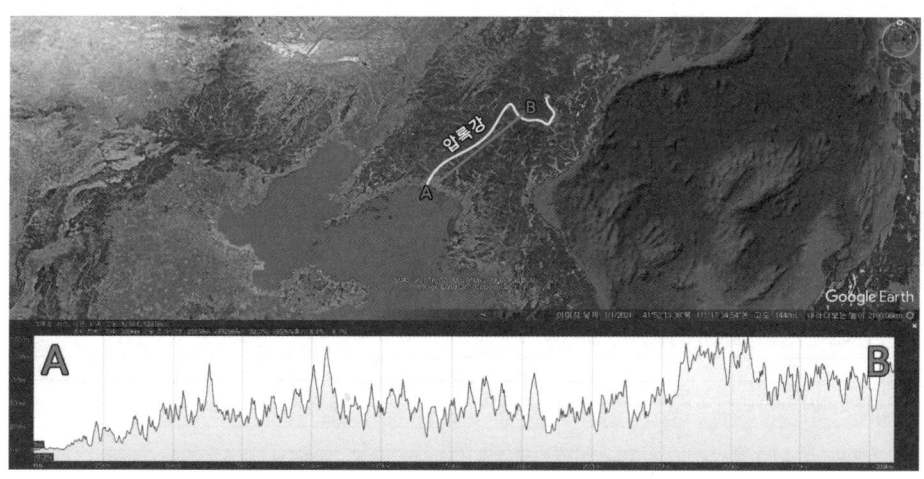

〈그림 11〉 현재 압록강 부근 지형도

(곳곳에 모래톱이 있어 배들이 다니지 못 한다.)

(현재 압록강에 물이 많이 보이는 것은 수풍댐을 시작으로 댐을 건설하여 물을 저장했기 때문이다.)

〈그림 12〉 현대의 압록강

이 아니다. 현재의 압록강은 구간구간의 항해는 가능하지만 수백 리를 자연스럽게 거슬러 올라간다는 것은 거의 불가능하다. 하지만 일반적으로 연구자들은 이러한 압록강의 특징을 잘 파악하지 못하여 크고 작은 배들이 자유롭게 왕래할 수 있는 강으로 이해하고 있다(그림 12).

현재의 압록강은 신의주 부근을 제외하면 강폭이 좁고 바닥이 낮아서 배가 다닐 수 없다. 따라서 강 주위에 큰 도시가 형성되거나 포구가 형성될 수 없다. 간혹 압록강을 따라 올라가다 보면 강 좌우에 크고 작은 언덕은 있지만 요양이나 심양 같은 거대한 평야가 없을뿐더러 큰 배는 다닐 수도 없다. 북한 평양을 지키는 참(塹)이 되기에는 강폭도 좁고 거리도 멀고, 물길이 평양으로 연결되어 있지도 않다. 따라서 14세기 이전 사료에서 말하는 압록은 위치, 방향, 특성, 활용도 등 모든 면에서 현재의 압록강이 될 수 없다.

# VII. 맺음말

현재 요하는 동요하와 서요하가 만나 본류를 형성하여 판금으로 흘러가 발해를 만난다. 그러나 불과 몇십 년 전인 1957년까지는 요하가 심양을 거쳐 혼하를 만나고 다시 남으로 흘러 요양에서 태자하를 만나 영구를 지나 발해로 들어갔다. 지금의 혼하와 태자하가 만나는 지역에 살고 있는 어느 어르신의 말을 들어보면 80년대까지만 해도 그곳에서 배를 타고 심양을 오르락내리락 하였다고 한다. 그리고 옛날에는 7년마다 큰 홍수가 들어 그 일대의 낮은 지대는 모두 물에 잠겼다고 한다. 이 말들을 모아보면 불과 몇십 년 전까지만 해도 이 물줄기를 활용하는 사람들이 있었고, 그 큰 물줄기의 동안(東岸)에는 외적의 침입으로도 보호를 받을 수 있는 참호가 있었던 것이다. 이런 이야기는 멀리 당의 두우가 쓴 『통전』에서 말하는 고구려에서 가장 큰 강으로, 배가 정박할 곳들이 곳곳에 있었고, 천참으로 여겼다는 말과 가까운 사실이 되는 것이다(그림 13).

〈그림 13〉 썰물 때의 요하 포구

앞에서 살펴본 『삼국사기』, 『삼국유사』, 『통전』, 『신당서』, 『자치통감』, 『주자어류』, 『고려사』, 『고려사절요』, 『요사』, 『대명일통지』 등 고대의 수많은 사료에 전해지는 압록강은 바로 압록강(鴨淥江)을 말하는 것이다. 이 강이 기록자에 따라, 혹은 책을 내는 과정에서 압록수, 압록강, 안민강, 혼동강, 요수, 대요수, 소요수 등으로 불리기도 했던 것이다.

요하는 20세기가 되면서 상류에서 밀려오는 토사 등의 퇴적물로 인해 강바닥이 얕아지고 육로 교통의 발달로 강의 이용률이 떨어졌으나 여전히 수천 척의 배가 왕래하였으며 1980년대까지도 요하를 이용한 상업이 성행했다고 연구서들은 언급하고 있다. 이러한 요하 덕분에 요하를 끼고 있는 도시들은 수도나 중요한 도시로 성장할 수 있었으며 요하를 타고 내려가 발해만으로도 진출할 수 있었다. 이처럼 요하는 사통팔달 지역으로 만들기에 충분한 조건을 가지고 있었다. 특히 요양, 심양, 개원, 철령 등은 요하를 통해 요동을 방어하고 군수 물자를 공급받는 요동의 중진이었다. 전략적으로 필요한 요하라는 동북아시아의 최고의 강을 가지고 있었기 때문에 가능한 일이었다. 이런 내용은 『통전』이나 『신당서』에 전하는 가탐의 '도리기'에 기록된 압록강 관련 기록과 비슷하다. 조선의 관리들 역시 고대의 압록수의 위치를 당대의 압록수와 같이 보는 것에 적지 않은 의구심을 갖고 있었다.

고구려는 광개토태왕의 통일정책과 대외 확장정책으로 영토가 크게 넓어졌을 뿐만 아니라 바다로 바로 진출할 수 있는 기틀까지 마련되었다(그림 14, 15 참조). 이에 장수왕은 고구려의 가장 큰 소망이던 바다와 가까운 곳으로 도읍을 옮겼다. 그는 물길을 활용하면 모든 운송이 가능해지고 방어도 쉬운 곳인 패수의 북쪽으로 도읍을 옮긴 것이다. 이렇게 도읍을 옮기면서 고구려는 당당한 동북아시아 패권국가로 거듭나게 되었다. 이 평양과 압록강 관련한 간단한 설명을 해보면 지금의 요하가 고구려 때 압록강이라는 것은 여러 기록에 나와 있고, 이 압록강과 평양성 사이에 살수가 있어야 한다. 앞에서 본 바

〈그림 14〉 1920년대 영구항(출처: 철령박물관)   〈그림 15〉 압록강 하구, 현재 영구 앞 바다

와 같이 이 살수의 위치에 대하여는 『삼국사기』와 『대명일통지』에 기록되어 있는데, 『대명일통지』에 구체적으로 지금의 중국 요녕성 혼하라고 기록되어 있다. 사서에 기록된 것을 그대로 재현해보면 수나라 군대가 압록강을 건너 동쪽으로 살수에 이르렀고, 이 살수를 건너 평양성 삼십 리까지 쳐들어왔다가 고구려의 항전으로 다시 살수로 후퇴하였고, 살수를 건너는 과정에서 고구려의 공격을 받아 수나라군이 궤멸된 것이다. 이렇게 볼 때 고구려의 평양성은 현재 중국 요녕성 요양시가 맞는 것이다. 보충적으로 설명을 해보면 차이나계의 모든 사료가 고구려와 당나라 간의 마지막 전쟁터를 모두 현재 평양으로 설명하고 있지 않다는 것이다. 거의 대부분이 현재 중국 요양 일대에서 전쟁을 치르고 있는 것을 볼 수 있다. 이것이 무엇을 말하는 건가? 그것은 바로 고구려 평양성, 장안성은 지금의 북한 평양이 아니고 중국 요녕성 요양 일대라는 것을 말해주고 있는 것이다. 그래서 조선시대 많은 사람이 요양에 들러 고구려를 회상하는 것이었다.

이 글의 맺음은 '압록강(鴨淥江)'은 현재 중국 요녕성 요하이고, '압록강(鴨綠江)'은 지금의 신의주 앞을 흐르는 강을 말한다는 것이다.

# 고려 국경에 대한 새로운 비정

고려 국경 - 현재 철령시를 흐르고 있는 요하(이 곳이 잠시나마 고려 영토였다는 기록이 있음.)

# I. 들어가는 말

한국사 연구에 있어서 고려시대는 연구가 가장 잘 되어있는 시대라고 인식하고 있다. 그러므로 불과 몇 년 전까지만 해도 고려사 연구 전반에 걸쳐 누구도 이의를 제기하지 않았을 뿐더러 국경에는 더더욱 문제가 없었다. 그런데 최근 고구려 장수왕이 천도했다는 평양이 지금의 중국 요녕성 요양이라는 것이 밝혀지면서 새로운 국면으로 접어들었다. 즉 고구려의 평양성에 고려의 서경을 설치했는데[1] 이 고구려 평양성이 지금 중국 요녕성 요양이라면 고려의 서경도 그곳으로 가야 하는 것이기 때문이다. 이는 비켜갈 수 없는 사실이기 때문이다. 이런 연관성을 근거로 고려 국경선을 분석해 보니 현재 인식되고 있는 고려 국경선이 문제가 있음을 알게 되었다. 먼저 『고려사』의 기록을 살펴보자.

### 『고려사』 권56 「지」 권제10 지리1 '서문'[2]

현종 초에 절도사를 폐지하고 5도호부 75도안무사를 두었다가 이어 안무사를 파하고 4도호부 8목을 두었다. 이로부터 이후로는 5도 양계로 정하니 양도, 경상도, 전라도, 교주도, 서해도와 동계, 북계로 총괄하면 4경 8목 15부 129군 335현 29진이 되어 그 사리는 서북은 당 이래의 압록을 한계로 삼고 동북은 선춘령으로 경계를 삼으니 대저 서북의 경계는 고구려에 미치지 못하였으나 동북은 이에서 지났다. 이제 대략 역사책에 보이는 연혁에 의거하여 지리지를 만든다.

---

1 성균관대학교 사학회인 수선사학회에서 주최한 학술회의 자료집에 실려 있는 내용임.
2 『高麗史』 卷56 「志」 卷第10 地理1
顯宗初, 廢節度使, 置五都護·七十五道安撫使, 尋罷安撫使, 置四都護·八牧. 自是以後, 定爲五道·兩界, 曰楊廣, 曰慶尙, 曰全羅, 曰交州, 曰西海, 曰東界, 曰北界. 惣京四, 牧八, 府十五, 郡一百二十九, 縣三百三十五, 鎭二十九. 其四履, 西北, 自唐以來, 以鴨綠爲限, 而東北則以先春嶺爲界. 盖西北所至不及高句麗, 而東北過之. 今略據沿革之見於史策者, 作地理志.

여기에서 고려의 영토는 서쪽으로 고구려의 서계(西界)에 다다르지는 못하고 압록(鴨綠)을 경계로 하고, 북으로는 고구려의 국경선을 넘어 선춘령(先春嶺)에 이른다고 기록을 해놓았다. 조선 초기의 기록인 『세종실록』「지리지」에는 선춘령을 두만강 너머 700리에 있다고 구체적으로 써 놓았다.3 이것을 그대로 밑그림을 그려 보면 서쪽으로는 지금의 압록강을 건너고 있고, 북쪽으로는 현재 두만강을 넘어서는 그림이 그려진다(그림 1 참조). 그런데 앞선 기록에 대

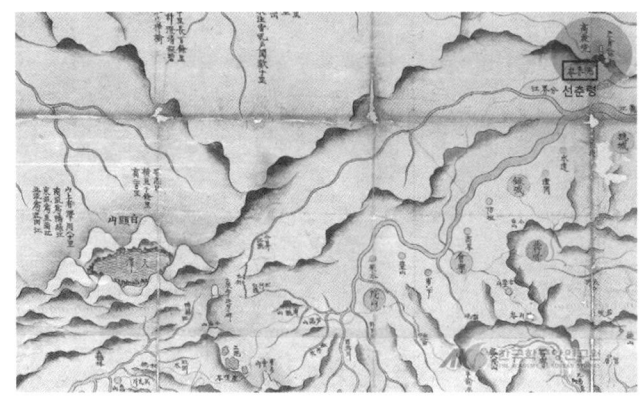

〈그림 1〉 선춘령 표시도

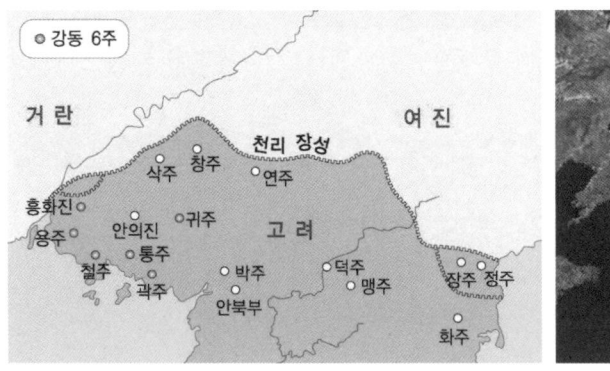

〈그림 2, 3〉 고려-요, 금 국경선

---

3     『世宗實錄』 154卷, 「地理志」
        平安道...北際鴨綠江...咸吉道...北至公險鎭一千七百餘里

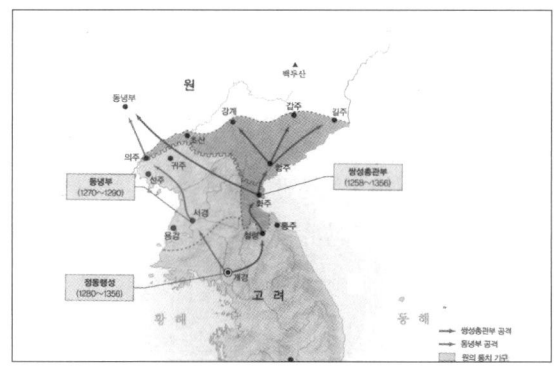

〈그림 4〉 고려-원 국경선

한 현재 학계의 인식은 전혀 다르다. 대부분이 고려의 국경선이 서쪽으로는 현재 북한의 압록강에서 시작하여 북한의 원산만을 잇는 선으로 알고 있다다(그림 2, 3, 4).

원 사료를 근거로 해보면 현재 한국의 북부는 즉 현재 두만강 건너 연변조선족자치주와 러시아 국토인 블라디보스톡도 고려의 영토였던 것이다. 그럼에도 불구하고 왜 이런 인식 차이가 날까? 이유는 전통시대 고려의 국경선 관련 논쟁이 몇 차례 있었으나 1910년대 일본의 쓰다 쏘우키치(津田

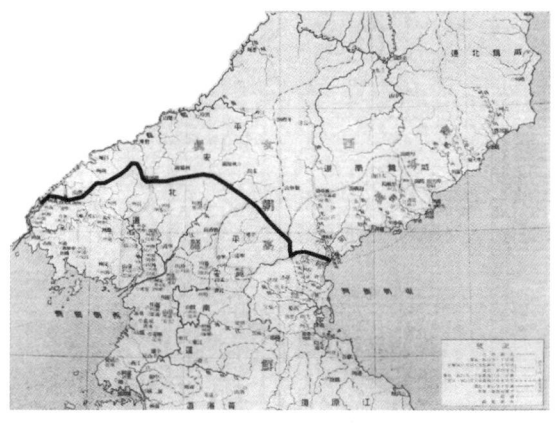

〈그림 5〉 쓰다 쏘우키치에 의해 그려진 고려 국경선
(『조선역사지리』)

左右吉)에 의해 고려 국경선이 그려지고, 이 내용이 조선총독부(朝鮮總督府)의 『조선사(朝鮮史)』에 들어가면서 더 이상의 논쟁 없이 오늘날까지 고착이 되어 버렸기 때문이다(그림 5 참조). 그렇다면 쓰다는 무슨 근거로 고려 국경선을 지금의 압록강에서 원산만으로 확정을 하였을까?

쓰다는 한국사의 역사지리를 비정하면서 "한국 사람은 거짓말을 잘하기 때문에 한국 사람이 쓴 한국사는 믿을 수 없다. 그 대표적인 사람이 서희(徐熙)이다. 서희는 요나라와 전쟁하는 중에 거짓말로 고구려의 역사를 과장하였다.

이런 사람들이 정리한 역사를 어찌 믿을 수 있겠는가? 그래서 내가 다시 정리하여 한국의 역사지리지를 다시 만들 것이다."라고 하였다. 즉 한국사람은 거짓말을 잘 하기 때문에 그들의 말을 믿을 수 없어 내가 다시 만들겠다는 것이다. 그의 이런 발상은 아마도 그들이 늘 거짓말을 하기 때문에 남들도 그런 줄 아는 아주 나쁜 버릇을 바탕으로 한 것이다. 그리고 참고한 기록은 고구려 평양성이 지금의 북한 평양에 있었다는 전제로 하였다. 이런 근거로 비정한 쓰다의 고려 국경선을 한국 학계를 비롯한 세계의 학계가 그대로 쓰고 있는 것이다. 이렇게 해서 그가 새로 비정한 한국의 역사지리가 그대로 조선총독부 편찬의 『조선사』에 들어갔고, 그것이 오늘날까지 이어오고 있다. 중국의 동북공정도 그대로 쓰고 있는 것이다. 그런데 쓰다의 이런 도식은 『고려사』의 내용뿐만 아니라 『요사』, 『금사』, 『원사』의 내용과도 너무 다르다. 그렇기 때문에 관련 자료들을 다시 검토하여 사실을 확인해 봐야 하는 것이다.

관련 자료의 분석은 두 방향에서 다뤄야 한다. 하나는 먼저 고려의 서북계(西北界)를 알아봐야 하는 것이고, 다른 하나는 고려의 동북계(東北界)를 알아봐야 하는 것이다. 왜냐하면 서북계와 동북계에 대한 인식에 너무나 큰 차이가 있기 때문이다. 현재 동북계는 학계의 노력으로 점점 자리가 잡혀가고 있으나[4] 서북계는 지금 시작을 하고 있는 실정이다.

---

4    이인철, 「동북9성 위치에 대한 재고찰」, 『古朝鮮硏究』 제3호, 古朝鮮學會, 2014년.
      _____, 「고려 尹瓘이 개척한 동북9성의 위치 연구」, 『鴨淥과 고려의 西北界』, 周留城, 2017년.

## II. 문헌 기록을 근거로 한 고려 국경선

### 1. 고려 서북계(西北界)에 대한 새로운 인식

한국사에서 고려 국경선 문제는 조선시대 이래로 많은 논쟁이 있었다. 급기야 조선 후기에 이르러 '압록강(鴨綠江)-원산만(元山灣)'이라는 견해가 등장하기 시작하였다. 이후 일본이 한국사를 연구하는 과정에서 갑자기 '압록강-원산만'이라는 선을 고정시켜 버렸고 이것이 오늘날까지 이어져 오는 것이다. 이런 공식이 생긴 가장 큰 근거는 압록강과 관련이 있다. 왜냐하면 고려 국경선을 그을 때 가장 기준점이 되었던 것이 압록강이었기 때문이다. 이 근거는 고려시대에 천리에 걸친 관방을 설치할 때 서쪽은 압록강에서 시작을 하였다는 것을 근거로 한다. 서쪽의 압록강이 확인되면 동쪽은 어려운 것이 아니었다. 그러므로 먼저 서쪽의 압록강을 확인하였는데 간단하게 현재의 압록강으로 생각하였다. 얼핏보면 쓰다 쏘우키치도 그랬던 것으로 보인다.[5] 그런데 문제는 현재의 압록강 말고도 다른 압록강이 또 있다는 것이다. 즉 한자로 쓸 때 '록(淥)'자가 다른 압록강이 또 존재한다는 것이다.[6] 즉 압록강(鴨綠江)과 압록강(鴨淥江)이 존재한다. 이 두 가지 압록강의 존재 여부를 확인해 보고, 만약 그것이 사실이라면 두 개의 압록강에 다 대입을 시켜봐야 하는 것이다. 그런데 앞에서 '鴨綠江'은 확인이 되었고 이 압록강에 대입을 시켜본 결과 『고려사』와 맞지

---

[5] 쓰다가 쓴 『조선역사지리』에는 고구려 평양성의 위치를 고증하는 데 특별한 근거를 제시하지 못하고 오늘날 북한의 평양으로 비정하고 있다. 그는 『조선역사지리』를 쓸 때 이미 많은 자료를 보았기 때문에 고구려의 압록강과 평양성의 위치를 알고 있었던 것으로 보인다. 그러나 전체적으로 한국사를 날조하기 위하여 서희를 비롯한 조선사람들은 거짓말을 하였다고 전제하고 고구려의 평양성도 지금의 북한에 비정하여 전체 한국 역사지리를 조작한 것으로 보인다.

[6] 윤한택, 「고려 서북 국경에 대하여- 遼·金 시기의 압록(鴨淥)과 압록(鴨綠)을 중심으로-」, 『鴨淥과 고려의 西北界』, 周留城, 2017년.

않는 것을 알 수 있었다. 그러므로 또 다른 압록강을 확인해 보고 여기에 대입을 시켜봐야 한다.

『고려사』「지리지」에 자주 나오는 '鴨綠'이라는 지명을 살펴보자. 이 지명은 글자 그대로 지명을 말하는 것인지, 아니면 鴨淥江을 줄여서 '鴨綠'이라고 쓴 것인지 분명하지 않다. 그런데 앞뒤 문장을 비교하여 분석해 보면 이 '鴨綠'은 지명이지 강 이름이 아닐 것으로 보인다. 압록이 지명으로 쓰였다는 것을 알 수 있는 것 중 하나가 발해의 '서경 압록부(鴨綠部)'이다. 발해는 5경제도(五京制度)를 운영하는데 그 중 하나가 '서경 압록부'이다. 여기서 '압록부'는 바로 지명을 말한다. 그렇다면 『고려사』에 쓰여 있는 '압록'도 지명이라고 봐야 하고, 대부분의 '압록강'이라는 강은 '압록' 지역을 흐르는 강의 이름일 것이다. 그렇다면 압록강을 찾기 전에 먼저 '압록'이라는 땅을 찾아보는 것이 순서이다. 이 지명이 어디일까?

한국·일본학계의 대체적인 흐름은 발해의 서경 압록부를 현재 압록강 부근 길림성 집안현, 장백산, 임강시 일대로 말하고 있다.7 그 이유는 압록강이 고대부터 지금까지 변한 적이 없었다는 강한 신념을 가지고 있기 때문이었다. 그런데 앞서 말한 『고려사』「지리지」나 『세종실록』「지리지」 등의 지리서에는 고구려의 유민 대조영이 건국한 발해의 위치가 현재 한국의 북부나 혹은 이 지역과 한반도나 한반도와 바로 인접한 현재 압록강에 있었다는 기록이 없다.8 이는 중국 사서에도 없다. 이를 볼 때, 발해 서경 압록부는 현재 우리가 알고 있

---

7   이 설을 강하게 주장하는 학자는 정약용(丁若鏞)이 대표적이다. 그는 『강역고(疆域考)』에서 발해 서경 압록부의 위치를 고증하였는데, 정약용의 이 주장은 훗날 발해를 연구하는 데 엄청난 영향을 주었다. 이 문제에 대해서는 다른 기회에 자세히 말하고자 한다.
8   『고려사』「지리지」나 『세종실록』「지리지」에서는 기록된 땅 이름의 변천 과정을 설명해 놓고 있는데 한국의 북부 땅에서 발해에 관한 기록이 전혀 나오지 않고 있다.

는 위치가 아닐 수도 있다는 것이다. 그러므로 다른 곳에서 찾아봐야 한다. 최근 고대 압록강(鴨淥江)은 지금의 압록강(鴨淥江)이 아니며 또한 몇 번 변했을 것으로 추정하는 몇몇의 연구 성과들이 나왔다.[9] 이것은 매우 관심을 가져볼 만한 것이다. 이 연구들에 의하면 고대의 鴨淥江은 지금의 압록강이 아니기 때문에 따라서 발해 서경 압록부는 현재 압록강 서쪽을 말하는 것이 아니고 다른 지역에 있었을 가능성이 높다고 한다. 압록강 관련 연구들을 살펴보면 다음과 같다.

윤한택은 대강(大康) 10년(1084) 고려의 『대요사적』에 근거한 『요사』의 요나라 변경 파수병 현황에 등장하는 '고려-요' 국경선으로서의 압록강(鴨淥江)을 지렛대로 해서 『고려사』, 『요사』, 『금사』를 비교 검토하였다. 또 『고려사』의 예종 12년(1117) 요나라가 금나라에 쫓겨 가며 고려에 인계한 보주성을 의주에 축성하여 의주방어사로 삼으면서 후방 방어선으로서의 압록강(鴨綠江)이 부각되자, 국경선 압록강(鴨淥江)과의 음사(音似)로 혼란이 발생하기 시작한 것으로 논증하였다. 즉 국경선은 '鴨淥江'이고, 후방 방어선은 '鴨綠江'이라는 주장이다.[10] 이른바 고려의 천리장성도 압록강이라는 것이다(그림 6 참조). 국경선으로서의 압록강(鴨淥江)은 이렇듯 요·금 시기를 통하여 변함없이 지켜져 왔는데, 이 국경선을 경계로 한 요동은 정치적으로 간섭을 받던 원 시기에 들어와서도 고려 북계의 봉강으로 그대로 인정되고 있었다. 원나라 시기 압록강(鴨淥江) 관련 사료는 다음과 같이 찾아진다.

---

[9] 윤한택, 「고려 북계 封疆에 대하여」, 『고구려의 평양과 그 여운』, 周留城, 2016.
복기대, 「『신당서(新唐書)』의 賈耽 「道理記」 재해석」, 『人文科學硏究』, 제57집, 江原大學校 人文科學硏究所, 2018.
남의현, 「中國의 『中朝邊界史』를 통해 본 한중국경문제 -『중조변계사』에 대한 비판과 14세기 이전 '鴨綠水[鴨淥江]' 위치 재고-」, 『人文科學硏究』, 제57집, 江原大學校 人文科學硏究所, 2018.

[10] 윤한택, 「고려 서북 국경에 대하여 -遼·金 시기의 압록(鴨淥)과 압록(鴨綠)을 중심으로-」, 『鴨淥과 고려의 西北界』, 周留城, 2017년.

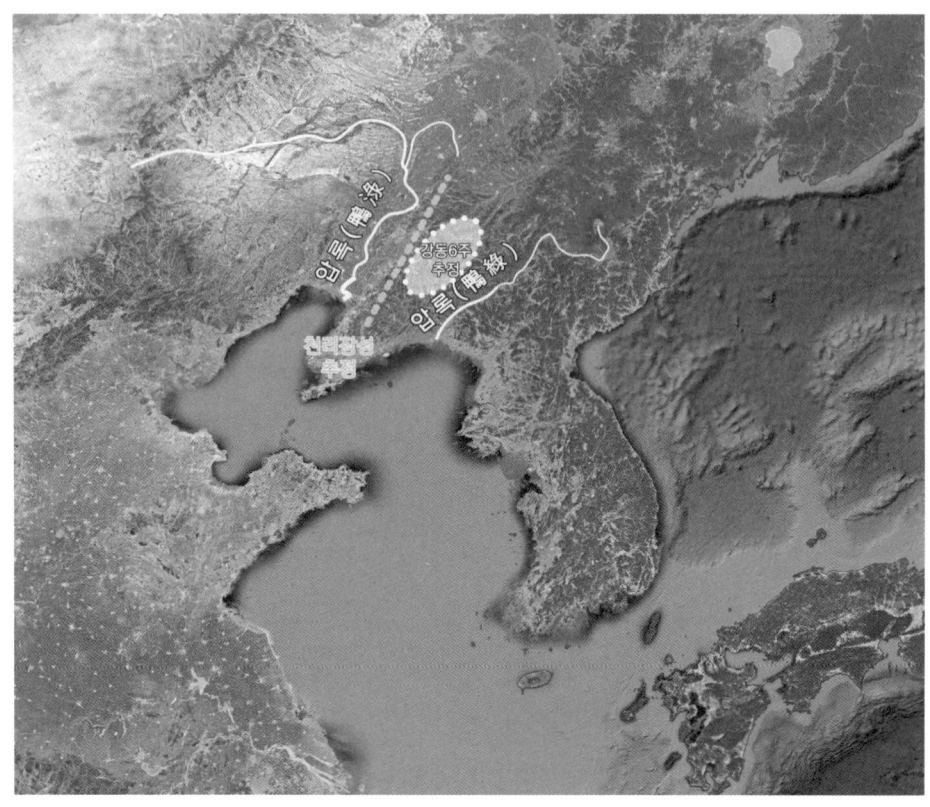

<그림 6> 고려 천리장성 위치도

① 『원사』 17, 「세조본기」 13 지원30년(1293) 2월 24일[11]

조서로 연해에 항구[수역]을 설치하였다. 탐라에서 압록강 입구까지 무릇 11개 소이고, 홍군상에게 감독하게 하였다.

② 『원사』 63 「지」 15, '지리' 6 '정동등처행중서성' '고려국'[12]

---

[11]  『元史』 17, 「世祖本紀」 13 至元30年(1293) 2月 24日
   詔沿海置水驛 自耽羅至鴨淥江口凡十一所 令洪君祥董之
[12]  『元史』 63 「志」 15, '地理' 6 '征東等處行中書省' '高麗國'

(전략) 지원 30년 연해에 항구를 설립하였다. 탐라에서 압록강 병양촌 항구까지 무릇 13소.

③ 『원사』 208, 「열전」 95, '외이1' '고려' [13]
(전략) 그 국도를 평양성이라고 하는데 바로 한 낙랑군이다. 물이 말갈의 백산에서 나오는 것을 압록강이라고 하는데, 평양은 그 동남에 있다. (하략)

이 기록에 의하면 원나라 시절에 설치한 고려 항구가 탐라(耽羅)에서 압록강(鴨淥江)까지 미치고 있고, 또 고구려 국도(國都) 평양의 서북쪽에 압록강(鴨淥江)이 있다고 한다. 다른 자료로 고려의 민간 묘지명과 『동문선』에서는 원나라에 사신으로 갔다가 돌아오는 국경 경과점으로서 압록강(鴨淥江), 압록수(鴨淥水)가 거론되고 있다. 고려와 원나라 간의 실제적인 국경선은 자비령이자만 심리적으로는 압록강(鴨淥江)이 지리적 국경선임을 보여주는 상징적 사례이다. 이런 사례는 현대에서도 확인되는데 요의 동부지역 거점 행정구역이었던 함주(咸州)에 대해서는 2010년 중국에서 발간된 철령 지역 지방지(地方志)에서 다음과 같이 언급하고 있다.

『철령의 고고와 역사』[14]
개태 8년(1019) 군대 집결에 편리하도록 하기 위하여, 고려와의 영역 경계인 지금의 개원 옛 성 지방에 함주를 건립하고, 지리의 도움을 빌려 고려에 대한 공격을 준비하였다.

---

13　三十年 沿海立水驛 自耽羅至鴨淥江并楊村海口凡十三所
　　『元史』 208, 「열전」 95, '外夷1' '高麗'
　　其國都曰平壤城 卽漢樂浪郡 水有出靺鞨之白山者 號鴨淥江 而平壤在其東南
14　周向永 許超, 『鐵嶺的考古與歷史』, 遼海出版社, 2010, 166쪽.

여기에서 나오는 요의 함주, 즉 지금의 개원 지역에는 현재는 요하이지만 옛날에는 압록강이었던 강이 흐르고 있다는 것이다.

다음으로 가탐의 「도리기」를 보자. 이것은 『신당서』에 실려 있는 내용이다.

> 『신당서』 권43하 「지」 제33하[15]
>
> 등주에서 동북쪽으로 바다로 가서, 대사도, 귀흠도, 말도, 오호도를 지나 300리이다.―――(중략)―――또 등주에서 진왕석교, 마전도, 고사도, 득물도를 지나 1,000리를 가면 압록강 당은포구에 이른다. 압록강 어귀에서 배를 타고 100여 리를 가고, 여기서 작은 배를 타고 동북쪽으로 30리를 거슬러 올라가면 박작구에 이르는데, 발해의 경계가 된다. 다시 500리를 거슬러 올라가면 환도현성에 이르는데, 옛 고구려 왕도이다. 다시 동북쪽으로 200리를 거슬러 올라가면 신주에 이른다. 또 육지로 400리를 가면 현주에 이르는데, 천보 중에 왕이 도읍한 곳이다. 또한 정북 혹은 정동 쪽으로 600리에 발해왕성에 이른다.

가탐의 「도리기」를 분석하여 지도를 만들어 보면 앞의(본문 212쪽 지도 4) 지도가 된다. 그렇다면 문헌 사료에 기록된 압록강(鴨淥江)은 현재의 요하가 맞다. 이 연구결과를 참고하여 발해 서경 압록부를 추정해본다면 아마 지금의 동요하와 서요하가 합쳐지는 지역에서 사방으로 멀지 않은 곳에 위치할 가능성이 높다.[16] 이 자료들을 분석해볼 때 중국학계에서 거란의 영토에 대해 주장

---

15 『新唐書』 卷43下 「志」 第33下
登州東北海行, 過大謝島´ 龜歆島´ 末島´ 烏湖島三百里°―――(中略)―――又過秦王石橋´ 麻田島´ 古寺島´ 得物島, 千里至鴨淥江唐恩浦口° 自鴨淥江口舟行百餘里, 乃小舫泝(溯)流東北三十里至泊汋口, 得渤海之境° 又泝(溯)流五百里, 至丸都縣城, 故高麗王都° 又東北泝(溯)流二百里, 至神州° 又陸行四百里, 至顯州, 天寶中王所都° 又正北如東六百里, 至渤海王城°

16 이 근거는 거란 때 압록부(鴨淥府) 서쪽에 부여부(扶餘府)를 두어 거란을 대비하게 하는 기록이 있다. 당시 거란은 오늘날 내몽고(內蒙古) 적봉시(赤峰市) 임동현(林東縣) 일대에 있었다. 그렇다면 임동현 동쪽 지역에 부여부가 있어야 하고, 그 동부에 압록부가 있어야 하는 것이다. 그렇기 때문에 동요하(東遼河), 서요하(西遼河)가 합쳐지는 그 부근 어딘가로 추측을 해본다.

하는, 발해의 땅을 모두 점령하여 한국의 북부 지역까지였다는 것은 잘못된 것임을 알 수 있다.17 남의현은 2000년대 초기에 중국이 동북공정으로 역사왜곡을 시작하면서 고구려를 중국의 지방정권으로 서술하는 등 만주사를 완벽한 자국의 지방사로 만든 『중조변계사』에서18 지명이 잘못 고증되었다는 것을 확인하였고 이를 재검토하였다.19 남의현의 의견을 간략히 정리해 보면 다음과 같다.

그는 『중조변계사』의 서술과는 다르게 정사(正史)를 비롯한 수많은 중국의 사서들을 분석해 본 결과 지명의 위치에서 몇 가지 새로운 사실들을 밝힐 수 있었다. 그는 '수·당시대의 압록수(鴨淥水)는 요나라 동북의 말갈이 살던 백산에서 발원하며, 혼동강(混同江)으로 불렸다. 여진족이 금(金)나라를 세우면서 압록수(鴨淥水)를 건너 황룡부를 차지했다는 기록으로 보면 압록수(鴨淥水)는 현재의 요하이다. 요나라의 황룡부는 요하 상류 쪽에 있는 요나라 군대의 집결지이기 때문이다.

〈그림 7〉『주해도편(籌海圖編)』에 기록된 요동지도

---

17  복기대, 「중국학계의 거란 동쪽 국경인식에 대하여」, 『仙道文化』 14, 國學研究所, 2013.
18  『中朝邊界史』는 역대 중국과 한국의 국경사를 연구한 책이다. 이 책에서는 수당시대의 압록수(鴨淥水)는 현재의 압록강(鴨綠江)으로, 살수대첩의 살수는 청천강(靑川江)으로, 요수(遼水)는 요하(遼河)로, 고구려 평양성(平壤城)은 북한 평양(平壤)으로 인식하고 고구려사를 서술하였다.
19  남의현, 「中國의 『中朝邊界史』를 통해 본 한중국경문제 – 『중조변계사』에 대한 비판과 14세기 이전 '鴨綠水[鴨淥江]' 위치 재고」, 『人文科學研究』, 제57집, 江原大學校 人文科學研究所, 2018.

또한 압록수는 말갈의 백산에서 발원하여 안시(安市)를 지나 바다로 들어가면서 요동과 요서를 나누는 기준이 된다고 하였으므로 요하가 될 수밖에 없다'고 보았다. 더불어『주해도편』을 통해 현재의 요하가 압록강이라는 지도도 발견하였고,『신당서』「지리지」에 나오는 마전도(麻田島), 고사도(古寺島), 득물도(得物島)가 요하 유역으로 가는 길에 있는 것을 발견하였다. 압록강(鴨淥江) 당은포구(唐恩浦口) 역시 요하 입구에 있는 포구라는 것도 사료를 통해 확인되었다(그림 7 참조).

그가 참고한 40여 종의 사료에서 압록수가 현재의 요하라고 밝혀졌기 때문에 사료의 기록대로 장수왕의 평양성도 압록수 동남쪽 450리 지점에서 찾아야 한다. 14세기 이전 평양성과 관련된 모든 사료들은 현재의 요양시를 고구려의 평양성으로 지목하고 있다. 장수왕의 평양성 요양은 시대에 따라 왕조에 따라 평양, 동경, 중경, 동녕, 요양 등 다양한 이름으로 불렸다는 것을 확인하였다.[20]

이런 자료들을 비교분석 해본 결과 고대의 압록강은 오늘날 요하라는 것이 확인되었다. 이 압록강(鴨淥江)의 명칭과 관련하여『고려사』, 이규보의『동명왕편』에 청하(青河)라는 별칭이 등장하는데, 이와 유사한 청하(淸河)가『요사』'동경 요양부' 조에 등장한다. 이와 같은 자료들을 종합해보고, 현 철령시 지방지와 함께 살펴보면, 고대의 압록강(鴨淥江)의 위치는 현재의 철령 부근 요하 지류로 비정해 볼 수 있지 않을까 여겨진다. 그렇다면 이 요하를 경계로 하여 고려와 요나라의 국경선은 어떻게 인식되고 있나 하는 것을 확인해봐야 한다.

## 2. 문헌에 나타난 고려와 요나라의 국경

앞서 살펴본 바대로 고려의 서북계를 정확히 파악하기 위해서는 고려 당시

---

[20] 남의현, 앞의 논문, 2018.

의 압록강(鴨淥江) 위치와 더불어 고려의 서북 국경선을 맞대고 있던 거란의 동쪽 국경선이 어디인지를 파악하는 것이 중요하다. 고려와 거란이 국경선을 맞대고 있던 서기 10세기 무렵에 대한 국경선 기록은 『고려사』, 『요사』 및 송나라 때 만들어졌다고 전해지는 '지리도' 등을 참고할 수 있을 것이다. 먼저 『고려사』에 나타나는 기록을 토대로 확인해 볼 필요가 있다.

『고려사』에 나타난 고려와 거란과의 관계는 시종일관 좋지 못하다. 먼저 현재 압록강(鴨綠江) 이북지역을 차지하고 서진을 하던 고려와 많은 충돌이 있었다. 이 충돌은 고려 광종이 지금의 요녕성 동북지역에 자리하였던 생여진 지역을 정벌하여 고려 영토에 편입시키면서 이를 둘러싸고 고려와 요가 993년에 전쟁이 시작된 것이다. 이것이 1차 여·요전쟁이었다.[21] 이 전쟁의 결과는 고려의 서희(徐熙)가 주도하여 큰 싸움 없이 거란과의 평화적인 외교관계를 성립하는 조건으로 강을 경계로 동쪽 280리를 고려에 속하게 하는 협약을 맺었던 것이다.[22] 이때 고려는 강동(江東) 6주를 설치하여 원래 요와 고려의 국경보다 더 서쪽으로 영토를 넓히게 되었다.[23] 그런데 고려가 요에게서 할양 받은 강동 280리의 땅이 어딘가 하는 점이다. 고려와 거란 간에 협의를 할 때 강을 경계로 한 것은 분명한데 어느 강을 경계로 했느냐가 관건이다. 대부분 오늘날의 압록강(鴨綠江)으로 알고 있다. 하지만 당시 기록에는 압록강(鴨綠江)이라는 강은 나오지 않았다. '압강(鴨江)'으로 기록되어 있다.[24] 만약 같은 강 이름이었

---

21 이 전쟁은 한국 외교사에서 가장 이름이 나 있는 '여·요(麗·遼) 1차 전쟁'이다.
22 이때의 강(江)을 오늘날의 압록강으로 판단하여 모든 고려의 영역을 압록강 동쪽으로 판단하는 것이다. 그러나 실상은 그렇지 않다. 당시 기록을 보면 오늘날 압록강이라는 기록은 없다. '강동의 6주'라고만 기록이 되어있다.
23 남의현, 앞의 논문, 2018.
24 『高麗史』「世家」卷第3-成宗 13年
(甲午)十三年春二月蕭遜寧致書曰: "近奉宣命: '但以彼國信好早通境土相接雖以小事大固有規儀而原始要終湏{須}存悠久. 若不設於預備慮中阻於使人. 遂與彼國相議便於要衝路陌創築城池者' 尋准宣命自便斟酌擬於鴨江西里創築五城取三月初擬到築城處下手修築伏請大王預先指揮從安北府至鴨江東計二百八十里踏行穩便田地酌量地里遠近并令築城發遣役夫同時下手其合築城數早與回報. 所貴交通車馬長開貢覲之途永奉朝廷自恊安康之計."

다면 분명히 같이 썼을 것이다. 그러나 다르게 쓰고 있다. 그렇다면 『요사』에는 어떻게 기록되었는지 확인해봐야 한다. 고려와 요의 국경을 확인하는 것은 『고려사』보다 『요사』가 더 구체적인 것을 알 수 있다. 먼저 전체 『요사』 「지리지」에 나와 있는 거란 동경(東京)의 내력과 동쪽 국경선에 관한 기록을 확인해보면 다음과 같다.

『요사』 권38 「지」 제8 지리2, 동경도[25]

동경 요양부는 본래 조선 땅이었다. 주나라 무왕이 기자를 옥중에서 풀어주고 그가 조선으로 가자 그 땅에 책봉하였다. 그가 8조 법금을 만들어 예의를 숭상하고, 농상을 장려하여 생활이 풍족하게 되자, 대문을 닫지 않아도 도적질하는 백성이 없었다. 40여 대를 전해 내려왔다. 연나라 때 진번과 조선에 속하였으며, 처음으로 관리를 두고 성벽을 쌓았다. 진나라 때에는 요동의 변방에 속하였다. 한나라 초에 언(燕)나리 사람 위만이 옛 공지에서 왕이 되었다. 무제 원봉 3년에 조선을 평정하고 진번·임둔·낙랑·현도 4군으로 삼았다. 후한 때에 청주와 유주 두 주에 오가며 편입되었으며, 요동과 현도는 그 연혁이 일정하지 않았다. 한나라 말년에는 공손탁이 이곳을 차지하여, 아들 공손강에게 전해지고 손자 공손연이 연왕을 자칭하고 소한이라 연호를 세웠으나, 위나라에 멸망되었다. 진나라가 고려(고구려임)를 함락시키자 뒤에 모용수에게 귀의하였다가 그 아들 모용보가 고구려 왕 고안을 평주목사로 삼아 그곳에 살게 하였다. 원위 태무제가 그가 살고 있는 평양성으로 사신을 보내니, 요나라 동경이 본래 이곳이다.

---

25  『遼史』卷38 「志」第8 地理2, 東京道
東京遼陽府, 本朝鮮之地. 周武王釋箕子囚, 去之朝鮮, 因以封之. 作八條之敎, 尙禮義, 富農桑, 外戶不閉, 人不爲盜. 傳四十餘世. 燕屬眞番´朝鮮, 始置吏´築障. 秦屬遼東外徼. 漢初, 燕人滿王故空地, 武帝元封三年, 定朝鮮爲眞番´臨屯´樂浪´玄菟四郡. 後漢出入靑´幽二州, 遼東´玄菟二郡, 沿革不常. 漢末爲公孫度所據, 傳子康;孫淵, 自稱燕王, 建元紹漢, 魏滅之. 晉陷高麗, 後歸慕容垂;子寶, 以勾麗王安爲平州牧居之. 元魏太武遣使至其所居平壤城, 遼東京本此.

이 기록은 거란 동경에 대한 전체적인 연혁이다.[26] 정리해보면 거란의 동경은 원래 고조선 영역이었는데 역사의 변환을 겪으면서 거란의 땅이 되었다는 얘기이다. 이것이 구체적으로 다 맞고 틀리고의 문제가 아니라 큰 틀에서 거란의 동경지역에 관하여 정리한 것임에 주목해야 한다. 그리고 동경에 관련한 「지리지」의 출발이 바로 이 동경인 것이다. 다음의 기록은 구체적으로 동경에서 출발해서 가는 고려 동쪽 국경선을 말해준다.

『요사』 권38 「지」 제8 지리2[27]

동쪽으로 북오로호극까지 4백리, 남쪽으로 바닷가의 철산까지 8백60리, 서쪽으로 망평현 바다 입구까지 3백60리, 북쪽으로 읍루현 범하까지 2백70리이다. 동·서·남 3면이 모두 바다를 안고 있다.

이 기록에서 보면 거란의 동쪽 경계는 북오로호극(北烏魯虎克)까지 400리로 되어 있다. 이것은 현재 요양에서 동쪽으로 400리란 뜻이다. 이 거리를 지금의 km로 환산해보면 요양 동쪽으로 130km 내외로 보는 것이 타당할 것이다.[28] 이 130km 거리는 요양의 동변이거나 본계시(本溪市)의 동변일 것이다. 이런 경계가 설정되기까지 고려와 거란 사이에는 많은 우여곡절이 있었다. 그 대표적인 기록이 '정주(定州)' 관련 기록인데, 이 땅은 고려와 요나라의 전쟁의 결과에 따라 주인이 바뀌는 현상을 그대로 기록해두고 있다.

---

26 이 기록에는 한국고대사를 연구할 때 활용할 수 있는 중요한 자료들이 있다.
27 『遼史』 卷38 「志」 第8 地理2
東至北烏魯虎克四百里, 南至海邊鐵山八百六十里, 西至望平縣海口三百六十里, 北至挹婁縣 范河 二百七十里° 東′ 西′ 南三面抱海.
28 이런 추측이 가능한 것은 요양에서 남으로 860리에 철산(鐵山)이 있다는 기록이 있다. 이 지역은 오늘날 대련시(大連市) 부근이다. 이 기록을 요양에서 요동반도 남단까지로 가정한다면 요양에서 대련까지의 거리를 환산해보면 될 것이다. 현재 요양에서 대련까지 거리는 약 300km이다. 환산은 100km를 300리로 보면 된다. 이를 근거로 400리를 환산해보는 것이다.

『요사』 권38 「지」 제8 지리2[29]

정주 : 보녕군. 고려 때 주를 설치하였다. 옛날에 현이 하나 있었다. 그 이름은 정동현이다. 성종 통화 13년(995)에 군으로 승격시키고 요서의 백성들을 옮겨 살게 하였다. 동경유수사에 예속되었다. 1개 현을 거느린다.

정동현: 고려가 설치하였으며, 거란이 요서의 백성들을 이곳에 옮겨 살게 하였다. 호수는 8백이다.

보주 : 선의군. 절도사가 다스린다. 고려가 주를 설치하였으며, 옛날에 현이 하나 있었는데 그 이름은 내원현이다. 성종이 고려의 왕순(현종)이 제멋대로 왕위에 올랐다하여 그 죄를 물었으나 듣지 않다가, 통화 말년에 항복하자, 개태 3년(1014)에 그 나라의 보주와 정주를 차지하고 그곳에 각장을 설치하였다. 요동통군사에 예속되었다. 주(州)와 군(郡) 2, 현 1을 거느린다.

이렇듯 고려와 거란은 3차에 걸친 큰 전쟁을 치르면서 국경선을 획정지었던 것이다. 그 기록을 위와 같이 『요사』「지리지」에 남겨 놓은 것이 요(遼) 동경도(東京道)의 개요이고 북오로호극이 동쪽 국경선인 것이다. 이 기록에서 중요한 것은 바로 요나라의 동쪽 국경이 오늘날의 압록강(鴨綠江)에도 이르지 못했다는 것이다. 즉 한국의 압록강에서 원산만으로 비정한 것 자체가 성립이 되지 않는다. 이와 비슷한 내용으로 거란과 고려가 바로 국경을 맞대고 있었다는 것을 설명하는 또 하나의 기록이 같은 『요사』에 쓰여 있다. 그것은 바로 '신주(信州)'에 대한 설명이다.

---

29  『遼史』卷38「志」第8 地理2
定州, 保寧軍°高麗置州, 故縣一, 日定東°聖宗統和十三年升軍, 遷遼西民實之°隷東京留守司°統縣一°定東縣°高麗所置, 遼徙遼西民居之°戶八百.
保州, 宣義軍, 節度°高麗置州, 故縣一, 日來遠°聖宗以高麗王詢擅立, 問罪不服, 統和末, 高麗降, 開泰三年取其保˙定二州, 於此置搉場°隷東京統軍司°統州軍二, 縣一

### 『요사』 권38 「지」 제8 지리2[30]

신주 : 창성군. 하등의 주로, 절도사가 다스렸다. 본래 월희의 옛 성이었다. 발해가 회원부를 설치하였으나 지금은 폐지되었다. 성종은 이 땅이 고려와 이웃하고 있다하여 개태 초년(1012)에 주를 설치하고 포로로 잡은 한나라 민호들로 채웠다. 병사에 관한 일은 황룡부도부서사 소속이다. 3개 주를 거느렸으나 미상이고 2개의 현이 있다.

이 기록은 고려와 거란 간의 접경 지역에 설치한 거란의 행정구역을 말하고 있는 것이다. 이 기록을 볼 때 원래는 발해 땅이었는데 발해를 정복하고 그 지역에 설치하면서 민호들을 이 지역과 전혀 상관없는 한족들을 데려다가 주민으로 삼은 것이다.

또 다른 기록으로 『고려도경』의 내용을 확인해보도록 한다.

### 『고려도경』, 「봉경」[31]

고려는 남쪽으로 요해와, 서쪽으로는 요수와, 북쪽으로는 거란의 옛 지역과, 동쪽으로는 금과 접해 있다. 또 일본, 유구, 빙라, 흑수, 모인 등의 나라와 개의 어금니처럼 서로 맞물려있다. 오직 신라와 백제가 자신들의 영토를 스스로 지키지 못하여 고려 사람들에게 병합되었으니 현재의 나주 광주도가 그것이다. 그 나라는 송의 수도의 동북쪽에 위치하고 있으며 연산도에서 육로를 거친 다음 요수를 건너 동쪽으로 그 국경까지 가는데 모두 3,790리이다. 해로로는 하북 경동, 회남,

---

30　『遼史』 卷38 「志」 第8 地理2
　　信州, 彰聖軍, 下, 節度° 本越喜故城° 渤海置懷遠府, 今廢° 聖宗以地鄰高麗, 開泰初置州, 以所俘漢民實之° 兵事屬黃龍府都部署司° 統州三, 未詳;縣二.
31　『高麗圖經』「封境」
　　高麗南隔遼海 西距遼水 北接契丹舊地 東距大金 又與日本琉球聃羅黑水毛人等國 犬牙相制 惟新羅百濟 不能自固其圉 為麗人所幷 今羅州廣州道是也. 其國 在京師之東北 自燕山道 陸走渡遼 而東之其境凡三千七百九十里 若海道則河北京東淮南兩浙廣南福建皆可往 今所建國 正與登萊濱 棣相望

양절, 광남, 복건 등에서 모두 갈 수 있다. 지금 세워진 나라는 등주, 내주, 빈주, 예주와 정확히 마주보는 위치에 있다.

이 기록은 『고려사』 「지리지」 보다 더 구체적으로 고려의 국경선을 기록하고 있다. 이 기록을 볼 때 앞에서 설명한 바와 거의 같은 것을 알 수 있다.

이런 기록은 이를 뒷받침할 수 있는 당시의 지도가 있다면 확인이 가능하다. 그러나 지금까지 전해져 내려오는 지도들 중에 당시의 지도는 없다. 다만 그 시기와 가장 근접한 시대에 만들어진 것으로 송나라 때 만들어진 『지리도』가 있다.[32] 이 '지리도'에 그려진 거란의 동쪽 국경은 '주(州)' 단위로 남북으로 길게 그려진 것을 볼 수 있다. '신주(信州)'가 동북지역으로 추정되는 곳에 표기되어 있다. 신주 동쪽으로 특별한 거란의 행정구역은 보이지 않아 이 신주가 요나라 동쪽 국경을 나타낸 것으로 보인다. 신주에서 북으로 올라가면서 '상주(祥州)', '빈주(賓州)'가 있는데 이곳이 북쪽 국경임을 알 수 있고 바로 거의 직선 형태로 이어지는 것을 볼 수 있다. 이 국경선은 남동으로 내려오면서 동쪽으로 휘어지는데 지금의 요양 동쪽에서 '재주(才州)', '생주(生州)', '약주(躍州)', '복주(伏州)'로 이어지는 것을 볼 수 있다. 그 동쪽은 모두 거란과는 다른 지역임을 표시하고 있다. 이 기록과 지도는 아마도 거란의 최고 전성기 국경선을 말하고 있는 것으로 볼 수 있다. 이렇게 『요사』, 『고려사』 그리고 『지리도』를 비교해보면 거의 비슷한 결론이 나오는 것을 알 수 있다(그림 8 참조).

이렇게 문헌자료를 활용하여 고려 서북계의 윤곽을 어느 정도 잡을 수 있

---

[32] 이 『지리도』는 송나라 때 만들어졌다고 전해지는데 대략은 이해가 되지만 자세한 부분에서는 많은 문제가 있는 것으로 보인다. 특히 물길에 대해서는 확실한 지식이 없는 것이 나타난다. 다른 역사서에는 분명하게 나타나는 강 이름도 구체적으로 기록하지 못하고 '수(水)'라고 써넣었거나 대릉하(大陵河)를 오늘날 압록강에 비정한 것 등을 볼 때 적지 않은 문제점이 있음을 알 수 있다. 비록 작은 행정조직이나 작은 강들은 오차가 많을 수 있어도 큰 행정구역은 착오가 크지 않을 수 있다고 본다. 남북이 동서가 바뀌는 현상은 아닐 것이므로 이 지도를 이용하는 것은 큰 틀에서 의미를 두고 활용함을 밝혀둔다.

〈그림 8〉「지리도」에 나와 있는 고려와 요(遼)의 국경

었다. 그렇다면 이런 문헌 자료를 보완해 줄 고고학 관련 자료가 있느냐 하는 것이다. 여기에는 두 가지를 예시할 수 있을 것이다. 하나는 거란탑의 동방 한계선이고, 또 하나는 역설적으로 고려탑의 서방 한계선을 고려해 보는 것이다. 전자 즉, 거란탑의 동쪽 한계선에 관한 연구는 이미 백만달에 의해 진행이 되어 큰 틀에서 윤곽을 잡을 수 있다. 그는 전체적인 요나라 탑의 분포도를 작성하였는데 이 탑의 동쪽 한계선이 바로 문헌기록과 거의 일치하는 것을 볼 수 있다(그림 9).

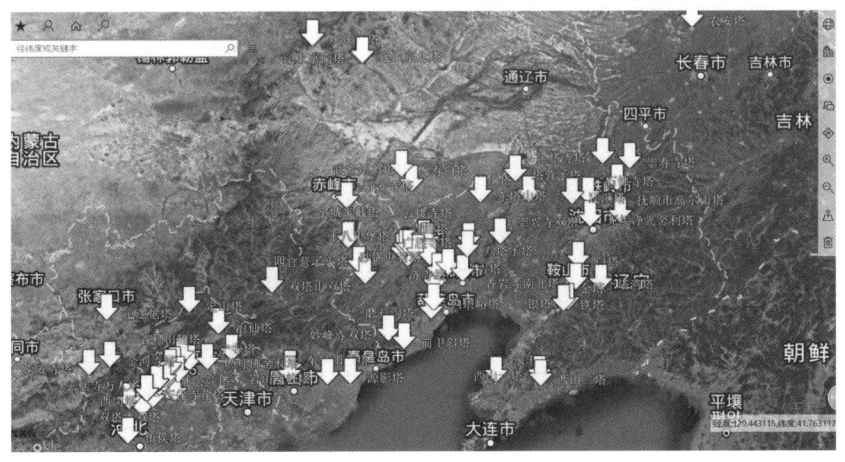

〈그림 9〉 요탑 분포도

다음으로 고려탑의 서부 한계선이다. 현재까지 고려탑의 한계선에 대한 자세한 연구는 없었다. 다만 현장을 조사한 결과 무너졌던 탑을 다시 복원한 결과 그 탑이 고려탑일 가능성이 높은 것이 확인되었다. 이 탑들이 서 있는 위치는 아래 지도의 위치인데, 이 위치는 바로 거란탑의 동쪽 한계선과 거의 비슷한 것을 알 수 있다(그림 10, 11, 12).

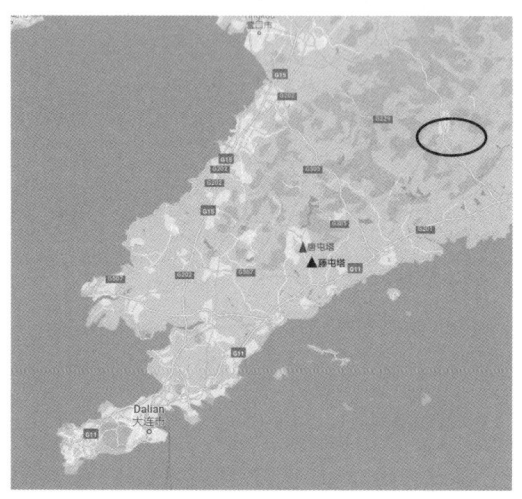

〈그림 10〉 고려탑 위치

〈그림 11〉 고려계 석탑　　　　〈그림 12〉 고려계 석탑

그러므로 이 두 나라 탑의 위치를 국경선으로 인식을 한다 해도 큰 문제는 없을 것이다(그림 13).

다음으로 고려의 천 리에 걸친 관방시설 관련이다. 이 시설은 고구려나 발해의 옛 성을 수리하여 다시 사용하였다고 하였는데 그 흔적으로 추정되는 것들이 있다는 것이다. 윤한택의 주장대로 고려의 천리장성 위치를 추정한다면 다음과 같은 선이 되는데 이 라인의 고구려성들과의 관계를 설정하는 것이 필요한 것이다. 이 선상에는 많은 고구려성이 있다. 이 성들 중에 훗날 보수한 흔적이 큰 증거가 될 것이다. 현재 확인 가능한 몇 개의 성들이 있는데 그중에 하나가 요양의 연주성이다. 이 성의 벽면을 보면 원래 기단부와 중간 높이의 성벽이 시대가 다른 것을 알 수 있다(그림 14). 이런 차이에 대해 중간 이상 부위는 훗날 보수한 것으로 볼 수 있는데 아마도 고려시대에 보수한 것이 아닌가 한다.[33] 이렇게 본다면 고려의 천 리 관방을 찾는 것이 어렵지는 않을 것이다. 천 리

〈그림 13〉 탑만 위치(고려-거란 국경)

〈그림 14〉 연주성. 서북쪽 성벽의 치
(성벽 아래 부분과 위 부분은 차이가 있다.)

---

[33] 중국 학계에서 이 성에 대하여 대대적인 조사를 진행하였다. 조사 결과 고구려시대에 처음 쌓은 것은 맞는데 큰 전쟁이나 많은 사람이 거주한 흔적이 발견되지 않았다. 이는 흔히 우리가 알고 있는 백암성이 아니라는 것이다. 필자가 볼 때 이 유적은 고구려시대 천문대로 출발한 것으로 보인다. 성벽은 거란이 보수한 것으로 보고 있다. 다만 아직 전체적인 보고서는 출간되지 않았다.

장성은 천리에 걸쳐 성을 쌓은 것이 아니라 먼 거리에 걸쳐 관방을 둔 것이다. 이러한 사실들은 앞으로 고려의 서북 관방을 연구할 때 반드시 참고할 내용들이라 생각한다.

마지막으로 2010년 발행한 『철령의 고고와 역사』에 기록된 내용은 다시 한번 음미해 보아야 할 것이다. 이런 자료들을 볼 때 고려와 요나라의 서북 국경선은 현재 중국 요하 유역으로 하고 있다는 것을 알 수 있다. 최근 윤한택은 많은 자료들을 분석하여 이와 같은 결론에 도달하였다.

## 2. 고려 동북계(東北界) 재인식

고려의 동북계는 말 그대로 고려 동북쪽의 국경을 말하는 것이다. 고려중기에 이르러 고려에 속해있거나 기미 지배를 받고 있던 여진족들이 고려에서 건너간 김함보를 중심으로 뭉쳐 스스로 고려의 영향을 받지 않는 독립국가를 세우기 위한 행동이 일어나기 시작하였다. 이들의 세력이 점점 커져 고려에 압박을 가져오자 숙종은 이를 제어하지 못하고 죽었다. 여진이 무서웠다기보다 고려 내에 화친파들이 많았기 때문으로 보인다. 이어 황제에 오른 예종은 아버지의 이름을 곱씹으며 방법을 찾는 과정에서 윤관과 뜻이 맞는다는 것을 알자 바로 여진 토벌을 시작한 것이다. 예종의 적극적인 지휘와 윤관의 현장 지휘로 반란을 일으키던 여진들을 토벌하고 그 자리에 고려의 직할지를 만든 것이 이른바 고려 9성인 것이다. 여진은 생각지 않게 그들의 삶의 터전을 빼앗기자 이를 다시 돌려달라 애원하였고, 고려에서도 윤관의 공적을 시기하는 무리들이 돌려줄 것을 주장하자 일부는 돌려줬다. 이렇게 되자 여진족들은 그들의 본거지를 현재 중국 흑룡강성 아성으로 옮기고 금나라를 세운 것이다. 이 동북계에 대한 이해는 흔히 윤관이 쌓았다는 9성을 말하는 것으로 이 성들이 어디에 있느냐에 따라 고려 동북의 국경선을 알 수 있는 것이다. 그렇기 때문에 고려시대는 물론이고 조선시대에도 많은 관심과 연구가 되었던 것이다. 특히 조선시대에 많은 연구가 되었던 것은 명·청과 국경선 분쟁에 우위를 차지하기 위하여 역사적 자료를 축적한 것이었고 실제로 큰 효과를 얻었다. 그러나 이전 조선시대의 노력과는 달리 근대에 이르러 조선후기의 몇몇 연구자들과 일본 학자들의 연구로 고려의 동북 9성의 위치가 현재 북한 함흥일대로 비정되면서 고려의 국경선이 현재의 압록강에서 원산만으로 이어지는 선이 되었다. 이런 확정에 대하여 많은 학자들이 이의를 제기하였지만 한국의 정부와 공공기관에서는 조선 총독부에서 획정한 그 결과를 그대로 따르고 있는 것이 현재의 실정이다.

이 결과들은 쓰다 쏘우키치가 비정한 고려 국경선이 근거가 되었다. 고려 국경선 비정에 누구보다도 쓰다의 비정이 큰 영향을 주고 있는 것은 누구도 부정하지 못한다. 그런데 최근 이 고려의 동북계에 대한 문제점이 제기되자 약간의 다른 의견이 나오고 있다. 그 내용을 보면 "동북9성의 위치는 아직 밝혀지지 않았고, '함흥평야 일대설', '길주 이남설', '두만강 이북설'[34] 등의 여러 주장이 대립하고 있는 상황"이라고 기록되어 있다. 이런 견해가 제기되는 것은 그동안 많은 반론이 있었기 때문이다. 그러나 결과는 기존 쓰다와 『조선사』의 견해를 그대로 인정하고 있다.[35] 필자는 이 연구를 진행하면서 고려의 북계는 지금의 두만강 너머에 있다는 확신을 갖을 수 있었다. 이 확신에 대한 개략과 근거를 확인해 보면 다음과 같다.

### 1) 고려 동북계의 문헌적인 검토

조선 초기에 조선과 명나라 사이에서 공험진을 두고 심각한 국경문제가 발생한다. 그것은 명이 요동에 있던 여진인을 초유하여 명에 귀속시키려고 하자, 조선은 이성계의 세력 기반으로서의 중요성뿐만 아니라 고려 때 윤관의 여진 정

---

34 최규성, 「고려 초기의 북방영토와 9성의 위치 비정」, 『백산학보』 제76호, 2006년.
35 최규성, 앞의 논문, 2006년.
윤여덕, 「수빈강 선춘령에 서린 천년 한」, 『북한』, 2008년.

벌에서 역사적 권원을 찾아 여진인 및 그 거주 지역에 대한 관할을 주장하였다. 그중 핵심적인 것은 윤관이 설치했다는 공험진이었다. 조선은 윤관의 여진 정벌이 두만강 이북에 대해 실시된 것이고, 공험진은 두만강 이북에 있다고 인식하고 있었다. 그렇기 때문에 두만강 이북에 있는 공험진 이남부터는 조선의 관할 지역임을 적극적으로 주장하여 명으로부터 11처 지역의 여진 귀속 문제를 인정을 받았던 것이다.[36] 그런데 이 과정에서 조선은 고려시대의 역사적 사실을 근거로 명나라를 설득하여 고려시대의 국경선을 조선의 국경선으로 하는 장면을 볼 수 있다. 그렇다면 윤관의 동북 9성, 즉 고려가 여진을 정벌하는 과정을 확인해봐야 할 것이다(표1 참조).

이 기록들은 『고려사』와 『고려사절요』의 기록을 근거로 한다. 이 기록을 보면 고려 예종 때 예종의 명을 받아 윤관이 여진을 정벌하고 그곳에 고려의 행정구역을 설치한 것을 알 수 있다. 이런 기록은 『금사』에도 기록되어 있다. 그런데 이 기록으로는 고려의 북계기 공험진과 선춘령이라고 기록이 되어 있지만 그곳이 어느 곳인지는 알 수 없다. 그것은 당연한 고려의 행정 구역이기 때문에 굳이 자세히 기록하지 않아도 되었을 것이다. 그런데 조선 세종 때 이 위치에 대해 아주 구체적으로 공험진과 선춘령을 찾아 기록을 남겨 놓았다. 그 기록을 확인해보면 다음과 같다(표2 참조).

이 기록들을 보면 분명하게 현재 두만강을 넘어 700여리를 올라가서 공험진과 선춘령을 찾아가는 장면이 나온다. 그것도 아주 구체적으로 기록되어 있어 부정하기가 쉽지 않다. 이 기록을 근거로 보면 선춘령이라는 곳은 지금의 러시아 지역이거나 혹은 중국 연변조선족자치주 북부지역 어디가 아닌가 추측해

---

36  혹자는 이 기사의 신빙성에 대해 의문을 제기할 수 있다. 그러나 이 기사는 신빙성이 높은 『조선왕조실록』의 기록을 기반으로 한다. 주원장은 공험진 이남 땅을 조선의 영토로 인정하였고, 세종은 이 사실을 근거로 하여 신하들과 영토 문제를 논의한 것이다. 따라서 세종 대의 조선과 명의 국경이 '공험진선'이었던 사실이 분명해진다고 하겠다(최규성, 앞의 논문, 2002년.).

〈표1〉 고려 9성 설치관련 기록

| 번호 | 출처 | 국역 | 원문 |
|---|---|---|---|
| 1 | 『高麗史』 권12, 예종 3년 (1108) | 윤관이 의주, 통태, 평융 세 성을 쌓아 남계 백성들을 이주시키고 새로 아홉 개 성을 쌓았다. | "尹瓘又築宜州通泰平戎三城 徙南界民以實新築九城" |
| 2 | 『高麗史』 권12, 예종 3년 (1108) | 무신일. 윤관이 여진 평정과 6성을 새로 축성한 데 대해 하례하는 표문을 올렸다. 또한 공험진에 비석을 세워 국경으로 삼았다. | 戊申 尹瓘以平定女眞新築六城奉表稱賀立碑于公嶮鎭以爲界至 |
| 3 | 『高麗史』 「지리지」, 권 58권 | 고려 예종 2년(1107년)에 윤관과 오연총이 군사를 거느리고 여진을 쳐서 쫓아내고 9성을 설치하고 공험진의 선춘령에 비를 세워 경계로 삼았다. | 睿宗二年 以平章事 尹瓘爲元帥知樞密院事吳延寵副之, 率兵擊逐 女眞置九城立碑于公嶮鎭之先春嶺以爲界至. |
| 4 | 『高麗史』「지리지」, 권58, 東界 | 예종 2년(1107년)에 평장사 윤관을 원수로 삼고, 지추밀원사 오연총으로 하여금 그를 보좌하도록 하여 군사를 거느리고 여진을 쳐서 쫓아내고 9성을 설치했으며, 공험진의 선춘령에 비석을 세워 경계로 삼았다. 명종 8년(1178)에 연해명주도라고 칭하였다. | 睿宗二年, 以平章事尹瓘, 爲元帥, 知樞密院事吳延寵, 副之, 率兵擊逐女眞置九城立碑于公嶮鎭之先春嶺以爲界至 明宗八年 稱沿海溟州道 |
| 5 | 『高麗史節要』 권7, 睿宗文孝大王 [丁亥二年] | 윤관은 또 여러 장수를 나누어 보내어 땅의 경계를 확정하고, 또 일관 최자호를 보내어 터를 보아 몽라골령 함남 초황령 아래에 성 9백 50칸을 쌓아 영주, 화관산 아래에 9백 92칸을 쌓아 웅주, 오림금촌에 7백 74칸을 쌓아 복주, 궁한이촌에 6백 70칸을 쌓아 길주라 불렀다. 또 호국인왕·진동보제의 두 절을 영주성 안에 창건하였다. | 瓘, 又分遣諸將, 畫定地界, 又遣日官, 崔資顯相地 於蒙羅骨嶺下, 築城郭九百五十間, 號英州, 火串山下, 築九百九十二間, 號雄州, 吳林金村, 築七百七十四間, 號福州, 弓漢伊村, 築六百七十間, 號吉州, 又創護國仁王, 鎭東普濟二寺於英州城中. |

<표2> 조선시대 공험진, 선춘령 고증기록

| 번호 | 출 처 | 국 역 | 원 문 |
|---|---|---|---|
| 1 | 『世宗實錄』86卷, 21年 (1439 己未年) 8月 6日(壬午) | 함길도 도절제사 김종서에게 전지하기를, "동북 지경은 공험진으로 경계를 삼았다는 것은 말을 전하여 온 지가 오래다. 그러나 정확하게 어느 곳에 있는지 알지 못한다. 본국의 땅을 상고하여 보면 본진이 장백산 북록에 있다 하나, 역시 허실을 알지 못한다. 《고려사》에 이르기를, '윤관이 공험진에 비를 세워 경계를 삼았다.'고 하였다. 지금 듣건대 선춘점에 윤관이 세운 비가 있다 하는데, 본진이 선춘점의 어느쪽에 있는가. 그 비문을 사람을 시켜 찾아볼 수 있겠는가. 그 비가 지금은 어떠한지. 만일 길이 막히어 사람을 시키기가 용이하지 않다면, 폐단없이 탐지할 방법을 경이 익히 생각하여 아뢰라. 또 듣건대 강밖에 옛 성이 많이 있다는데, 그 고성에 비갈이 있지 않을까. 만일 비문이 있다면 또한 사람을 시켜 등서할 수 있는지 없는지 아울러 아뢰라. 또 윤관이 여진을 쫓고 구성을 설치하였는데, 그 성(城)이 지금 어느 성이며, 공험진의 어느쪽에 있는가. 상거는 얼마나 되는가. 듣고 본 것을 아울러 써서 아뢰라." 하였다. | 傳旨咸吉道都節制使金宗曰: 東北之境, 以公嶮鎭爲界, 傳言久矣. 然未知的在何處, 考之本國之地, 本鎭在長白山北麓, 亦未知虛實.《高麗史》云: "尹瓘立碑于公嶮鎭以爲界." 至今聞先春岾有尹瓘所立之碑, 本鎭在先春岾之何面乎? 其碑文, 可以使人探見乎? 其碑今何如也? 如日路阻未易使人, 則無弊探知之策, 卿當熟慮以聞. 且聞江外多有古城, 其古城無奈有碑碣歟? 如有碑文, 則亦可使人謄書與否幷啓. 又尹瓘逐女眞置九城, 其城今何城乎? 在公嶮鎭之何面乎? 相距幾何? 幷聞見開寫以啓. |
| 2 | 『世宗實錄』卷155, 「地理地」, 咸吉道, 吉州牧, 慶源都護府 | 옛 공주로서 혹은 광주라고도 칭하는데, 오랫동안 호인에게 점거되었다. 고려의 대장 윤관이 호인을 몰아내고 공험진 방어사를 두었다. 본조 태조 7년 무인에 덕릉과 안릉이 있다고 하여 경원 도호부로 승격시키고, 성을 수축하기 위하여 땅을 파다가 인신 1개를 얻었는데, 그 새긴 글에 '광주 방어지인'이라고 되어 있었다. 수빈강이다.【두만강 북쪽에 있다. 그 근원은 백두산 아래에서 나오는데, | 古孔州, 或稱匡州, 久爲胡人所據, 高麗大將尹瓘逐胡人, 置公險鎭防禦使. 本朝太祖戊寅, 以有德陵, 安陵, 陞爲慶源都護府, 修城堀地, 得印一顆, 其文曰: "匡州防禦之印." 愁濱江,【在豆滿江北, 源出白頭山下, 北流爲蘇下江, |

| 번호 | 출처 | 국역 | 원문 |
|---|---|---|---|
| 2 | 『世宗實錄』卷155,「地理地」, 咸吉道, 吉州牧, 慶源都護府 | 북쪽으로 흘러서 소하강이 되어 공험진·선춘령을 지나 거양성에 이르고, 동쪽으로 1백 20리를 흘러서 수빈강이 되어 아민에 이르러 바다로 들어간다.} 사방 경계는 동쪽으로 바다에 이르기 20리, 서쪽으로 경성 두롱이현에 이르기 40리, 남쪽으로 연해 굴포에 이르기 12리, 북쪽으로 공험진에 이르기 7백 리, 동북쪽으로 선춘고개에 이르기 7백여 리, 서북쪽으로 오음회의 석성기에 이르기 1백 50리이다. | 歷公險鎭, 先春嶺, 至巨陽城, 東流一百二十里, 爲愁濱江, 至阿敏入海.} 四境, 東距海二十里, 西距鏡城豆籠耳峴四十里, 南距連海堀浦十二里, 北距公險鎭七百里, 東北距先春峴七百餘里, 西北距吾音會石城基一百五十里. |
| 3 | 『世宗實錄』卷155,「地理地」, 咸吉道, 吉州牧, 慶源都護府 | 거양에서 서쪽으로 60리를 가면 선춘현이니, 곧 윤관이 비를 세운 곳이다. 그 비의 4면에 글이 새겨져 있었으나, 호인이 그 글자를 깎아 버렸는데, 뒤에 사람들이 그 밑을 팠더니, '고려지경'이라는 4자가 있었다. 선춘현에서 수빈강을 건너면 옛 성터가 있고, 소다로에서 북쪽으로 30리를 가면 어두하현이 있으며, 그 북쪽으로 60리에 동건리가 있고, 그 북쪽으로 3리쯤의 두만강탄을 건너서 북쪽으로 90리를 가면 오동 사오리참이 있으며, 그 북쪽으로 60리에 하이두은이 있고, 그 북쪽으로 1백 리에 영가 사오리참이 있으며, 그 북쪽으로 소하강 가에 공험진이 있으니, 곧 윤관이 설치한 진이다. 남쪽으로 패주·탐주와 인접하였고, 북쪽으로 견주와 접해 있다. 영가 사오리에서 서쪽으로 60리를 가면 백두산이 있는데, 산이 대개 3층으로 되었다. 꼭대기에 큰 못이 있으니, 동쪽으로 흘러 두만강이 되고, 북쪽으로 흘러 소하강이 되고, 남쪽으로 흘러 압록이 되고, 서쪽으로 흘러 흑룡강이 된다. | 自巨陽西距六十里先春峴, 卽尹瓘立碑處. 其碑四面有書, 爲胡人剝去其字, 後有人堀其根, 有高麗之境四字. 自先春峴越愁濱江, 有古城基. 自所多老北去三十里, 有於豆下峴, 其北六十里有童巾里, 其北三里許越豆滿江灘, 北去九十里有吾童沙吾里站, 其北六十里有河伊豆隱, 其北一百里有英哥沙吾里站, 其北蘇下江邊有公險鎭, 卽尹瓘所置鎭. 南隣貝州, 探州, 北接堅州. 自英哥沙吾里西去六十里, 有白頭山, 山凡三層, 頂有大澤, 東流爲豆滿江, 北流爲蘇下江, 南流爲鴨綠, 西流爲黑龍江. |

본다.

『세종실록』에 기록된 이 내용은 조선이 중국과 국경문제가 불거질 때마다 계속하여 거론되었고, 또 이것을 근거로 조선은 국경을 지킨 것이다.37 그 예를 다음에서 볼 수 있다(표3 참조).

이 기록을 보면 조선이 이 공험진을 근거로 하여 명나라를 설득하여 국경선을 확정하는 것을 볼 수 있다. 그렇다면 현재 두만강 이북의 어느 지점까지는 분명히 고려의 영토였던 것이고 조선은 이를 받아 지킨 것이다. 조선 태종은 이 문제로 전쟁도 불사할 것을 말하였다. 이런 조선의 정책은 명나라에서도 인정

〈표3〉 조선시대 공험진, 선춘령 고증기록

| 번호 | 출처 | 국역 | 원문 |
|---|---|---|---|
| 1 | 『太宗實錄』8卷, 4年 (1404 甲申年) 10月 1日 | 계품사 김첨이 준청한 칙서를 가지고 명나라 서울에서 돌아왔다. 칙서는 이러하였다. "조선 국왕 이【휘.】에게 칙유한다. 상주하여 말한 삼산천호 이역리불화 등 10처 인원을 성찰하고 준청한다. 그러므로, 칙유하는 것이다." 임금이 김첨에게 전지 15결을 하사하였다. | 計稟使金瞻, 齎準請勅書, 回自京師° 勅書曰:"勅朝鮮國王李諱° 省奏言, 參散千戶李亦里不花等十處人員準請, 故勅° 上賜瞻田十五結 |
| 2 | 『太宗實錄』9卷, 5年 (1405 乙酉年) 5月 16日 (庚戌) | 홍무 21년에 태조 고황제의 성지를 받자와, '공험진 이북은 요동으로 환속하고, 공험진 이남에서 철령까지는 그대로 본국에 붙여 달라.'고 청하기 위하여, 배신 김첨을 보내어 글을 받들고 가서 주달하게 하였사온데, 그해 10월 11일에 〈김첨이〉 경사로부터 | 欽此竊照, 洪武二十一年間, 欽蒙太祖高皇帝聖旨準請, 公嶮鎭迤北, 還屬遼東; 公嶮迤南至鐵嶺, 仍屬本國. 因差陪臣金瞻, 齎文奏達, 當年十月十一日, |

---

37 『新增東國輿地勝覽』卷50「會寧都護府」
【고적】공험진(公嶮鎭) [고령진(高嶺鎭)에서 두만강을 건너 고라이(古羅耳)를 넘고, 오동참(五童站)·영가참(英哥站)을 경유하여 소하강(蘇下江)에 이르는데, 강가에 공험진(公嶮鎭)의 옛터가 있다. 남쪽은 구주(具州)·탐주(探州), 북쪽은 견주(堅州)와 연접되어 있다.
(【古跡】公嶮鎭 [自高嶺鎭渡豆漫江踰古羅耳, 歷五童站英哥站, 至蘇下江, 江濱有公嶮鎭古基, 南隣具州探州, 北接堅州.]).

| 번호 | 출처 | 국역 | 원문 |
|---|---|---|---|
| 3 | 『太宗實錄』9卷, 5年 (1405 乙酉年) 5月 16日 (庚戌) | 돌아와서 공경히 칙서를 받자오니, '삼산 천호 이역리불화 등 열 곳의 인원을 허락한다.'고 하셨습니다. 이에 신이 일국의 신민들과 더불어 감격하여 마지 아니하였습니다. 그윽이 생각하건대, 소방이 성조를 섬긴 이래로 여러 번 고황제의 조지를 받았사온데, 화외를 구분하지 않고 일시동인 하셨고, 근자에 또 칙지를 받들어 삼산 등 10처의 인원을 허락하여 주셨습니다. | 回自京師, 欽奉勅書: "三散千戶李亦里不花等十處人員準請." 欽此, 臣與一國臣民感激不已. 竊念小邦, 臣事聖朝以來, 累蒙高皇帝詔旨, 不分化外, 一視同仁; 近又欽蒙勅旨, 三散等十處人員準請. 竊詳 |
| 4 | 『世宗實錄』59卷, 15년 3月 20일 | 임금(세종)이 여러 신하들에게 이르기를, "고려의 윤관은 17만 군사를 거느리고 여진을 소탕하여 주진을 개척해 두었으므로, 여진이 지금까지 모두 우리나라의 위엄을 칭찬하니, 그 공이 진실로 적지 아니하다. 윤관이 주를 설치할 적에 길주가 있었는데, 지금 길주가 예전 길주와 같은가. 고황제가 조선의 지도를 보고 조서하기를, '공험진 이남은 조선의 경계라.'고 하였으니, 경들이 참고하여 아뢰라." 하였는데, 임금이 이때는 바야흐로 파저강 정벌에 뜻을 기울였기 때문에 이 전교가 있었다. | 上謂諸臣曰: "高麗尹瓘將十七萬兵, 掃蕩女眞, 拓置州鎭, 女眞至于今, 皆稱我國之威靈. 其功誠不少矣. 瓘之置州也, 有吉州, 今之吉州, 與古之吉州同歟? 高皇帝覽朝鮮地圖, 詔曰: '公險鎭以南, 朝鮮之境.' 卿等參考以啓." 上時方注意於婆猪之征, 故有是敎. |
| 5 | 『世宗實錄』84卷, 21年 (1439 己未 年) 3月 6日(甲寅) | 영락 2년 5월 사이에 흠차 천호 왕수가 받들고 온 칙서에, '삼산 독로올 등 10처의 여진인만을 초유하라.' 하고, 신의 아비 선신 공정왕 아무개가 홍무 21년간에 태조 고황제의 성지를 받으니, '공험진 이북은 도로 요동에 부속시키고, 공험진 이남 철령까지는 그대로 본국에 소속하라.'는 사유를 허락하였다. | 永樂二年五月間, 奉欽差千戶王脩齎勅招諭三散, 禿魯兀等十處女眞人民, 欽此. 臣父先臣恭靖王某備洪武二十一年間欽蒙太祖高皇帝聖旨, 準請公險鎭迤北還屬遼東, 公險鎭迤南至鐵嶺, 仍屬本國事因 |

고려 국경에 대한 새로운 비정

을 했던 것이다. 이렇게 확정된 국경선은 조
선 내내 지켜지는 것을 볼 수 있다. 지키는
과정의 역사적 근거가 바로 고려시대부터 시
작된 것이다. 이런 조선의 노력은 현종 때 남
구만에 의하여 상세한 지도가 그려지면서까
지 유지가 되었다. 그러나 정조는 슬해 이북
을 포기하여 러시아가 차지할 수 있도록 하
였고, 1909년 간도협정으로 두만강 이북이
청나라 땅이 된 것이다(그림 15, 16 참조). 두
만강 이북이 청나라와 러시아에 귀속된다. 이

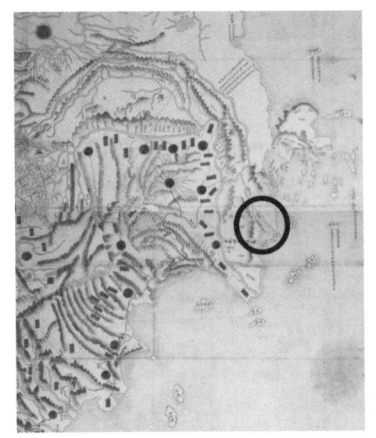

〈그림 15〉 슬해 표시도

렇게 볼 때 고려의 국경선은 오늘날 우리가 알고 있는 것과는 전혀 다르다는 것을 알 수 있다.

    여기서 한 가지 유의해야 할 것은 동북9성이 설치되기 전에는 어떠하였나 하는 것이다. 즉 요나라와의 국경선이나 금나라 초기의 국경선은 어떠했나 하는 점이다. 요나라 시대 국경선은 앞서 비정을 하였다. 금나라 때도 요나라의 국경선과 비슷한 선을 유지하고 있었다. 또 『금사』에서 여진과 고려의 관계를 정리해놓은 것을 보면 '여진은
고려에 속해 있었으나 완전하
게 고려의 직할은 아니었다.'
라고 한다. 이런 여진이 완전
독립을 요구하게 되었고, 이에
고려에서 윤관을 파견하여 직
할지로 만든 것이다. 이런 과
정을 보면 윤관이 9성을 설치
한 지역은 본래 고려의 영토였
다(그림 16 참조). 고려가 공

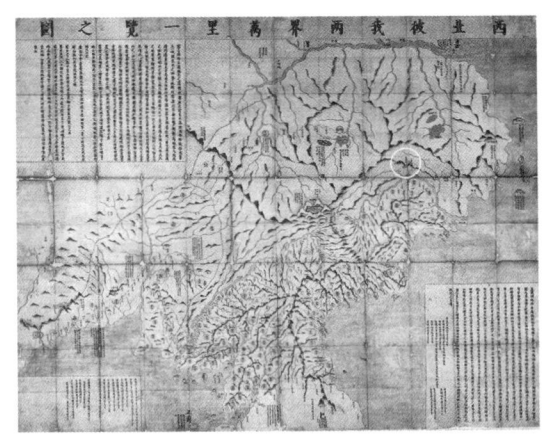

〈그림 16〉 슬해 표시도 상의 선춘령

격하여 빼앗은 땅이 아니라는 것이다. 이런 과정을 통해 고려의 국경선이 몇 백 년 동안 유지되고 있었다는 것을 알 수 있다. 그런데 원나라가 동아시아를 정복하면서 고려의 서북 및 동북계도 큰 영향을 받게 된다. 즉 많은 고려의 땅이 원나라의 영향권에 들어간 것이다. 이후 14세기 후반 명나라가 원나라를 몰아내고 난 후 고려와 명나라는 국경협정을 하는 과정에서 역사를 근거로 하여 국경선을 확정하였다.

# Ⅲ. 맺음말

앞에서 문헌기록을 근거로 하여 고려 국경선을 확인해보았다. 그 결과 서북으로는 현재 요하를, 동북으로는 현재 중국 길림성 연변조선족자치주 북부에 이른다는 것을 알 수 있었다. 이런 고증은 『고려사』에 남아 있는 내용과 일치하는 것을 알 수 있다. 『고려사』의 기록은 당대의 기록인 서긍의 『고려도경』 내용과 거의 비슷하다는 것을 알 수 있다. 참고로 당대의 기록이니 만큼 서긍의 기록을 다시 한번 되짚어 볼 필요가 있다고 생각한다.

『고려도경』「봉경」[38]

고려는 남쪽으로 요해와, 서쪽으로는 요수와, 북쪽으로는 거란의 옛 지역과, 동쪽으로는 금과 접해 있다. 또 일본, 유구, 빙라, 흑수, 모인 등의 나라와 개의 어금니처럼 서로 맞물려있다. 오직 신라와 백제가 자신들의 영토를 스스로 지키지 못하여 고려 사람들에게 병합되었으니 현재의 나주 광주도가 그것이다. 그 나라는 송(宋)의 수도(개봉)의 동북쪽에 위치하고 있으며 연산도에서 육로를 거친 다음 요수를 건너 동쪽으로 그 국경까지 가는데 모두 3,790리이다. 해로로는 하북, 경동, 회남, 양절, 광남, 복건 등으로 모두 갈 수 있다. 지금 세워진 나라는 등주, 내주, 빈주, 예주와 정확히 마주보는 위치에 있다. 원풍 연간 이후 우리 조정에서 사신을 보낼 때는 모두 명주(明州)의 정해에서 먼 바다로 길을 잡아 북쪽으로 갔

---

38  『高麗圖經』,「封境」
高麗南隔遼海 西距遼水 北接契丹舊地 東距大金 又與日本琉球聃羅黑水毛人等國 犬牙相制惟新羅百濟 不能自固其圉 為麗人所并 今羅州廣州道是也. 其國 在京師之東北 自燕山道 陸走渡遼 而東之其境 凡三千七百九十里 若海道則河北京東淮南兩浙廣南福建皆可往 今所建國正與登萊濱 棣相望 自元豐以後 每朝廷遣使 皆由明州定海 放洋絶海而北 舟行皆乘夏至後南風 風便不過五日即抵岸焉 舊封境 東西二千餘里 南北一千五百餘里 今旣并新羅百濟 東北稍廣 其西北與契丹接連 昔以大遼為界 後為所侵迫 乃築來遠城 以為阻固 然亦恃鴨綠 以為險也.

다. 배를 출항하는 것은 모두 하지 다음의 남풍을 탔는데 바람이 순조로우면 닷새가 되지 않아 해안에 도착할 수 있었다. 옛날에는 그 영토가 동서로 2,000여리, 남북으로 1,500여리였는데 지금은 이미 신라, 백제를 병합하여 동쪽과 북쪽이 약간 넓어졌고 그 서북쪽으로는 거란과 접해 있다. 예전에는 대요를 경계로 하였는데[전에는 요와 경계를 이루었는데] 후에 침범을 당하자 내원성을 쌓아 견고하게 하였다. 하지만 역시 압록을 믿어 요새로 삼으려 하였다.

이 내용은 바로 『고려사』 「지리지」 서문과 거의 같은 내용이다. 오히려 『고려사』 「지리지」 내용보다 더 자세한 부분도 있다. 이런 기록들을 모두 종합하여 보면 고려의 국경선은 다음과 같은 지도가 될 것이다(그림 17).

이를 통해 보면 지금까지 우리가 알고 있었던 고려 국경선은 잘못되었다는 것을 알 수 있다. 이제는 바로 잡아야 할 것이다. 그리고 이를 근거로 하여 동북아시아사를 바로 잡아야 한다.

〈그림 17〉 사료에 따른 고려 국경선

# 맺음말

중국에서 공부할 때부터 관심을 갖기 시작한 고구려 장수왕이 천도한 평양의 위치 문제를 더 이상 미뤄두면 안 되겠다는 생각으로 2010년 5월에 『고조선단군학 22』에 「고구려 도읍지 천도에 대한 재검토」라는 제목의 논문을 발표하였다. 이 논문은 원래 『백산학보』에 발표 하고자 하였으나 당시 『백산학보』 편집위원장이었던 신형식 교수가 이 논문은 절대로 실어 줄 수 없다고 하여 다시 여기저기 두드리다가 『고조선단군학』에 실리게 되었다. 그런데 이 논문이 서울신문에 다시 크게 실렸고, 이후 적지 않은 분들로부터 힘찬 격려와, 한편으로는 비아냥과 조롱이 섞인 인사를 받기도 하였다.

어느 날인가 중국에서 현장 답사를 하고 있을 때였다. 아는 분이 전화를 해서, 김상태라는 사람이 쓴 『엉터리 사학자, 가짜 고대사』라는 책을 읽어 보라고 하였다. 인사차 그러겠노라 하고 답사를 계속하고 있는데 그 분한테서 또 전화가 왔다. 그 책을 보았느냐는 것이었다. 아직 읽어보지 못한 처지라 그에 대해 얼버무렸는데, 그 분이 말하기를 책을 보지 않은 모양이라면서 긴 시간을 책에 대하여 얘기를 해줬다. 그리고 한국에 들어와서 그 책을 바로 사서 읽었다. 책을 잘 썼다는 생각도 들고 부끄럽고, 힘도 나고 등등 저자에게 너무 고마웠다. 그런데 이 분이 어느 페이지인가에 고구려 도읍지 관련 논문에 대하여 간단하게 평을 해놓았다. 어쩌면 이 논문 한 편이 한국사에 큰 영향을 줄 수 있는 논문이라고 말이다. 그 글을 읽으면서 이 분이 나의 마음을 읽었구나 싶어 한 번도 본 적이 없는 김상태라는 분과 약속을 하였다. 앞으로 당신이 꿰뚫어 본 그 혜안에 실망시키지 않고 더 열심히 노력하겠노라고 말이다. 그리고 더 겸허한 마음으로 우리 고대사를 대하기 시작하였다.

고구려 도읍지로 첫 논문이 나가고 나서 나중에 곰곰이 다시 읽어 보니 큰 오류가 있었다. 장수왕이 천도한 곳은 중국 요녕성 요양이 맞지만 평원왕이 천도한 장안성을 지금의 평양이라고 비정한 부분이 문제였다. 다른 사료들을 꼼꼼히 분석해 보니 평원왕이 천도한 장안성도 지금 중국 요녕성 요양 부근과 멀지 않은 곳이었다. 그래서 2016년 5월 『日本文化學報』 第69輯에 「고구려 평양 위치 관련 기록의 검토」라는 제목의 수정논문을 발표하였다. 그 뒤로 기본적으로 찾을 수 있는 자료는 거의 다 찾아 고구려 추모왕이 고구려를 세운 졸본성, 유리왕 때 천도한 국내성, 산상왕이 천도한 환도성, 동천왕이 천도한 평양성, 그리고 고국원왕이 천도한 동황성을 차례차례 고증하여 고구려 도읍지 8곳을 정리하였다. 그리고 그 대강을 2018년 일본에서 『韓國史の正體』라는 제목으로 출간하였다.

그동안 고구려 도읍지 관련 고고학 관련 자료를 정리하면서 동시에 다른 것도 정리를 하게 되었다. 이 과정에서 알게 된 것은 고구려 평양성이 움직이니 한국사에서 이와 연동된 것이 한, 둘이 아니더라는 것이다. 그러므로 단순하게 평양성 하나만을 다룰 것이 아니라 평양성과 연관된 한국의 중요한 문제들을 찾아서 분석 해보기로 하였다. 이 과정은 고조선부터 시작하여 조선시대까지 거의 연결이 되고 있었다. 그래서 모든 것을 다 다루기는 아직 어려움이 많아 필자가 평소에 관심을 두고 정리한 자료를 바탕으로 고조선, 마한, 전한의 4군, 고대 압록강, 고려국경선 등을 중요한 항목으로 정하고 차곡차곡 풀어봤다. 고조선과 전한의 4군 문제는 평소에 지론대로 변함이 없기에 그동안에 조사했던 자료들을 더 넣는 것으로 내용을 보완하였다. 그러나 먼저 발표한 글들에 무슨 문제가 없나 해서 더 꼼꼼하게 다시 한 번 자료를 챙겨보았다.

이 책에서 중요한 나의 생각은 마한의 위치와 관련한 것이었다. 현재의 마한 위치 비정의 가장 큰 근거는 서한이 설치한 4군 중 낙랑군의 위치이다. 그런데 필자가 누누이 강조하였지만 이 낙랑군의 원래 위치는 현재 중국의 하북성 근처이다. 낙랑군을 원래 위치에 놓아두면 한국에 두었던 낙랑군 자리에는 누구로 채워야 하는가 라는 문제가 생긴다. 당시 문헌들을 검토한 결과 마한이 바로 그 자리에 와야 하는 것이었다. 관련 기록을 찾아서 자리를 잡은 결과 마한의 위치는 지금의 한국 서북지역과 중국 요녕성 중동부 지역에 자리하게 되는 것이었다. 이렇게 비정을 하고 보니 이와 관련한 진한, 변한이 같이 움직여야 했고, 삼한이 움직이니 삼한의 후예들도 같이 움직여야 했다. 이 마한 관련 글을 쓰면서 생각한 것이 이것이 발표되고 나면 또 혹독한 비판을 받겠구나 하는 생각을 했다. 그래도 나의 소신이기 때문에 훗날 더 보완을 할 생각으로 우선 첫 삽을 뜨게 된 것이다.

이런 작업을 하는 동안 가장 중요했던 것은 고대 압록강과 그 수계에 대한 연구였다. 어렵기도 하였지만 압록강으로 연결되는 매우 많은 내용들이 강줄기의 항구마다 머물러 있는 것 같았다. 그래서 지금은 요하이지만 고구려 때는 압록강(鴨淥江)이었고 고려 때는 안민강이었던 그 강을 지금의 하류인 판금으로부터 북으로 올라가보고, 옛날 하구였던 영구에서도 올라가보았다. 참 많은 자료들이 쌓여 있는 것 같았다. 그리고 반대로 지금의 압록강도 찾아가 보았다. 단동의 하구부터 시작하여 이리저리 집안까지, 그리고 발길을 돌려 수풍댐 어귀로부터 환인으로 들어가서 통화로 올라가는 물길도 찾아가 보았다. 손에는 간단히 정리한 자료들을 들고 하나하나 맞춰가면서 이곳저곳 돌아다니면서 머릿속으로는 이리저리 정리를 생각해 두었다.

그리고 물이 북으로 흘러 흑룡강과 같이 먼 북쪽 동해로 흐르는 송화강 상류에 다다르면서 아하 여기부터는 문화가 달라지는구나 하는 생각을 하게 되었다. 봄인지 여름인지 모를 짧은 따뜻한 한철을 빼고는 긴긴 겨울이 있는 추운 지역이다. 서북에서 불어오는 바람 한 점을 막아주는 언덕 하나가 없는 드넓고 참으로 추운 지역이다. 이 지역에 이르니 명나라 때까지도 뚜렷한 기록을 남겨 놓지 않는 이유를 알 수 있었다. 그러나 나는 기억을 해야 했다. 그 땅은 조선인이 되고 싶었지만 오랑캐라 불리면서 멸시를 받았던 올량합의 땅이었고, 후대로부터 나라의 땅도 제대로 지키지 못했다는 호된 질책을 당하고 있는 조선시대에도 지켜냈던 땅이라는 것을 알게 되었기 때문이다. 이런 그들에 대해 생각하면서 고향이 홍주 결성이라며 기나긴 관직 생활 동안 울릉도를 지키고, 나라 땅 독도를 지킨 상것 안용복을 영의정의 신분으로 변론했고, 북방의 땅을 지킨 남구만 선생이 절절하게 생각났다. 고대의 압록강 줄기의 혼란이 오늘날 한국사의 혼란도 가져왔다는 생각도 같이 하면서 말이다. 사실 아주 오래전부터 압록강을 연구하기 위하여 많은 자료를 모았는데 일부는 간단하게 발표를 하였고, 더 구체적인 자료는 훗날 단행본으로 만들자 하고 아직 활자화를 시키지 못하고 있고 언젠가는 되겠지 하는 생각만 가지고 있다.

고려 때 고구려 평양성과 직접적인 관련이 있는 것은 서경의 위치이다. 고려의 서경은 고구려의 평양성에 설치하였다는 내용이 많은 사서에서 보인다. 고구려, 훗날 장수왕 때 고려라 이름을 바꾼 이래로 고려 태조 왕건이 봉황을 탈 꿈을 꾸던 장소가 어디인가는 아직 밝혀지지 않았다. 그냥 묻지도 따지지도 말고 오늘날 북한 개성이라는 것이 통설이니 그쯤으로 이해를 하자. 물론 고려 건국 도읍지가 개성이 아니라는 것은 절대 아니다. 맞다. 그러나 궁예와 왕건이 힘을 합쳤을 그 땅이 어딘가에 의구심이 있는 것이다. 어쨌든 왕건은 장수왕의 고려를 이어 고려를 다시 세우고 나서 고구려의 옛 땅을 잊지 않고 그곳을 매우 중시하였다. 언젠가는 그곳으로 다시 가려고 했을지도 모른다. 아니 고려시대는 시종일관 그곳으로 다시 가야 한다는 의견들이 이어지고 있었다. 그 대표적인 사건이 묘청의 난이었다.

고구려의 평양성, 즉 지금의 중국 요녕성 요양시는 물자가 풍부하고, 바다를 포함한 사방으로 소통도 할 수 있고, 지키는 측면에서도 더할 나위 없이 좋은 조건을 가지고 있었다. 고구려도 이곳으로 기반을 옮긴 뒤 말 그대로 동아시아의 강국이 된 것이다. 고려 역시 그들의 도읍은 지금의 북한 개성에 두었지만 경제적으로는 고구려의 옛 도읍터 서경이 훨씬 중요했던 것이다. 그렇기에 고려에서 국력의 모든 것을 몰아 그곳을 지키고자 했다. 그렇기에 고려의 황제들은 틈만 나면 그곳으로 갔던 것이고, 힘을 들여 지켰던 것이다. 고구려나 고려나 압록강을 가지고 있는 것과 없는 것은 너무나 큰 차이가 아니었을까? 고려에서는 이 강을 아예 안민강이라 이름을 붙였다. 이렇게 이름을 붙인 것은 고려가 이 강을 얼마큼 중요하게 생각했는지 알 수 있는 대목이다. 그렇다. 고구려의 평양성이 지금의 중국 요양이면, 고려의 서경도 그곳이거나 혹은 그 언저리여야 하는 것이다. 모든 기록이 다 그렇게 쓰고 있으니 부정할 방법은 없다.

이 글에서 말하지 않은 것 중에 최탄과 홍다구의 내용이 있다. 최탄을 비롯한 홍다구 등이 자비령 이서 땅을 몽골에 떼어 바치면서 고려와 몽골의 전쟁은 끝이 났지만 그 풍요로운 땅을 잃으면서 그것을 되찾지 못하고 흔히 말하는 많은 것이 부족한 반도국가가 되고 말았다. 반역자들이 짊어지고 간 땅에서 벼슬살이 하던 이성계의 집안은 어찌하다 고려로 다시 돌아왔지만 옛 자비령 이서 땅을 포기하면서 조선이라는 왕조를 세웠던 것이다. 어찌 보면 최탄을 비롯한 이 반역자들이 한국사에서 가장 저주를 받아야 할 반역자들이 아닌가 싶은 생각도 든다.

세상 일을 글로 쓰는 것은 간단하지만 그 일의 결과를 내는 과정은 쉽지 않았다. 이 책도 그런 과정의 일부이다. 가끔 이런 자료를 정리하면서 생각나는 사람이 있다. 세상 살아가면서 그런 사람은 다시 만나기 쉽지 않은 바른 사람이었다. 조선족이라 하면서 조선 글을 모르는 중국인이다. 어느날 중국에 갔을 때 공항에서 아주 밝은 낯으로 나를 맞이했다. 복교수 때문에 내가 진 빚을 다 갚았다며, 이번에는 일도 하지 말고 둘이 마음 편안하게 여기저기 돌아다니며 놀고 맛있는 거 실컷 먹자면서 말이다. 그래서 한 1주일을 잘 지내다 왔다. 그리고 떠나 올 때 이제는 자기의 삶을 살아야겠다고 하였다. 그동안 모아 놓은 유물이 많다면서 이 유물들은 조선 사람들의 유물이니 내 아들보다 손주에게 줘야겠다고 하면서 앞으로 더 공부를 하겠다고 하였다. 내가 뭘 해준 게 있다고 하면서 나는 늘 그 형에게 미안했다. 그런데 얼마 되지 않아 나한테 더 배우고 싶다고 한 그 약속을 지키지 않고, 하루 동안 나에게 많은 미스테리 한 일을 겪게 하고 평소의 지병인 심장병으로 이승을 떠났다. 비록 연구비는 인하대에서 받았지만, 늘 내게 큰 힘이 되었고 세상에 이렇게 좋은 사람이 있구나 하는 마음을 갖게 하고 떠난 변남원 형에게 이 책을 바친다.